全国医药中等职业技术学校教材

中等职业教育改革创新示范教材

药店零售技术

中国职业技术教育学会医药专业委员会　组织编写

苏兰宜　主编　　陈云鹏　主审

化学工业出版社

生物·医药出版分社

·北京·

内 容 提 要

本书是由中国职业技术教育学会医药专业委员会组织编写。全书共分为六个项目。项目一为药品陈列与养护，详解了药品陈列的原则、方法与技巧等基础知识；项目二为处方药零售，根据工作流程，按照职业形象准备、环境准备、设施和药品准备、接处方、处方规范性审核、划价收费、化学药品及中成药调配过程、发药、礼貌道别、柜台和环境整理、处方登记、保存等程序，阐述了西药、中药两种类型处方药销售的过程；项目三为非处方药零售，从呼吸系统、消化系统、皮肤科、五官科、解热镇痛类、补益类、维生素和矿物质类七类药品的销售，诠释了非处方药销售的工作流程；项目四为顾客服务，从处理顾客投诉、退换货处理及药品不良反应报告三方面阐述了顾客服务的技巧和方法；项目五为药品零售票据，详细介绍了在药品零售过程中所使用票据的功能、保管及填写等；项目六为核算与盘点，根据工作流程和财务程序，重点阐述了柜组核算、结算及盘点的操作过程和基础知识。六个项目内容各自独立，又相辅相成，可作为医药商品购销员职业技能培训指导，也可作为中等职业学校教学用书和毕业生的工作实习用书，也可作为药品经营企业对从业人员进行工作规范和服务技能培训的参考用书。

图书在版编目（CIP）数据

药店零售技术/苏兰宜主编．—北京：化学工业出版社，2009.6（2024.2重印）
全国医药中等职业技术学校教材
ISBN 978-7-122-05161-5

Ⅰ．药…　Ⅱ．苏…　Ⅲ．药品-专业商店：零售商店-市场营销学-专业学校-教材　Ⅳ．F717.5

中国版本图书馆 CIP 数据核字（2009）第 046742 号

责任编辑：陈燕杰　余晓捷　孙小芳　　　　　　　　文字编辑：周　侗
责任校对：王素芹　　　　　　　　　　　　　　　　装帧设计：关　飞

出版发行：化学工业出版社　生物·医药出版分社(北京市东城区青年湖南街13号　邮政编码100011)
印　　装：涿州市般润文化传播有限公司
787mm×1092mm　1/16　印张 13¼　字数 330 千字　2024 年 2 月北京第 1 版第 19 次印刷

购书咨询：010-64518888　　　　　　　　　　　　售后服务：010-64518899
网　　址：http://www.cip.com.cn
凡购买本书，如有缺损质量问题，本社销售中心负责调换。

定　价：36.00元　　　　　　　　　　　　　　　　　　　　　　　版权所有　违者必究

本书编写人员

主　　编　苏兰宜（江西省医药学校）

副 主 编　张一鸣（上海市医药学校）

　　　　　　范令刚（山东中药技术学院）

编写人员（按姓氏笔画排序）

　　　　　　马承梅（山东中药技术学院）

　　　　　　王安娜（江西省医药学校）

　　　　　　芮　成（江西省医药学校）

　　　　　　苏兰宜（江西省医药学校）

　　　　　　肖庆青（江西省医药学校）

　　　　　　吴晓茜（安徽医药技工学校）

　　　　　　张一鸣（上海市医药学校）

　　　　　　陈江华（上海市医药学校）

　　　　　　范令刚（山东中药技术学院）

　　　　　　葛新艳（安徽医药技工学校）

中国职业技术教育学会医药专业委员会
第一届常务理事会名单

主　　任　苏怀德　国家食品药品监督管理局

副 主 任（按姓名笔画排列）
　　　　　　王书林　成都中医药大学峨嵋学院
　　　　　　王吉东　江苏省徐州医药高等职业学校
　　　　　　严　振　广东食品药品职业学院
　　　　　　李元富　山东中药技术学院
　　　　　　陆国民　上海市医药学校
　　　　　　周晓明　山西生物应用职业技术学院
　　　　　　缪立德　湖北省医药学校

常务理事（按姓名笔画排列）
　　　　　　马孔琛　沈阳药科大学高等职业教育学院
　　　　　　王书林　成都中医药大学峨嵋学院
　　　　　　王吉东　江苏省徐州医药高等职业学校
　　　　　　左淑芬　河南省医药学校
　　　　　　刘效昌　广州市医药中等专业学校
　　　　　　闫丽霞　天津生物工程职业技术学院
　　　　　　阳　欢　江西省医药学校
　　　　　　严　振　广东食品药品职业学院
　　　　　　李元富　山东中药技术学院
　　　　　　陆国民　上海市医药学校
　　　　　　周晓明　山西生物应用职业技术学院
　　　　　　高玉培　北京市医药器械学校
　　　　　　黄庶亮　福建生物工程职业学院
　　　　　　缪立德　湖北省医药学校
　　　　　　谭晓彧　湖南省医药学校

秘 书 长　潘　雪　北京市医药器械学校
　　　　　　陆国民　上海市医药学校（兼）
　　　　　　刘　佳　成都中医药大学峨嵋学院

第二版前言

本套教材自 2004 年以来陆续出版了 37 种，经各校广泛使用已累积了较为丰富的经验。并且在此期间，本会持续推动各校大力开展国际交流和教学改革，使得我们对于职业教育的认识大大加深，对教学模式和教材改革又有了新认识，研究也有了新成果，因而推动本系列教材的修订。概括来说，这几年来我们取得的新共识主要有以下几点。

1. 明确了我们的目标。创建中国特色医药职教体系。党中央提出以科学发展观建设中国特色社会主义。我们身在医药职教战线的同仁，就有责任为了更好更快地发展我国的职业教育，为创建中国特色医药职教体系而奋斗。

2. 积极持续地开展国际交流。当今世界国际经济社会融为一体，彼此交流相互影响，教育也不例外。为了更快更好地发展我国的职业教育，创建中国特色医药职教体系，我们有必要学习国外已有的经验，规避国外已出现的种种教训、失误，从而使我们少走弯路，更科学地发展壮大我们自己。

3. 对准相应的职业资格要求。我们从事的职业技术教育既是为了满足医药经济发展之需，也是为了使学生具备相应职业准入要求，具有全面发展的综合素质，既能顺利就业，也能一展才华。作为个体，每个学校具有的教育资质有限。为此，应首先对准相应的国家职业资格要求，对学生实施准确明晰而实用的教育，在有余力有可能的情况下才能谈及品牌、特色等更高的要求。

4. 教学模式要切实地转变为实践导向而非学科导向。职场的实际过程是学生毕业就业所必须进入的过程，因此以职场实际过程的要求和过程来组织教学活动就能紧扣实际需要，便于学生掌握。

5. 贯彻和渗透全面素质教育思想与措施。多年来，各校都十分重视学生德育教育，重视学生全面素质的发展和提高，除了开设专门的德育课程、职业生涯课程和大量的课外教育活动之外，大家一致认为还必须采取切实措施，在一切业务教学过程中，点点滴滴地渗透德育内容，促使学生通过实际过程中的言谈举止，多次重复，逐渐养成良好规范的行为和思想道德品质。学生在校期间最长的时间及最大量的活动是参加各种业务学习、基础知识学习、技能学习、岗位实训等都包括在内。因此对这部分最大量的时间，不能只教业务技术。在学校工作的每个人都要视育人为己任。教师在每个教学环节中都要研究如何既传授知识技能又影响学生品德，使学生全面发展成为健全的有用之才。

6. 要深入研究当代学生情况和特点，努力开发适合学生特点的教学方式方法，激发学生学习积极性，以提高学习效率。操作领路、案例入门、师生互动、现场教学等都是有效的方式。教材编写上，也要尽快改变多年来黑字印刷，学科篇章，理论说教的老面孔，力求开发生动活泼，简明易懂，图文并茂，激发志向的好教材。根据上述共识，本次修订教材，按以下原则进行。

① 按实践导向型模式，以职场实际过程划分模块安排教材内容。
② 教学内容必须满足国家相应职业资格要求。
③ 所有教学活动中都应该融进全面素质教育内容。
④ 教材内容和写法必须适应青少年学生的特点，力求简明生动，图文并茂。

从已完成的新书稿来看，各位编写人员基本上都能按上述原则处理教材，书稿显示出鲜明的特色，使得修订教材已从原版的技术型提高到技能型教材的水平。当前仍然有诸多问题需要进一步探讨改革。但愿本批修订教材的出版使用，不但能有助于各校提高教学质量，而且能引发各校更深入的改革热潮。

　　四年多来，各方面发展迅速，变化很大，第二版丛书根据实际需要增加了新的教材品种，同时更新了许多内容，而且编写人员也有若干变动。有的书稿为了更贴切反映教材内容甚至对名称也做了修改。但编写人员和编写思想都是前后相继、向前发展的。因此本会认为这些变动是反映与时俱进思想的，是应该大力支持的。此外，本会也因加入了中国职业技术教育学会而改用现名。原教材建设委员会也因此改为常务理事会。值本批教材修订出版之际，特此说明。

中国职业技术教育学会医药专业委员会　主任
苏怀德
2008 年 10 月 2 日

编写说明

本教材由全国各医药学校共 10 位教师参与编写，经国内相关医药企业专家审定，可作为药剂专业、营销专业、中药专业等药店实训技能培训用书。本教材是根据课程改革的需要新设置而成。

教材共分六个项目，12 个模块，以《医药商品购销员国家职业标准》为依据。教程具有新颖性，在编写过程中坚持以职业活动为导向，以职业技能为核心的原则，采用项目、模块式编写方法，突出职业活动中的技能要求，不过分强调知识的系统性，而注重知识和技能相结合的操作性和实用性。同时，中药、西药内容，处方药、非处方药内容，既相对独立又相互衔接，体现了中、西合并及现代综合药房的特色。本教程对药品经营企业，尤其是药品零售连锁企业规范服务工作标准、提高学生参加工作的岗位技能，具有较强的指导性。

本教程模块基本按"工作流程、基础知识、拓展知识、相关法规和制度、案例分析、实训、思考与练习"的格式编写，具有实用性和创新性。本书主要参编人员及编写分工如下：马承梅担任项目二部分内容的编写，王安娜担任项目三部分内容的编写，芮成担任项目二部分内容的编写，苏兰宜担任项目二和项目三部分内容的编写，肖庆青担任项目六全部内容的编写，吴晓茜担任项目五模块一的编写，张一鸣担任项目三部分内容的编写及附录一、附录二的编写，陈江华担任项目四全部内容的编写，范令刚担任项目一全部内容的编写，葛新艳担任项目五模块二内容的编写。全书由苏兰宜、张一鸣、范令刚分别对所负责项目进行初审，最后由苏兰宜统稿，陈云鹏主审。

本教程适用于医药商品购销员职业技能培训指导，也作为中等职业学校教学用书和毕业生的工作实习用书，以及作为药品经营企业对从业人员进行工作规范和服务技能培训的参考用书。

本教程的编写得到了中国职业技术教育学会医药专业委员会、全国医药零售连锁企业和各医药行业学校及教师的大力支持，在此一并致谢。

实训技能教程的编写对于我们来说是一项探索性的工作，尚缺乏经验，还需要在实践教学和实习中不断进行修正。因此，我们热忱地希望同行们提出宝贵的意见。

编　者

2009 年 5 月

第一版前言

半个世纪以来，我国中等医药职业技术教育一直按中等专业教育（简称为中专）和中等技术教育（简称为中技）分别进行。自20世纪90年代起，国家教育部倡导同一层次的同类教育求同存异。因此，全国医药中等职业技术教育教材建设委员会在原各自教材建设委员会的基础上合并组建，并在全国医药职业技术教育研究会的组织领导下，专门负责医药中职教材建设工作。

鉴于几十年来全国医药中等职业技术教育一直未形成自身的规范化教材，原国家医药管理局科技教育司应各医药院校的要求，履行其指导全国药学教育、为全国药学教育服务的职责，于20世纪80年代中期开始出面组织各校联合编写中职教材。先后组织出版了全国医药中等职业技术教育系列教材60余种，基本上满足了各校对医药中职教材的需求。

为进一步推动全国教育管理体制和教学改革，使人才培养更加适应社会主义建设之需，自20世纪90年代末，中央提倡大力发展职业技术教育，包括中等职业技术教育。据此，自2000年起，全国医药职业技术教育研究会组织开展了教学改革交流研讨活动。教材建设更是其中的重要活动内容之一。

几年来，在全国医药职业技术教育研究会的组织协调下，各医药职业技术院校认真学习有关方针政策，齐心协力，已取得丰硕成果。各校一致认为，中等职业技术教育应定位于培养拥护党的基本路线，适应生产、管理、服务第一线需要的德、智、体、美各方面全面发展的技术应用型人才。专业设置必须紧密结合地方经济和社会发展需要，根据市场对各类人才的需求和学校的办学条件，有针对性地调整和设置专业。在课程体系和教学内容方面则要突出职业技术特点，注意实践技能的培养，加强针对性和实用性，基础知识和基本理论以必需够用为度，以讲清概念，强化应用为教学重点。各校先后学习了《中华人民共和国职业分类大典》及医药行业工人技术等级标准等有关职业分类、岗位群及岗位要求的具体规定，并且组织师生深入实际，广泛调研市场的需求和有关职业岗位群对各类从业人员素质、技能、知识等方面的基本要求，针对特定的职业岗位群，设立专业，确定人才培养规格和素质、技能、知识结构，建立技术考核标准、课程标准和课程体系，最后具体编制为专业教学计划以开展教学活动。教材是教学活动中必须使用的基本材料，也是各校办学的必需材料。因此研究会首先组织各学校按国家专业设置要求制订专业教学计划、技术考核标准和课程标准。在完成专业教学计划、技术考核标准和课程标准的制订后，以此作为依据，及时开展了医药中职教材建设的研讨和有组织的编写活动。由于专业教学计划、技术考核标准和课程标准都是从现实职业岗位群的实际需要中归纳出来的，因而研究会组织的教材编写活动就形成了以下特点：

1. 教材内容的范围和深度与相应职业岗位群的要求紧密挂钩，以收录现行适用、成熟规范的现代技术和管理知识为主。因此其实践性、应用性较强，突破了传统教材以理论知识为主的局限，突出了职业技能特点。

2. 教材编写人员尽量以产学结合的方式选聘，使其各展所长、互相学习，从而有效地克服了内容脱离实际工作的弊端。

3. 实行主审制，每种教材均邀请精通该专业业务的专家担任主审，以确保业务内容正确无误。

4. 按模块化组织教材体系，各教材之间相互衔接较好，且具有一定的可裁减性和可拼接性。一个专业的全套教材既可以圆满地完成专业教学任务，又可以根据不同的培养目标和地区特点，或市场需求变化供相近专业选用，甚至适应不同层次教学之需。

本套教材主要是针对医药中职教育而组织编写的，它既适用于医药中专、医药技校、职工中专等不同类型教学之需，同时因为中等职业教育主要培养技术操作型人才，所以本套教材也适合于同类岗位群的在职员工培训之用。

现已编写出版的各种医药中职教材虽然由于种种主客观因素的限制仍留有诸多遗憾，上述特点在各种教材中体现的程度也参差不齐，但与传统学科型教材相比毕竟前进了一步。紧扣社会职业需求，以实用技术为主，产学结合，这是医药教材编写上的重大转变。今后的任务是在使用中加以检验，听取各方面的意见及时修订并继续开发新教材以促进其与时俱进、臻于完善。

愿使用本系列教材的每位教师、学生、读者收获丰硕！愿全国医药事业不断发展！

全国医药职业技术教育研究会
2005 年 6 月

目　录

项目一　药品陈列与养护　1

- 学习目标 …………………………… 1
- 模块一　药品陈列 ………………… 1
  - 一、工作流程 …………………… 1
  - 二、基础知识 …………………… 2
  - 三、拓展知识 …………………… 7
  - 四、相关法规和制度 …………… 8
  - 五、案例分析 …………………… 9
  - 六、实训 ………………………… 9
  - 七、思考与练习 ………………… 11
- 模块二　药品贮存 ………………… 13
  - 一、工作流程 …………………… 13
  - 二、基础知识 …………………… 18
  - 三、拓展知识 …………………… 26
  - 四、相关法规和制度 …………… 29
  - 五、案例分析 …………………… 30
  - 六、实训 ………………………… 30
  - 七、思考与练习 ………………… 31

项目二　处方药零售　34

- 学习目标 …………………………… 34
- 模块一　西药处方药零售 ………… 34
  - 一、工作流程 …………………… 34
  - 二、西药处方药零售的质量控制点 …………………… 37
  - 三、基础知识 …………………… 38
  - 四、拓展知识 …………………… 46
  - 五、相关法规和制度 …………… 47
  - 六、实训 ………………………… 48
  - 七、思考与练习 ………………… 52
- 模块二　中药处方药零售 ………… 54
  - 一、工作流程 …………………… 54
  - 二、中药处方药零售的质量控制点 …………………… 55
  - 三、基础知识 …………………… 56
  - 四、拓展知识 …………………… 61
  - 五、相关法规 …………………… 62
  - 六、实训 ………………………… 63
  - 七、思考与练习 ………………… 66

项目三　非处方药零售　69

- 学习目标 …………………………… 69
- 模块　非处方药的零售 …………… 69
  - 一、工作前准备 ………………… 69
  - 二、接待顾客 …………………… 69
  - 三、了解疾病，销售药品 ……… 71
  - 四、结束过程 …………………… 96
  - 五、质量控制点 ………………… 97
  - 六、基础知识 …………………… 98
  - 七、拓展知识 …………………… 101
  - 八、相关法规和制度 …………… 112
  - 九、实训 ………………………… 113
  - 十、思考与练习 ………………… 115

项目四　顾客服务　131

- 学习目标 …………………………… 131
- 模块一　处理顾客投诉 …………… 131
  - 一、工作流程 …………………… 131
  - 二、基础知识 …………………… 134
  - 三、拓展知识 …………………… 135
  - 四、相关法规和制度 …………… 136
  - 五、实训 ………………………… 136
  - 六、思考与练习 ………………… 137
- 模块二　退换货处理 ……………… 139
  - 一、工作流程 …………………… 139
  - 二、基础知识 …………………… 140
  - 三、拓展知识 …………………… 140
  - 四、相关法规和制度 …………… 141
  - 五、实训 ………………………… 141

六、思考与练习 …………… 141

模块三　药品不良反应报告 ……… 143
　　一、工作流程 …………… 143
　　二、基础知识 …………… 145
　　三、拓展知识 …………… 146
　　四、相关法规和制度 …… 147
　　五、实训 ………………… 148
　　六、思考与练习 ………… 149

项目五　药品零售票据　**151**

学习目标 …………………… 151

模块一　销售凭证 ………… 151
　　一、工作流程 …………… 151
　　二、开票操作质量控制点 … 154
　　三、基础知识 …………… 154
　　四、拓展知识 …………… 155
　　五、相关法规和制度 …… 156
　　六、实训 ………………… 158
　　七、思考与练习 ………… 159

模块二　进销存日报表 …… 162
　　一、工作流程 …………… 162
　　二、进销存日报表填写质量
　　　　控制点 ……………… 163
　　三、基础知识 …………… 165
　　四、拓展知识 …………… 167
　　五、相关法规和制度 …… 167
　　六、实训 ………………… 168
　　七、思考与练习 ………… 169

项目六　核算与盘点　**172**

学习目标 …………………… 172

模块一　柜组核算 ………… 172
　　一、工作流程 …………… 172
　　二、基础知识 …………… 178
　　三、拓展知识 …………… 179
　　四、相关法规 …………… 180
　　五、实训 ………………… 180
　　六、思考与练习 ………… 181

模块二　盘点操作 ………… 183
　　一、工作流程 …………… 183
　　二、基础知识 …………… 187
　　三、拓展知识 …………… 188
　　四、相关法规 …………… 188
　　五、实训 ………………… 188
　　六、思考与练习 ………… 189

附录一　药店质量管理制度　**191**
　　一、药店管理制度提要 … 191
　　二、药店有关药品质量管理
　　　　制度范本 …………… 191

附录二　药店质量管理表式　**194**
　　一、药店管理表格概述 … 194
　　二、药店常用质量管理表
　　　　式样张 ……………… 194

参考文献　**196**

项目一 药品陈列与养护

学习目标

1. 掌握中西成药陈列的操作程序、基本技巧
2. 掌握贵细药材陈列与养护的方法、措施
3. 能熟练进行中药饮片的装斗、换斗
4. 能对在架药品和库存饮片进行养护管理
5. 能操作各种药品养护器械和工具
6. 能填写验收记录、温度和湿度记录及质量检查记录等各种管理表格

模块一 药品陈列

一、工作流程

(一) 陈列前准备

(1) 验收合格的药品 做好记录后，按《药品经营质量管理规范》(GSP) 要求的分类陈列原则进行分类整理。若有首次配送的新商品，先将其条形码和价格信息录入电脑及POS机，并规范填写相应的标价签。

(2) 检查中药斗橱 将斗内饮片量不足的斗橱拉出，以备补货。

(二) 药品陈列操作过程

1. 中西成药上架陈列

(1) 属原有经营品种，按卖场药品分区，对应原陈列位置，直接上架补货，并依照药品特点采取适宜的陈列方式。

(2) 属首次配送的新商品，按其分类性质和药品陈列的原则，安排新的陈列位置，上架陈列，并加挂已填写好的标价签。

(3) 属总部指定促销的药品，应选择端架或靠近收银台处等优势货位陈列。

(4) 拆零药品集中存放于拆零专柜，并保留原包装的标签。

2. 中药材、中药饮片补货操作

(1) 将需要补货的药斗拉出，取出药斗内剩余的饮片，过筛除去饮片粉屑备用。

(2) 清斗，将药斗清理干净。

(3) 把新到的中药饮片核对无误后加入药斗下层，将过筛后的陈货加在上面。

(4) 药斗归位并复核中药名称与内装饮片一致。

(三) 结束过程

(1) 剩余药品存放 可选择相应区域内的边柜或脚橱暂时存放。

(2) 价签复核 将新陈列上架的药品与标价签逐一核对一遍，尤其是注意药品的规格、等级、产地与价签上是否一致，以防差错。

(3) 贮存　剩余中药材、中药饮片标记好后贮存。
(4) 冷藏　需要低温贮存的，及时放入冷藏柜。

(四) 药品陈列的质量控制点

(1) 货架和斗橱补货时，按有效期先后排列，新货摆放在后面或底层，保证"先进先出"。

(2) 对配送的进口药品，要在价签上标明产地，要将供货商的《进口药品注册证》和《进口药品检验报告书》复印件保存在门店文档中，以备工商、药检部门核查。

(3) 由供货商制作供展示用的挂旗和挂幅、柜台陈列盒、柜台展示卡等印刷品。在柜或架上陈列时，一般要先到当地工商部门注册登记后进行，否则为非法广告。

(4) 中药斗橱补货时，一定要"清斗"后再补货，从而保证中药饮片整洁卫生。

二、基础知识

(一) 基本概念

(1) 陈列　所谓陈列就是将适宜的产品以引人注目的方式展示于合适的商店位置，以满足客户需求，从而增加销售。这个概念非常清楚地指出了药品陈列的目的就是为了增加销售额和利润，而它的一个手段和方法就是展示，是一种产品摆放的艺术，是一个有效利用的空间，是一种视觉冲击力。

(2) 中药　系中药材及其饮片和中成药的总称。通常为中医所使用的药物或制剂。

(3) 西药　系指以化学方法合成的，或从天然产物中提取的有效成分而制成的药物或制剂。

(4) 成药　系指根据疗效确切、应用广泛的处方大量制成的药品，其特点一般是给以通俗的名称，并标明功效、用法和用量，可不经医师处方直接购买使用。

(5) 中药材　动物、植物的全部、部分或其分泌物经简单加工处理而成的药物。

(6) 中药饮片　指在中医药理论体系下，根据辨证施治和调剂、制剂的需要对中药材进行特定加工炮制后的制成品。

(7) 抗生素　系指由细菌、真菌或其他微生物在生活过程中所产生的具有抗病原体或其他活性的一类物质。

(8) 生化药品　系指从动物、植物和微生物等生物体内提取分离的活性物质，也包括用生物合成和化学合成法制备的、存在于生物体内具有一定生理功能的物质。

(9) 生物制品　系指以天然或人工改造的、微生物、寄生虫、生物毒素或生物组织及代谢产物等为起始材料，采用生物学、分子生物学或生物化学、生物工程等相应技术制成，并以相应分析技术控制中间产物和成品质量的生物活性制品，用于某些疾病的预防、治疗和诊断。如疫苗、抗毒素及血液制品等。

(10) 新药　系指未曾在中国境内上市销售的药品。

(11) 特药　指的是具有特定用途的药物，包括诊断用药，特异性解毒药，眼科、妇产科、口腔科用药等。

(12) 医疗用毒性药品　系指毒性剧烈、治疗量与中毒量相近、使用不当会致人中毒或死亡的药品。

(13) 麻醉药品　系指连续使用后机体易产生依赖性（成瘾性）、停药后可出现严重的戒断症状的药品。

(14) 戒毒药品　系指控制并消除滥用阿片类药物成瘾者的急剧戒断症状与体征的戒毒治疗药品，和能减轻或消除稽延性症状的戒毒治疗辅助药品。

(15) 精神药品　系指能直接作用于中枢神经系统使之兴奋或抑制，连续使用可产生精神性依赖的药品，其与麻醉药品的主要区别在于精神药品停药后一般不产生戒断症状。

(16) 放射性药品　系指用于临床诊断或治疗疾病的放射性同位素制剂或者其他标记的化合物，它们均有一定的放射性。

(17) 剂型　系指药物制剂的不同形式。剂型的目的在于方便治疗和使用。如注射剂、片剂、胶囊剂等。

(二) 药品的分类方法

药品分类的目的在于使药品系统化，便于计划、统计、记账、核算成本、编制报表，便于批发、零售经营业务，便于仓库的保管与养护。药品品种繁多、性质各异，分类的方法不尽相同，各种分类法并非十分完善，应根据不同条件，因地制宜地建立适合本系统特点的药品分类法。常用药品分类法有如下几种。

1. 按药品的作用及用途分类

(1) 全身麻醉药　如麻醉乙醚、氯胺酮。

(2) 镇静催眠药　如地西泮、巴比妥类。

(3) 解热镇痛药　如阿司匹林、布洛芬。

(4) 抗高血压药　如利舍平、米诺地尔。

(5) 强心药　如洋地黄、地高辛。

(6) 降血脂药　如氯贝丁酯、烟酸。

(7) 抗过敏药　如氯苯那敏、特非那定。

(8) 抗生素类　如青霉素、麦迪霉素。

(9) 抗病毒药　如碘苷、阿昔洛韦。

另外还有抗糖尿病药、维生素类药、抗肿瘤药、消毒防腐药、抗心律失常药、镇痛药等。

本分类方法的优点是使不同疾病的药品名目清晰，方便零售经营，指导病人合理用药。其缺点在于不同剂型混杂，不便贮藏管理。

2. 根据药品在人体内的作用部位分类

由于明确了药品的作用范围，有利于按需买药时方便快捷地选药取药。

(1) 消化系统用药　如雷尼替丁、奥美拉唑、甘草酸二铵、温胃舒、多潘立酮等。

(2) 呼吸系统用药　如盐酸苯丙哌酮、盐酸氨溴索、联邦止咳露、神奇止咳露、念慈庵、急支糖浆等。

(3) 神经系统用药　如氟西汀、地西泮等。

(4) 心脑血管循环系统用药　如辛伐他汀、地奥心血康、复方丹参滴丸、银杏叶片等。

3. 根据化学组成分类

根据药品的组成或成分不同，可分为以下几类。

(1) 无机药品类　无机药品种类不多，化学结构较简单，在医疗上常用到的有硫、碘等单质以及钠、钾、钙、铅等的氯化物、碳酸盐、氢氧化物、氧化物等。

(2) 有机药品类　有机药品种类甚多，绝大部分化学药属于此类，化学结构或组分复杂。常见的有机药品有烃类（如凡士林）、糖类（如葡萄糖）等。

(3) 生药类　生药通常指的是动物、植物全部或部分的药用成分或其分泌物，只经过简单的粗加工处理的药物。

(4) 其他生物性药品类　这类药品包括抗生素、激素、维生素、生化药品（如酶、蛋白质、氨基酸等）、生物制品（血清、疫苗）等。

4. 按药品保管习惯分类

医药商业仓储保管工作中，习惯将不同种类的各种制剂大体归纳为针、片、水、粉四大类，其优点是易从外观上区别，在包装、贮存、保管、运输等方面均具有共同特点，有利于贮运管理。现将这种医药商业保管习惯分类法综述如下。

（1）针剂类 包括注射用粉针剂、水针剂、油针剂、混悬针剂、大输液剂。

（2）片剂类 包括片剂、丸剂和胶囊剂。

（3）水剂类 含酊水类、油膏类。

① 酊水类 酊剂、醑剂、酏剂、流浸膏剂及浸膏剂、芳香水剂、合剂、洗剂、搽剂、乳剂、混悬剂、溶液剂、糖浆剂、气雾剂、滴眼剂、滴耳剂、滴鼻剂、漱口剂以及煎膏剂、酒剂、露剂及安瓿口服液等。

② 油膏类 软膏剂、乳膏剂、眼膏剂、硬膏剂、药膜、栓剂、油脂等。

（4）粉剂类 原料药品、粉散剂（散剂、冲剂、干糖浆、茶剂、曲剂）。

5. 按分类管理办法分类

根据药品品种、规格、适应证、剂量及给药途径不同，国家食品药品监督管理局对药品分别按处方药与非处方药进行管理。

处方药系指必须凭医师或执业助理医师的处方才可调配、购买和使用的药品。

非处方药指的是不需要凭医师或执业助理医师处方即可自行判断、购买和使用的药品。

根据中华人民共和国药品管理法的规定，非处方药分为甲类非处方药和乙类非处方药两种，分别使用红色和绿色的"OTC"标志。甲类非处方药不需医生处方就可以购买和出售，但必须在药店出售，并在药师指导下使用；乙类非处方药有着长期安全使用的记录，可以像普通商品一样在超市、杂货店直接出售。当然，这些普通商业企业需经相应药品监督管理部门批准方可销售乙类非处方药。无论甲类非处方药还是乙类非处方药，在经过审批之后都可以在大众媒体上发布商业广告，这在处方药是绝对不可以的。

由于我国经济发展不平衡，各地医疗保险筹资水平不同，为了保证参保人员的基本医疗用药，《基本医疗保险药品目录》分为甲类目录和乙类目录。甲类目录的药品费用按规定由基本医疗保险基金支付，在全国所有统筹地区都应保证支付。乙类目录的药品各省、自治区、直辖市可以根据经济水平和用药习惯进行适当调整，医疗保险基金支付比例由各统筹地区根据当地医疗保险基金的承受能力确定。

（三）药品陈列的原则与基本要求

（1）按 GSP 的要求，药品应按剂型或用途以及贮存要求分类陈列和贮存。药品与非药品、内服药与外用药应分开存放；处方药与非处方药应分柜摆放；易串味的药品与一般药品应分开存放；特殊管理的药品应按照国家的有关规定存放。

（2）易见易取原则。商品正面面向顾客，不被其他商品挡住视线；货架最底层不易看到的商品要倾斜陈列或前进陈列；货架最上层不易陈列过高、过重和易碎的商品；整箱商品不要上货架，中包装商品上架前必须全部打码上架。对卖场主推的新品或 DM（direct mail advertising，直译为"直接邮寄广告"，即通过邮寄、柜台发送等形式，将宣传品送到消费者手中、家里或公司所在地）上宣传的商品突出陈列，可以陈列在端架、堆头或黄金位置，以便容易让顾客看到商品，从而起到好的陈列效果。

（3）利于商品管理的原则。既要符合药品分类原则，还要使最上层货架的高度适宜，靠墙的货架较高，中间的货架较低，有利于防损（防盗）等管理。

（4）同一品牌垂直陈列原则。垂直陈列指将同一品牌的商品，沿上下垂直方向陈列在不同高度的货架层位上。

其优点为：①顾客在挑选时移动方便；②货架的不同层次对商品的销售影响很大，垂直陈列可使各商品平等享受到货架不同的层次，不至于某商品因占据好的层次销量很好，而其他商品在比较差的层次销量很差。

垂直陈列有两种方法：一是完全垂直陈列，对销量大或包装大的商品从最上一层到最下一层全部垂直陈列；二是部分垂直陈列，采用主辅结合陈列原则。

（5）先产先出、近效期先出的原则。即按时间顺序或按批号先后，先产的商品、近效期的商品摆在前面先销售，后产的或批号较新商品摆在后面。

（6）关联性原则。药品仓储式超市的陈列，尤其是自选区（OTC区和非药品区）非常强调商品之间的关联性，如感冒药区常和清热解毒消炎药或止咳药相邻、皮肤科用药和皮肤科外用药相邻、妇科药品和儿科药品相邻、维生素类药和钙制剂在一起等。这样陈列可使顾客消费时产生连带性，方便了顾客购药。

（7）满陈列原则。满陈列就是把商品在货架上陈列得丰满些，要有量感，俗话说："货卖堆山"。据美国一项调查资料表明，满陈列的超市与做不到满陈列的超市相比较，其销售量平均可提高24％。满陈列可以减少卖场缺货造成的销售额下降。

（8）主辅结合陈列原则。药品仓储式超市商品种类很多，根据周转率和毛利率的高低可以划分为4种商品：第一种为高周转率、高毛利率的商品，这是主力商品，需要在卖场中很显眼的位置进行量感陈列；第二种是高周转率、低毛利率的商品，如感康、白加黑等；第三种是低周转率、高毛利率的商品；第四种是低周转率、低毛利率的商品，这类商品将被淘汰。

主辅陈列主要是用高周转率的商品带动低周转率的商品销售。例如，将感康和复方氨酚烷胺片陈列在一起，同属于感冒药，只是制造商不一样，感康品牌好，顾客购买频率高，属于高周转率商品，但由于药品零售价格竞争激烈，使这类商品毛利非常低，所以要引进一些同类商品增加卖场销售额。将同类商品与感康相邻陈列，陈列面要大于感康，使店员推销商品时有主力方向，又可以增加毛利。

（9）季节性陈列原则。在不同的季节将应季商品（药品）陈列在醒目的位置（端架或堆头陈列），其商品陈列面、陈列量较大，并悬挂POP广告，吸引顾客，促进销售。

POP是英文point of purchase的缩写形式。point是"点"的意思。purchase是"购买"的意思，point of purchase即"购买点"。POP广告的具体含义就是在购买时和购买地点出现的广告，简称"购买点广告"，是一切购物场所内外（百货公司、购物中心、商场、超市、便利店）所做的现场广告的总称。

（10）过期及包装破损商品不能出现于货架上。

（11）危险药品需要陈列时，只能陈列代用品或空包装。

（四）药品陈列的方法与技巧

（1）橱窗陈列　利用商品空包装盒，采用不同的组合排列方法，展示季节性、广告支持、新商品及重点促销的商品。

（2）季节性陈列　卖场布置成充满季节气氛，并将季节性畅销药品突出陈列的方法。

（3）利用柱子的"主题式"陈列　一般而言，柱子太多的店铺会导致陈列的不便，但若是将每根柱子作"主题式"陈列，不但特别且能营造气氛。

（4）端架陈列　指双面的中央陈列架的两端，见图1-1-1。

① 展示季节性、广告支持、特价、利润高的商品、新商品及重点促销的商品。

② 端架陈列可进行单一大量的商品陈列，也可几种商品组合陈列于端架，展示的商品在货架上应有定位。

图 1-1-1　端架陈列示意

(5) 按货架上、中、下分段陈列

① 上段　感觉性陈列，陈列"希望顾客注意"的商品、一些推荐产品、有意培养的商品。

② 中段　陈列价格较便宜、利润较少、销售量稳定的商品。

③ 下段　陈列周转率高、体积大、质量大的商品。可陈列需求弹性低的商品。

(6) 黄金位置的陈列　要陈列重点推荐的商品，如高毛利率、需重点培养、重点推销的商品。

黄金线是指最易受视线关注的位置，一般在视平线下 85～155cm 高度。

(7) 商品的陈列规则　按包装规格大小或剂型摆放，采用由小至大，由左而右，由浅而深，由上而下的原则。要能表现出以下因素：品质看得见，显示受欢迎的程度，较同类产品的优势，让顾客产生没买是一种损失的心态。

(8) 量陈列　量陈列产生"数大就是美"的视觉美感及"便宜"、"丰富"等刺激购买的冲动，如多排面陈列（见图 1-1-2）、堆头陈列（见图 1-1-3）等。

(9) 集中焦点的陈列　利用照明、色彩、形状、装饰，制造顾客视线集中的方向。

(10) 容易被盗商品的陈列　容易被盗商品陈列在视线易及或可控位置。

图 1-1-2　多排面陈列

图 1-1-3　堆头陈列

（11）关联陈列法　将功能相同或相近的商品放在一起或就近陈列。如感冒类药和清热解毒类、维生素类药品靠近陈列。

（12）比较陈列法　将价格高的和低的，不同厂家的同类商品放在一起。

（13）悬挂式陈列　无立体感的商品悬挂起来陈列，产生立体效果，增添其他特殊陈列方法所没有的变化（见图 1-1-4）。

图 1-1-4　悬挂式陈列

（14）除去外包装的陈列　瓶装商品（如化妆品、药酒、口服液等）除去外包装后的陈列，吸引顾客对商品的内在质地产生直观的感受，激发购买欲望。

三、拓展知识

（一）商品陈列的维护

理货人员应定期检查药店中的产品，确保产品系列完整，规格齐全，货源充足；确保产品包装清洁，干净，无污损；检查产品是否过期；避免产品摆放凌乱，消费者不易寻找；保证产品轻拿轻放；同厂商及时沟通，了解产品信息，寻求售后服务，共同发展以满足消费者需求；定期改变陈列的方式或相对位置，以求新鲜感。

(二) 特殊陈列方式

(1) 垂吊式陈列　多用于展示。从空中将商品吊下。适于质轻体积小的商品。

(2) 筐式陈列　利用各种形状的金属或天然材料编制的筐、篮，陈列大量的同一种商品的方法。①突出量感而又整齐的陈列方式，适于包装规则的保健品、凉茶系列；②突出量感而又随意陈列的方式，适于包装不规则或折价销售的大宗商品。

(3) 专柜陈列　一个柜上全部陈列同一种商品或同一系列的、同一厂家的、同一类型的商品的方式。如同仁堂专柜、糖尿病专柜、减肥专柜等。

(4) 多处陈列　对同一商品陈列多处同时陈列的方法。

(三) 药品标价签的填写方法

门店陈列药品最好使用药品专用标价签，而且要规范填写各项内容。包括药品名称、规格或等级、剂型、质量层次、最高零售价、执行价格、计价单位、产地等。

(1) 在"名称"栏中如实标明药品名称　一种药品既有通用名又有商品名的要全部标明。如通用名为"阿莫西林"，商品名要填"阿莫仙"、"珍棒"等；中成药（中药饮片）名称填通用名一栏，如有商品名的也要如实填写；配方中药材名称应填写规范名称，如黄连（雅连）、大黄（将军）、贝母（川贝、浙贝）、当归（秦归）等。

(2) 在"规格"栏中准确标明药品的规格或等级　如100mg×12粒×2板、10g×10丸、0.5g×100片、6g×1包×30包、12片×1包×60包、1mg×2ml×1支、100ml、500ml等。名贵中药材应按等级、计价单位标明"××条以内"、"××头以上"等。

(3) 在"剂型"栏中须详细标明药品的剂型　如"片"指普通口服片剂，包括包衣片（含糖衣片、薄膜衣片、肠溶片、缓释片等）、阴道片、划痕片等；"胶囊"指普通胶囊剂，包括硬胶囊、软胶囊（胶丸）、肠溶胶囊、缓释胶囊等；"注射剂"包括注射用水针剂、粉针剂（含冻干粉针）等；"丸"包括蜜丸、水蜜丸、水丸、糊丸、浓缩丸、蜡丸和微丸等；"冲剂"包括根据药典部颁标准规范后的颗粒剂等其他剂型。

(4) 在"质量层次"栏中须如实填写药品的质量层次　如 GMP、专利药、优质优价的中成药、单独定价的药品等。

(5) 在"最高零售价"栏中须如实标明执行价格　属政府定价、政府指导价管理的药品要如实标明价格主管部门公布的最高零售价，属市场调节价的药品应标明药品生产企业制定的最高零售价，或物价部门的公示价，不得模糊标示。

(6) 在"产地"栏中如实标明药品生产企业的名称或规范简称　如成都制药一厂、河北华北制药厂、哈药六厂、西安杨森等；进口药品应如实标明国名及厂名，中药材应标明药材的实际原产地。

四、相关法规和制度

《中华人民共和国价格法》第十三条规定　经营者销售、收购商品和提供服务，应当按照政府价格主管部门的规定明码标价，注明商品的品名、产地、规格、等级、计价单位、价格或者服务的项目、收费标准等有关情况。经营者不得在标价之外加价出售商品，不得收取任何未予标明的费用。

《药品经营质量管理规范》（2000年4月30日国家药品监督管理局令第20号发布）

第二十八条规定　购进的药品应符合以下基本条件：
（一）合法企业所生产或经营的药品。
（二）具有法定的质量标准。
（三）除国家未规定的以外，应有法定的批准文号和生产批号。进口药品应有符合规定的、加盖了供货单位质检机构原印章的"进口药品注册证"和"进口药品检验报告书"复印件。
（四）包装和标识符合有关规定和贮运要求。
（五）中药材应标明产地。
第七十六条规定　在零售店堂内陈列药品的质量和包装应符合规定。
第七十七条规定　药品应按剂型或用途以及贮存要求分类陈列和贮存：
（一）药品与非药品、内服药与外用药应分开存放，易串味的药品与一般药品应分开存放。
（二）药品应根据其温度、湿度要求，按照规定的贮存条件存放。
（三）处方药与非处方药应分柜摆放。
（四）特殊管理的药品应按照国家的有关规定存放。
（五）危险品不应陈列。如因需要必须陈列时，只能陈列代用品或空包装。危险品的贮存应按国家有关规定管理和存放。
（六）拆零药品应集中存放于拆零专柜，并保留原包装的标签。
（七）中药饮片装斗前应做质量复核，不得错斗、串斗，防止混药。饮片斗前应写正名正字。

五、案例分析

药品陈列

某药店一营业员，拿了两个中包装的同一种药品到货架上进行陈列，她先将两个中包装打开一端，取出里面所有的药品放在一边，已空的中包装盒她没有扔，而是把其中一个中包装空盒放在货架上，把取出的药品仔细地摆放在空包装盒的上面和四周，只是在货架前沿多摆了两排……

内容分析如下。

（1）她这样陈列的目的是为了把店内库存较少的药品，借助于空包装盒，陈列得让顾客看起来此种药品量大货丰，有足够的选择余地。

（2）这种陈列法的优点是：空包装盒弥补了商品量的不足，商品在货架上看起来丰满充实；能使顾客产生"数大就是美"的视觉美感及"便宜"、"丰富"等刺激购买的冲动。

（3）这种陈列法的特点是：成本低、易操作；节约了在店库存药品占用的企业资金。

（4）实践中还可以采取一些近似的方法，例如，做堆头陈列时，可把空的纸板箱扣在地板或做堆头用的展台上，再把药品或保健品堆砌在空纸板箱的周围和上面，以展示商品量大可选的视觉美感，从而促进销售的方法等。

六、实训

（一）找出错误的陈列

1. 实训目的

培养学生掌握药品分类陈列的方法，熟悉常见药品的性质或属性；让学生掌握各种货架的特点及排列方法；药品陈列的一般要求和技巧。

2. 物品准备

（1）货架5组，其中两组高架约170cm，三组矮货架约150cm。

（2）商品或空商品盒准备，包括处方药品4种，非药品3种，非处方药品15种（其中清热解毒类3种，易串味药品3种，外用药品3种，妇科用药3种，儿童用药3种）。每种药品均准备两种规格各10盒（包）。

（3）准备标价签和药品分类标示牌若干。

3. 操作过程

（1）实训教师课前设计好含有错误的陈列方案，并按方案把货架摆放好，商品陈列到货架上，方案中的考核点可包括：①药品与非药品混排；②处方药与非处方药混排；③处方药开架陈列；④易串味的药与普通药混排；⑤内服药与外用药混排；⑥儿童用药与妇科用药混排；⑦高矮货架混排；⑧药品与标价签不符；⑨规格与标价签不符；⑩药品高矮混排不美观等十项。

（2）实训学生分成小组，每组2~5人为宜。

（3）实训开始，每小组学生仔细观察，找出错误的陈列并说出错误的原因。

（4）小组成员一起修正错误的陈列。

（5）填写实训报告（见表1-1-1）。

表1-1-1　实训报告

班级：	实训小组：	实训时间：
实训课题：		
实训目的：		
实训器材、物品：		
实训步骤：1.观察陈列；		
2.找出陈列中的错误；		
3.修正陈列；		
4.结束并整理		
教师评价：		

（6）实训教师现场考核点评。

4. 考核标准

（1）每个考核点记8分，十项共80分；实训报告20分。

（2）每找出一项得5分，修正正确得3分。

（3）规定时间90分钟。

（二）按规定进行药品分类

1. 实训目的

（1）培养学生掌握药品按剂型或用途以及贮存要求分类的方法。

（2）熟悉常见药品的用途、剂型、贮存性质等商品知识。

2. 物品准备

（1）准备以下药品的空包装盒。

① 抗菌药　阿莫西林、氨苄西林（安必仙）、头孢克洛、琥乙红霉素、罗红霉素（欣美罗、太儿欣）、阿奇霉素（维宏、希舒美）、诺氟沙星（氟哌酸）、氧氟沙星（泰利必妥）、环丙沙星、左氧氟沙星（可乐必妥）。

② 降血压药　络活喜、三精司乐平、硝苯地平（心痛定）、倍他洛克、卡托普利（开博通）、吲达帕胺（寿比山）、北京降压0号、复方降压片、罗布麻。

③ 降血脂药　辛伐他汀（舒降之）、非诺贝特（立平脂）、复方二十五碳五烯酸（多烯康）、月见草油丸。

④ 皮肤外用药　硝酸咪康唑乳膏（达克宁）、曲安奈德益康唑乳膏（派瑞松）、联苯苄唑乳膏（孚琪乳膏）、皮康霜、复方地塞米松乳膏（皮炎平）、醋酸氟轻松软膏（氟轻松）。

⑤ 感冒用药　氨酚伪麻美芬片（日片）/氨麻美敏片（夜片）（日夜百服宁）、泰诺酚麻美敏片（泰诺）、美息伪麻片（白加黑）、VC银翘片、复方氨酚烷胺胶囊（快克、感康）。

⑥ 清热解毒类药　板蓝根、双黄连、黄连上清片、牛黄解毒片。

（2）准备6个货架（或工作台），制作6个药品分类标示牌（分别为抗菌药、降血压药、降血脂药、皮肤外用药、感冒用药、清热解毒类药）。

3. 操作过程

（1）将准备好的各类药品混合后摆放到一个大工作台上或盛放到一超市购物车内。

（2）将6个药品分类标示牌分别固定在6个货架或摆放到6个工作台上。

（3）实训开始，在规定时间内，学生要将40种混合在一起的药品按作用及用途进行分类，并分别摆放到相应的货架或工作台上。

（4）填写实训报告（见表1-1-2）。

表1-1-2　实训报告

班级：	实训小组：	实训时间：
实训课题：		
实训目的：		
实训器材、物品：		
实训步骤：1.挑拣分离；		
2.药品归类；		
3.复核；		
4.结束并整理复位		
教师评价：		

（5）实训教师现场考核点评。

4. 考核标准

（1）每种药品分类正确得2分，40种共80分；实训报告20分。

（2）规定时间45分钟。

七、思考与练习

（一）填空题

1. 抗生素系指由细菌、_____或其他微生物在生活过程中所产生的具有_____或其他活性的一类物质。

2. 陈列的概念非常清楚地指出了陈列的目的就是为了增加_____和_____，而它的一个手段和方法就是_____。简而言之，陈列是一种产品_____的艺术，是一个有效利用的空间，是一种视觉冲击力。

3. 药品按其作用及用途分类，优点是使不同_____的药品名目清晰，方便零售经营，指导病人合理用药。其缺点在于不同_____混杂，不便贮藏管理。

4. GSP 第二十八条规定：进口药品应有符合规定的、加盖了供货单位质量检验机构原印章的"_____"和"_____"复印件。

5. POP 广告的具体含义就是在_____和_____出现的广告，简称"购买点广告"。

6. 关联陈列法是指将_____相同或相近的商品放在一起或就近陈列。

7. 药品陈列"先产先出，近效期先出"的原则，即按时间顺序或按批号先后，先产的商品、近效期的商品摆在_____先销售，后产的或批号较新的商品摆在_____。

8. 危险药品需要陈列时，只能陈列_____或_____。

（二）单项选择题

1. 拆零药品集中存放于拆零专柜，并保留原包装的（　　）。
   A. 合格证　　　　B. 标签　　　　C. 生产批准文号　　D. 外包装
2. 经营中药材应标明（　　）。
   A. 合格证　　　　B. 质量　　　　C. 产地　　　　　　D. 功效
3. 中药饮片补货时，把新到的中药饮片核对无误后加入药斗（　　）。
   A. 下层　　　　　B. 一端　　　　C. 中间　　　　　　D. 上层
4. 除去外包装的陈列适合于（　　）商品。
   A. 包装破损商品　B. 体积大的商品 C. 怕热商品　　　　D. 瓶装商品
5. 按货架上、中、下分段陈列时，上段应陈列（　　）药品。
   A. 销售量稳定的　B. 希望顾客注意的 C. 周转率高的　　D. 体积大的
6. 根据药品的（　　），非处方药分为甲、乙两类。
   A. 产地　　　　　B. 有效性　　　C. 剂型　　　　　　D. 安全性
7. 货架和斗橱补货时，按有效期先后排列，新货摆放在后面或底层，这样做是为了保证（　　）。
   A. 盘点准确　　　B. 先进先出　　C. 方便顾客　　　　D. 提高营业额
8. 门店商品进行调价作业时，（　　）为主要管理人员。
   A. 经理　　　　　B. 营业员　　　C. 收银员　　　　　D. 质量员
9. 在一个陈列柜上，从上至下摆满同一种药品的陈列方法属于（　　）。
   A. 垂直陈列　　　B. 纵向陈列　　C. 专柜陈列　　　　D. 多处陈列

（三）多项选择题

1. 中药系指中药材及其（　　）的总称。通常为中医所使用的药物或制剂。
   A. 提取物　　　　B. 饮片　　　　C. 中草药　　　　　D. 成药
   E. 中成药
2. 处方药系指必须凭（　　）的处方才可调配、购买和使用的药品。
   A. 医师　　　　　B. 主任医师　　C. 病房护士　　　　D. 药师
   E. 执业助理医师
3. （　　）商品不能出现在药店的货架上。

A. 非药品　　　　B. 口服液　　　　C. 过期药品　　　　D. 近效期药品
E. 包装破损药品

4. 量陈列产生"数大就是美"的视觉美感及"便宜"、"丰富"等刺激购买的冲动，(　　)属于量陈列。
A. 关联陈列　　　B. 堆头陈列　　　C. 筐式陈列　　　　D. 排面陈列
E. 多处陈列

5. 黄金位置的陈列，要陈列(　　)。
A. 重点推销的药品　B. 高毛利率药品　C. 畅销药品　　　　D. 重点培养品种
E. 本地产品

（四）判断题

1. 一般不能改变陈列的方式或相对位置。（　　）
2. 容易被盗商品陈列在视线易及或可控位置。（　　）
3. 在填写标价签时，在"名称"栏中如实标明药品名称。一种药品既有通用名又有商品名的要全部标明。（　　）
4. 药店内的药品陈列属于一种广义的POP广告。（　　）
5. 中药饮片药斗前应写处方名。（　　）
6. 挂旗和挂幅悬挂于店内的走道上方。此类POP不要随便更换。（　　）
7. 比较陈列法是将价格相同、不同厂家的同类商品放在一起。（　　）
8. 在店经理指导下，根据销售情况可调换部分商品的陈列。（　　）
9. 季节性陈列是将卖场布置出季节气氛，并将季节性畅销药品突出陈列的方法。（　　）
10. 中药斗橱补货时，一定要"清斗"后再补货。（　　）

（五）问答题

1. 药店中某一药品，在店库存较大，但又临近效期，该采取何陈列措施以促销此产品？
2. 某一药品由于包装体积太大量又多，在货架上不易摆放时，可采取什么样的陈列方式？

（六）分析题

在某一闹市区有甲乙两家药店，甲药店面积较大约300m²，乙药店面积较小约60m²。试分析阐述甲乙两店各应采取什么样的药品陈列方法、形式；在设计商品陈列策略上有何不同？

模块二　药品贮存

一、工作流程

（一）贮存前工作

1. 药店接收配送药品

（1）核对验收　门店验收员要对配送单上所有品种，逐一核对药品的数量、品名、规格、效期、批号、产地。

（2）质量验收　检查药品外包装、药品形状等；鉴别中药材及饮片的真伪优劣。

（3）办理交接手续　将验收结果在配送单上注明并签字后，由送货员将回执联和不合格的药品及"药品拒收报告单"（见表1-2-1）带回。

表1-2-1　药品拒收报告单

药品名称		规　格		数　量		金　额	
生产企业					生产日期或批号		
供货单位					进货凭证		
检验标准		检验日期			抽检数量		
检验情况与存在的问题（包括内在质量、外观质量及包装等）							
验收员意见							
					日期：　年　月　日		
验收组意见							
					日期：　年　月　日		
质管部意见							
					日期：　年　月　日		

经办人：_____　　　　　　　　　　　　　　填表日期：　年　月　日

2. 药品入账

门店对配送药品验收无误后，要在配送单上逐一签字确认，签好字的配送单一联返回配送中心，另一联留存。该配送单可作为门店的验收记录、购进记录，将其编号按日期整理装订成册，即为门店的库存账册。

（二）贮存操作过程

1. 药品分类贮存

（1）中西成药一般按分类原则直接上架存放。

（2）特殊商品、易串味商品采用单独的闭柜存放。需低温贮存的商品放入冷藏柜或箱。

（3）货架陈列满后，若有剩余药品，可选择相应区域内的边柜或橱暂时存放。

（4）中药饮片复核准确后直接补充到斗橱，剩余的饮片做好标记后，在调剂柜下或专门的存放柜中贮存。

2. 室内温度和湿度的控制

利用温度和湿度测量设备定时测量每天卖场内的温度和湿度，当温度、相对湿度超出安全范围时，要及时利用空调或通风等措施进行调控，并按时填写"室内温度和湿度记录表"（见表1-2-2）。

3. 库存药品的质量检查

定期进行药品质量检查。中西成药一般以一个月为周期，分区分批检查一遍，中药材和中药饮片应每周检查一遍，发现问题能处理的及时处理，处理不了的及时上报公司质量部门，并填写"药品质量养护记录"（见表1-2-3）。

表 1-2-2　室内温度和湿度记录表

门店名称：　　　　　　　适宜温度范围：　　　　　　　适宜相对温度范围:45%～75%

年	上午						下午					
月	记录时间	气候	温度/℃	湿度/%	超标采取的控制措施	采取措施后	记录时间	气候	温度/℃	湿度/%	超标采取的控制措施	采取措施后
日期						温度　湿度						温度　湿度
1												
2												
3												
⋮												
29												
30												
说明	1.每日记录时间范围为上午 9:30～10:30,下午 3:30～4:30； 2.每日具体记录时间要填在记录时间栏内； 3.气候栏内可填入相应符号：晴○,阴×,雨～,雪※,大风△； 4.此表从开始第一日起,记录人就应签名,如多人轮换记录应在表中设计记录人栏,每日均由实际记录人签名											

记录人：＿＿＿＿＿＿

表 1-2-3　药品质量养护记录

门店名称：　　　　　　　　　　　　　　　　　　　　　检查日期：　　年　　月　　日

货号	货位	品名	规格	生产企业	批号	批准文号	有效期	单位	数量	质量情况	处理意见	养护员
说明	1. 有效期不宜写××年,而应填写有效期至××年××月； 2. 进店达一个季度的药品方列入养护之列； 3. 如在店检查药品没有质量问题,在质量情况一栏中填写"正常"即可； 4. 数量栏填实际库存数； 5. 养护员应在养护员栏内签名											

4. 避光、防潮和防火措施

对怕光、怕热、易潮、易变质的药品进行重点养护,怕光、怕热的药品陈列贮存时,要远离店内向阳的门窗位置；易潮霉变药品,特别是中药材和饮片,要充分干燥后密封贮存；备好安全消防器材,定期检查,组织店内员工学习安全消防知识,以防患于未然。

5. 防止生物侵害

做好药品尤其是中药材及饮片的防虫、防鼠、防霉措施,橱柜要牢固、密封；贵细药材可采取传统对抗同贮法；销售周期长的药材、饮片,要经常晾晒保持干燥。

6. 药品的效期管理

定期排查所有效期商品,并做好有效期记录,发现近效期药品,及时预警并安排促销,填写"近效期药品示意表"（见表 1-2-4）。

项目一　药品陈列与养护

表 1-2-4　近效期药品示意表

有效期至_____年　　　　　　　门店名称：_____　　　　　　　　第___页

品名	1月	2月	3月	4月	5月	6月	7月	8月	9月	10月	11月	12月

（三）贮存后的养护工作

1. 药品贮存养护相关记录表单的填写

（1）室内"温度和湿度记录表"填写　①每日记录时间范围为上午9：30～10：30，下午3：30～4：30；②每日具体记录时间要填在记录时间栏内；③气候栏内可填入相应符号：晴○，阴×，雨～，雪※，大风△；④此表从开始第一日起，记录人就应签名，如多人轮换记录应在表中设计记录人栏，每日均由实际记录人签名。

（2）"药品质量养护记录"填写　①有效期不宜写××年，而应填写有效期至××年××月；②进店达一个季度的药品和进店一周以上的中药材、饮片方列入养护之列；③如在店检查药品没有质量问题，在质量情况一栏中填写"正常"即可；④数量栏填实际库存数；⑤养护员应在养护员栏内签名。

（3）"近效期药品示意表"填写　①在有效期截止的月份栏内打"√"即可；②近效期药品均要填入该表；③近效期6个月的药品要用红笔注明，以便安排促销。

2. 不合格药品处理

（1）在店内发现药品变质、破损等不合格药品时，要先撤架停售，再填写"药品质量复查通知单"（见表1-2-5），上报公司质量管理部门和质量管理负责人进行复查确认。

表 1-2-5　药品质量复查通知单

药品名称		规格		数量	
生产企业		生产批号		有效期	
供货单位		购进日期		存放地点	
复查原因	\multicolumn{5}{c}{}
	验收、养护员（签章）　　年　月　日
复查结论	
	质管部负责人（签章）　　年　月　日

（2）质量部门确认为不合格品的，会出具"检验报告书"和"药品停售通知单"。门店根据通知单要求，立即停止销售，并按销售记录追回售出的不合格品。

（3）门店要及时与公司配送中心联系，能退货则办理退货手续，如不能退货则拟作销毁处理，并填写"不合格药品报损审批表"（见表1-2-6），报质量管理部门审核。

药店零售技术

表 1-2-6　不合格药品报损审批表

报告门店：　　　　　　　　报告时间：___年___月___日　　　　　　　　财损号_____

药品名称	生产企业	规格	单位	单价	数量	金额	批号
财产损失					有效期		
不合格原因(附检验报告)：							
店经理签字			柜(组)长签字		营业员签字		
业务部门意见	 　　　　　　　　　　　　　　　　　　　　　　　负责人(签章) 　　　　　　　　　　　　　　　　　　　　　　　　年　　月　　日						
质管部门意见	 　　　　　　　　　　　　　　　　　　　　　　　负责人(签章) 　　　　　　　　　　　　　　　　　　　　　　　　年　　月　　日						
财会部门意见	 　　　　　　　　　　　　　　　　　　　　　　　负责人(签章) 　　　　　　　　　　　　　　　　　　　　　　　　年　　月　　日						
主管领导签署意见	 　　　　　　　　　　　　　　　　　　　　　　　负责人(签章) 　　　　　　　　　　　　　　　　　　　　　　　　年　　月　　日						

（4）质量部门批准报损后，按报损销账。报损后需作销毁处理时，门店要在业务、质管、财务等部门的监督下销毁，填写"报损药品销毁记录表"（见表 1-2-7）。

表 1-2-7　报损药品销毁记录表

_____年

日期	药品名称	规格	单位	生产厂家	批号	有效期	数量	销毁人	批准人	监督人	销毁方式

3. 不合格药品台账

门店要做好药品质量报损登记，并每月将不合格药品记入"不合格药品台账"（见表 1-2-8）报送公司质量管理部门备档。

表 1-2-8　不合格药品台账

门店号_____

日期	药品名称	生产企业	规格	单位	单价	数量	金额	批号	供货单位	不合格原因

(四) 贮存过程中质量控制点

(1) 成药尽量上架存放，以保证货架上商品丰满充实。

(2) 中药材或中药饮片贮存时，要做好标示，防止混淆，并做好防虫、防潮、防晒的措施。

(3) 对易散失水分而造成减重的贵细药材，应密封或及时分装成小包装存放。

二、基础知识

(一) 药品养护概述

1. 药品的在店养护

药品的在店养护是指药品在药店贮存过程中进行的保养和维护工作。它是药店药品保管的一项经常性工作，对药品贮存安全、保证药品质量、减少损耗、促进药品流通有着重要的作用。

药品的在店养护应贯彻"以防为主"的原则，基本要求是根据药品的性质和包装的质量、形状，正确地选择架位、货位堆码存放，合理地使用门店面积，提高空间利用率，并为安全保管、及时检查、盘点和药品陈列等创造方便条件；按照贮存药品性质的需要，控制和调节卖场的温度、湿度；定期进行药品的在架检查，及时了解药品的质量变化，并采取相应的防治措施；熟悉药品性能，研究影响药品质量的各种因素，掌握药品质量变化的规律，提高药品保管养护的科学水平，及时采取各种有效措施防患于未然；保持卖场的清洁卫生，做好防治微生物和鼠害、虫害工作；此外，对久贮和接近效期的药品，要及时促销或催促有关业务部门调整，以避免和减少不应有的损失。因此，药店的药品养护工作涉及面很广、科学技术性强，兹将有关的几个问题叙述如下。

2. 药品的合理贮存安排

门店药品的贮存安排，是以合理安排在店药品的贮存地点为先决条件的，既要考虑各种药品不同的保管特点，又要具体结合门店的贮存、空间条件，采取科学的保管方法。

目前门店药品均采取分区分类陈列贮存。分区分类是指药品按 GSP 规范要求，将药品与非药品、处方药与非处方药、内服药与外用药、易串味药品、特殊管理药品等实行分区存放，分类陈列销售，是药店商品管理的最基本方法。

3. 药品的合理堆放

药品堆码是指仓储药品堆存的形式和方法。合理的药品堆码，有利于仓库、人身、药品、设备、建筑物的安全，有利于收货的存取和在库养护的作业，有利于提高仓容利用率。而药店里药品合理地陈列、摆放，则有利于药店日常零售作业的迅捷、准确，有利于顾客的自选，有利于商品盘点和在架养护作业。

一般不要把怕热的药品存放在门店向阳的一侧，因为常受阳光照射，温度较高；含有芳香性易挥发成分或易风化的药品，不要堆放于门窗或通道附近，以免过度风吹导致药品有效成分散失或风化；见光易变质的药品，应设法避光；怕潮易变质的药品可置于货架上层；质量大、体积大的药品要摆放在货架的底层。

4. 温度和湿度管理

温度和湿度是影响药品变质的重要因素，温度和湿度管理不当常会促使药品发生分解、挥发、熔化、变形、冻结、潮解、风化、稀释、溶化、发酵、酸败、生霉、虫蛀等变化，以至变质失效。所以建立门店温度和湿度管理制度，严格控制卖场的温度和湿度，是防止药品霉坏变质的基本条件，是做好药品养护工作的关键。

(1) 温度和测量温度的仪器 温度是表示物质冷热的程度。空气的温度称为气温。测量温度的仪器称为温度计。温度计是根据物质热胀冷缩的原理，利用对冷热变化敏感的物质（如水银或酒精等）制成。酒精为无色液体，沸点较低，所以通常染成桃红色制成酒精温度计，用于测量较低的温度。测量较高温度和准确性要求较高的应选用水银温度计。

（2）湿度和测量湿度的仪器　测定相对湿度的仪器——干湿球温度计（见图1-2-1），是最常用的温度和湿度测量仪器。系由两支温度计平行地钉在有刻度的木板上，右边温度计下端的球部分用纱布包裹，并将纱布条浸在盛有蒸馏水或冷开水的小玻璃管中，由于纱布吸水使温度计球体湿润，称为湿球；另一支温度计为干球。因湿球上水分的蒸发需要吸收热量，所以湿球的示度常比干球低。空气愈干燥，纱布上的水分蒸发愈快，湿球的示度下降愈多；只有空气中的水蒸气达饱和状态时，纱布上的水分不再蒸发，湿球与干球的示度相差很小或完全相同。根据这一原理，利用干球与湿球的温度差，由相对湿度表就能直接查出当时的相对湿度。例如，干球示度为82 ℉❶，湿球为77 ℉，干湿球温度差为82－77＝5（℉），然后转动干湿球温度计中间水轴上的相对湿度表，使在最上一行的刻度指标"5"处即停止，再从木球边的湿球示度77 ℉处向木轴上找到与77 ℉并列一行的读数76，即为当时的相对湿度，则表示相对湿度为76％。现在有些干湿球温度计是以摄氏示度计算干球与湿球的温度差，相对湿度通过查表即得，方法同用华氏示度查法一样。

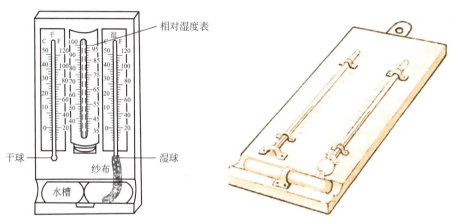

图1-2-1　干湿球温度计

（3）温度和湿度的变化及测量和记录　室内温度和湿度直接受气候变化的影响，只是室内温度和湿度变化的时间比库外慢些，变化程度小些。因此，除了要熟悉各种药品的特性外，还必须了解气候变化的规律，掌握温度和湿度年变化和日变化的情况，做好门店温度和湿度的测量和记录，以便适当地控制和调节门店内温度和湿度，创造适宜的贮存条件，保证药品的质量。

（4）调节门店温度和湿度的措施　根据温度和湿度的记录找出门店内温度和湿度变化的规律，结合药品的性质与包装，可采取下列措施调节店内的温度和湿度。

① 湿度调节　易吸潮变质的药品在贮存中应注意防潮。对这类药品除必须包装严密外，当仓库相对湿度在75％以上时，应采取措施降低店内的湿度。目前，调节和控制室内湿度的措施主要是采取通风和空调相结合的方法。

a. 通风散湿　先检查干湿度计，查出当时室内外的温度和湿度，掌握室外空气的水汽量必须低于室内的原则，然后按下述条件进行比较，考虑能否通风。

---

❶ $\{t\}_{℃}=\dfrac{5}{9}×(\{t\}_{℉}-32)$。

当室内温度、相对湿度都高于室外时，可长时间开启门窗通风，能使室内温度和湿度均有一定程度降低；当室内温度、相对湿度都低于室外时，应密闭门窗，不可通风。

当室外温度略高于室内，但不超过3℃，而绝对湿度和相对湿度都低于室内时，亦可通风。

当室外温度高于室内3℃以上，则不能通风，因热空气进入室内后，由于其温度升高，相对湿度能立即增加，使药品更易吸潮。

当室外绝对湿度和相对湿度都高于室内，虽室外温度低于室内，亦不宜通风，否则带进潮气。

因此在一天中虽然凌晨2～5时库外温度低，但此时相对湿度最大，不宜通风；一般应在上午8～12时，即当温度逐渐上升，湿度逐渐下降时通风较为适宜。

b. 机械除湿　安装具有除湿功能的空调或增设除湿设备，当库内相对湿度超标时，即启用此类设备以达除湿目的。

② 温度调节　凡容易风化、挥发和遇热易变质的药品，温度升高可加速其变化，在贮存时都要加强密闭，注意控制温度。一般可采取下列措施：通风降温，当库内温度高于库外时，可启开门窗通风降温；安装空调，按仓库面积适当安装空调设备，当温度超标时，即启用空调降温。

总之，药品在贮存期间的稳定性，除了与生产工艺、包装方式及药品本身的性质有关外，还与其贮存条件的保管方法有密切的关系。如果贮存保管不当，同样会使药品变质、失去疗效，贻误病情，甚至危及生命，有的还可能引起药品爆炸或燃烧，造成人员伤亡和财产的损失。因此为了保证药品质量和贮存安全，必须加强保管工作。首先必须充分了解各种药品的理化性质以及剂型和包装特点，同时还要熟知外界因素对药品产生什么影响，然后提供正确的贮存条件和采取科学的保管方法。现将药品的常规养护保管方法、各种剂型的保管要求及引起药品质量下降的因素叙述如下。

（二）药品常规养护

（1）常规药品都应按照药典"贮藏"项下规定的条件进行贮存与保管，也可根据药品的性质、包装、周转规律及卖场的具体条件等因地制宜进行，以保证药品质量正常、数量准确和贮藏安全。

（2）应按药品的性质、剂型并结合卖场的实际情况，采取"分区分类、货位编号"的方法加以妥善保管。

（3）堆码、陈列存放应符合药品保管的要求，同时应注意药品与非药品、内服药与外用药应分开存放；易串味的药品、中药材、中药饮片以及危险品等应与其他药品分开存放；名称容易混淆的药品（如甘汞、升汞等）应分别存放。

（4）实行药品保管责任制度，建立门店库存保管账，正确记载药品的进、出、存动态，经常检查，定期盘点，保证账、货相符。

（5）药店内（卖场）的相对湿度应保持在45％～75％之间，并经常保持清洁卫生。采取有效措施，防止药品生霉、虫蛀或鼠咬。

（6）加强安全防护措施，确保门店、药品和人身安全。

（三）不同剂型药品的贮存方法

1. 散剂的贮存保管

散剂在贮存过程中，空气、温度、湿度、光线及微生物等对其质量都有一定的影响，其中以湿度影响最大。因为散剂的分散度比一般原料药大得多，其吸湿性也比较显著，吸潮后散剂可发生湿润、失去流动性、结块等物理变化，或变色、变质、效价降低等化学变化，或微生物污染等生物变化。因此在散剂的贮存保管中防潮是关键。

一般散剂均应在干燥处密闭保存，同时还要结合药物的性质、散剂的包装特点等来综合考虑具体保管方法。

（1）防潮 散剂分散度较大，吸湿性能较强，吸潮后常使药物结块，包装上有痕印，特别是加糖的散剂更易吸湿，要特别注意防潮。

（2）避光 有些散剂含有不稳定成分，遇光易氧化分解变色变质。如含磺胺类药物的散剂遇光线照射后逐渐变色失效，应避光、密封，在干燥处保存。

（3）防热 含糖散剂、中草药散剂或生化药品散剂，吸潮受热易发生虫蛀、生霉现象。含挥发性药物及含结晶水药物成分的散剂受热后更容易挥发散失，造成药效降低。这些药物应特别注意防热，应密封在容器中置干燥阴凉处保存。

（4）隔离存放 有特殊臭味的散剂应与其他药品隔开存放，以防串味。口服散剂与局部用散剂应分区、分库或远离存放。特殊管理药品的散剂应专柜、专库存放。此外在散剂的贮存过程中应避免重压、撞击，以防包装破裂，造成漏粉，并注意防虫蛀鼠咬。在贮存中还要对引湿性强的散剂经常重点检查，对吸潮剂也需定期检查，并及时更换。

2. 片剂的贮存保管

片剂除含主药外，尚含有淀粉等赋形剂，在湿度较大时，淀粉等辅料易吸收水分，可使片剂发生质量变异，因此湿度对片剂质量影响最大；其次是温度、光线，它们亦可促使某些片剂变质失效。所以片剂保管养护工作，不但要考虑片剂所含主药的性质，而且要结合片剂的剂型、辅料及包装等特点综合加以考虑。现根据其主要保管要求分述如下。

（1）防潮

① 一般压制片吸潮后即可发生松片、破碎、发霉、变质等现象，因此均需密封在干燥处保存。一般贮存片剂的库房湿度要求较严格，以相对湿度在45%～70%为宜，不得超过75%，如遇梅雨季节或相对湿度超过75%时，应注意通风或采取其他防潮措施。基层单位如果条件不允许，可选择地势较高、地面有隔潮层的库房存放片剂。如果仓库系楼房，应将片剂存放在底层以外的楼层。

② 包衣片（糖衣片、肠溶衣片）吸潮受热后，包衣退色、退光、溶化、粘连，片面产生花斑甚至膨胀、脱壳、霉变等，因此保管要求较一般片剂严，需置干燥、凉处密封保存。有生药、脏器和蛋白质类片剂，如洋地黄片、干酵母片、胃蛋白酶片等，吸潮后除产生片剂松散、霉变外，还会生虫、产生异臭，需特别注意在干燥处保存。

③ 某些吸潮后易变色、变质及易潮解、溶化粘连的片剂，如三溴片、乙酰水杨酸片、碘化钾片等，需特别注意在干燥处保存。

④ 含糖片剂除一般辅料外还掺有多量糖粉，如各种钙糖片、口含片等吸潮受热后易溶化粘连及变形，应密封置干燥凉处保存。

（2）避光 凡药物对光敏感的片剂，如磺胺类药物片剂、维生素C片、硫酸亚铁片、对氨基水杨酸钠片、环磷酰胺片、盐酸苯海拉明片等，均需装于避光容器内在干燥凉处保存。

（3）防热 含有挥发性药物的片剂，受热后能使药物挥发，成分损失，有效成分含量下降，影响药物的疗效。如西瓜霜含片、薄荷喉症片、人丹等应注意防热，置干燥凉处保存。

（4）隔离存放 内服片剂、外用片剂、环境卫生消毒用片剂等，均须分开贮存，以免混淆错发；有特殊臭味的片剂，也应与其他片剂分开存放，以免串味。

（5）其他片剂

① 抗生素类、某些生化制剂等一些性质不稳定的片剂，应严格按照规定的贮存条件保

管,掌握"先产先出,近效期先出"的原则,以免过期失效。

② 片剂在贮存期间,由于生产工艺、包装、空气、光线、湿、热等影响,随时都有可能出现各种质量变异现象,因此,除采取适当的养护措施外,还需经常和定期地进行库存质量检查,了解掌握质量变化规律,采取相应的措施及时处理所发生的质量问题。

3. 胶囊剂的贮存保管

根据胶囊剂的囊壳及其性质对剂型稳定性的影响,对胶囊剂保管应以防潮、防热为主,同时结合主药的特性,考虑具体的保管方法。

(1) 防潮、防热

① 一般胶囊剂都应密封,贮存于干燥凉处,注意防潮、防热。但也不宜过分干燥,以免胶囊中的水分过少、脆性增加而发生脆裂漏粉。

② 具有颜色的胶囊剂在受热、吸湿后除发生软化、粘连、变形、膨胀外,还能出现颜色不均、退色、变色、表面浑浊失去光泽等现象,应特别注意防潮、防热,将其放置于干燥阴凉处保存。

③ 装有生药或脏器制剂的胶囊剂如羚羊角胶囊、蜂王浆胶囊等吸潮、受热后,易发霉、生虫、发臭,因此更要特别注意防潮、防热,将其密封于干燥阴凉处保存。

④ 抗生素类的胶囊如头孢氨苄胶囊、头孢地尼胶囊等吸潮、受热后易使其效价下降,更应特别注意防潮、防热,应将其密封,置于干燥凉暗处。

(2) 避光 凡主药对光线敏感的胶囊剂,如维生素 AD 胶丸、辅酶 Q_{10} 胶囊等,遇光有效成分易被氧化,颜色变深而失效,故应避光保存。

4. 注射剂的贮存保管

注射剂在贮存期的稳定性除了与药品本身的理化性质、生产工艺和包装方式有关外,还与贮存条件和保管方法有密切的关系。因此注射剂在贮存期间的保管养护,应根据其药品的理化性质、使用溶剂和包装方式,结合外界因素对药品的影响加以综合考虑,提供良好的贮存条件和方法,以确保注射剂质量。

(1) 避光 一般注射剂应避光贮存,并应按《中华人民共和国药典》(简称《药典》)规定的条件保管。光线对一些化学活性强的药物影响尤为突出,易引起变色、变质,产生沉淀等,如肾上腺素、盐酸氯丙嗪、对氨基水杨酸钠、维生素类等注射剂遇光均易变色变质,在贮存保管中要注意采取各种遮光措施,以防紫外线照射。油溶液注射剂、乳浊型注射剂,由于溶剂是/或含植物油,内含不饱和脂肪酸,遇光、空气或贮存温度过高均能使其氧化酸败,其颜色会逐渐变深,因此一般都应避光、避热保存。

(2) 防热 脏器或酶类注射剂(如垂体后叶注射液、催产素注射液、注射用辅酶 A)易受温度的影响,温度较高易引起蛋白质变性,光线亦可使其失去活性,因此一般均需在凉暗处避光保存。有些对热特别不稳定(如三磷酸腺苷钠、细胞色素 C、胰岛素等)的注射液则应在 2~10℃保存。一般来说这类注射剂低温保存能增加其稳定性,但温度过低也会发生冻结变性而使药效降低。

生物制品,如精制破伤风抗毒素、白蛋白、丙种球蛋白、冻干人血浆等,从化学成分上看具有蛋白质性质,温度过高或过低均易使蛋白质变性,故最佳保存条件应为 2~10℃的暗处。除冻干品外,一般贮存温度不能低于 0℃,否则会因冻结而造成蛋白质变性,融化后可能出现振摇不散的絮状沉淀,致使不可再供药用。

抗生素类注射剂一般性质都不够稳定,遇热后能够促使分解,效价降低,故一般应置凉处避光保存,并注意"先产先出,近效期先出"。如为胶塞铝盖小瓶包装的粉针剂,还应注意防潮,置干燥的凉处保存。

(3) 防冻　水溶液注射剂，包括水混悬注射剂、乳浊型注射剂，因以水为溶剂，故在低温下易冻结，冻结后体积膨胀，往往会使容器破裂；少数注射剂受冻后，即使容器没有破裂，也会因结冰而发生成分脱水导致质量变异，致使不可供药用。因此水溶液注射剂在冬季应注意防冻，库房温度一般应保持在0℃以上。油溶液注射剂、其他溶剂注射剂低温对其影响不大，无须考虑防冻。

(4) 防潮　注射用粉针剂目前有两种包装，一种为小瓶装，另一种为安瓿装。小瓶装的封口为橡胶塞外轧铝盖再烫蜡。从外观看封口很严密，但并不能保证完全不漏气、不受潮，因压盖、贮存、运输等原因，尤其在南方湿热地区，易发生吸潮粘瓶、结块变色等变质现象。因此小瓶装的注射用粉针剂在保管过程中应特别注意防潮，且不得倒置，以防止药物和橡胶塞长期接触而影响药物质量。安瓿装的注射用粉针剂的封口严密，不易受潮，故一般比小瓶装的稳定，主要根据药物的理化性质进行保管，但应检查安瓿有无裂纹冷爆现象。

(5) 正确存放、及时出库　大输液剂、代血浆等为大体积注射剂，冬季除应注意防冻外，在贮存过程中切不可横卧、倒置。因横卧或倒置，会使药液长时间与橡胶塞接触，橡胶塞中的一些杂质会进入药液，形成小白点，贮存时间越长，澄明度变化越大。另外，在贮存和搬动过程中，不可扭动、挤压和碰撞瓶塞，以免漏气造成污染。又因输液瓶能被药液浸蚀，其表面的硅酸盐在药液中可分解成偏硅酸盐沉淀。所以在保管中不得倒置，并应分批号按出厂先后次序有条理地贮存和发出，尽快周转使用。

钙、钠盐类注射液，如氯化钠、乳酸钠、枸橼酸钠、碘化钠、碳酸氢钠及氯化钙、溴化钙、葡萄糖酸钙等注射液，久贮药液能浸蚀玻璃尤其是质量较差的安瓿玻璃，能产生脱片及浑浊（多量小白点）现象，这类注射液在保管时也要注意"先产先出"，不宜久贮，并加强澄明度检查。

注射剂在贮存期间，由于受多种因素的影响，随时都有可能出现质量变异现象，因此，除需采取适当的保管养护措施外，还必须经常和定期进行库存质量检查，了解掌握质量变化规律，采取相应的措施，及时处理所发生的质量问题。

5. 水剂类药品的贮存保管

水剂类药品一般含药量较低，溶剂为水，因此其防腐能力差，多不稳定，容易发霉变质，有时还会变色、变味、沉淀、分层、挥发、分解等，严冬还会冻结等。所以该类药品应密封贮于阴凉处，严防污染；发货时应掌握"先产先出"，周转迅速，防止久贮变质，冬季还要防冻。由于玻璃包装容器易碎，贮运时应注意轻拿轻放，以免破裂损坏。此外，该类药品还应根据各自剂型的特点，采取适当的保管方式，具体如下所述。

(1) 溶液剂的保管养护　很多溶液剂药品的稳定性较差，易氧化、分解、沉淀、变色、霉变和产生异臭等，所以其保管要根据不同的药品而选择恰当的方法。如含挥发性成分的溶液剂应避热；遇光易分解的药物应避光，贮存于阴凉处；易滋生微生物的药物应严密封口，放于干燥阴凉处；有特臭、刺激性气味的药物应避免与吸附性很强的药品混放，以防串味。对人体有害的各种防腐、消毒药品应与内服药分隔存放。

(2) 芳香水剂的保管养护　多数芳香水剂性质不稳定，易挥发、霉败、变臭、分解变质等，尤其是含萜烯结构的挥发油更容易氧化，不但氧化后失去原味，而且产生的树脂性黏稠物质易黏着于瓶口。光、温度、空气等均可影响其质量。高温能使芳香成分挥发，冰冻能使挥发性成分游离出来，封口不严可使其霉败变味或滋生微生物；长期光照会加速芳香物及对光敏感物质等的光化降解反应。因此，芳香水剂一般都应密封，并避光保存在凉处；冬季需防冻，并注意"先产先出"，不宜久贮。

(3) 合剂的保管养护　合剂的保管养护方法同于一般水剂类，应密闭保存在阴凉处。某些药品遇光会变质，降低药效（如复方甘草合剂），应避光保存。合剂一般不宜久存，要注意"先产先出"。

（4）混悬剂的保管养护　温度对混悬剂的贮存很重要，它能影响混悬剂分散液的黏度，从而影响药物微粒的沉降速度，因此，除应注意一般水剂类的要求外，特别要注意气温变化情况和地区温度差异的影响。

（5）乳剂的保管养护　乳剂的性质不稳定，易分层（乳析）、破裂、油类酸败等。最初的分层振摇后仍可恢复原来的均匀状态；若分层进一步发展，往往会引起乳剂的破裂，即乳剂的分散相合并而形成油水两层的分离现象，此时，虽经振摇也不能恢复原有乳剂的状态。

温度对乳剂的贮存也很重要，它是影响乳剂稳定性的主要因素。过高的温度可使乳剂黏度下降而促使其发生分层；温度过低可使乳剂析出结晶而破坏乳化层。空气、光线对乳剂也有影响，含植物油的乳剂若包装不严，在遇光受热过久的情况下易酸败。此外，乳剂还易被微生物污染而霉变、发酵或有乳剂破坏等现象。因此，该类药在保存时应严密封口，存于阴凉避光处。冬季还应注意防冻。

（6）滴眼剂的保管养护　滴眼剂是无菌制剂，以水溶液或水混悬液居多，大多不稳定，易受空气、二氧化碳、光、温度等影响而分解变质。若包装容器的封口不严或贮存环境不清洁卫生，还易引起绿脓杆菌、霉菌、金黄色葡萄球菌等致病微生物的污染，若再用于病人眼中会引起严重危害。因此，滴眼剂应密闭保存在避光阴凉处，注意有效期，掌握"先产先出，近效期先出"的原则，不宜久贮，冬季还应防冻。此外，还应根据滴眼剂的包装不同，采取不同的保管方法。

① 玻璃滴眼瓶　此包装不很严密，其橡胶帽（大、小帽头）易脱落，缝隙处易出现结晶物，有时有生霉现象。贮存时应尖头向下，直立存放，以减少药液和橡胶帽接触。冬季需防冻。此外玻璃瓶宜轻拿轻放，否则易碎。近年来已很少采用此类包装。

② 塑料滴眼瓶　此包装封口熔封，较为密封，受外界影响较小，且不易破碎，能避光。但验收、保管时不易做澄明度检查。贮存时瓶口向上。

③ 带滴管立式玻璃滴眼瓶　此包装用铝盖封圈，比较严密。使用、携带都较方便。贮存时不要倒置，冬季要注意防冻，且保护滴管不被污染。

6. 糖浆剂的贮存保管

（1）糖浆剂的一般保管方法　糖浆剂如制备及贮存不当，易产生霉败、沉淀和变色等质量变异。热、光线均能促进糖浆剂发生变化。因此，糖浆剂在保管时，应注意密闭，并在30℃以下避光保存。

（2）糖浆剂的防霉措施　糖浆剂中糖的浓度较高，本身具有良好的防腐作用，含糖浓度低的糖浆剂一般亦加有防腐剂。但是在储存保管期间，如糖浆剂包装不严、受热或污染，则仍然会出现生霉、发酵甚至变酸、发臭现象。有时发酵产生的二氧化碳气体较多，受热膨胀，可使容器爆破。在南方湿热地区，这种情况尤易发生。因此糖浆剂的保管养护，关键在于防止糖浆霉败，其主要措施应以防热、防污染为主。

如炎热季节温度较高，应置阴凉通风处保存，或采取降温措施；梅雨季节需加强养护和检查，发现封口不严，应予以密封，瓶塞上面或瓶盖内纸垫出现生霉，应用消毒棉蘸酒精（70%）拭净，以防蔓延；南方湿热地区则更应掌握"先产先出"，加速流通，不宜久贮。

（3）糖浆剂的防冻问题　糖浆剂为水性溶液，一般含糖浓度较高，故不像水剂类易于冻结，但冬季在特冷的地区，有些含糖量较低的糖浆亦会发生冻结。根据初步试验，含糖量在60%（g/ml）以上的药物糖浆在−21.5℃的低温下一般不冻结，主要因为药用糖浆除含糖外，还含有流浸膏、酊剂或其他化学药物，有的还含有乙醇、甘油或其他多元醇、防腐剂等稳定剂，这些都是降低冰点的重要因素，所以它们的冰点远远低于含糖量60%（g/ml）的单纯蔗糖溶液。含糖量在60%（g/ml）以上的药用糖浆虽然多数在－25℃的低温情况下发生冻结，但一般仅呈凝冻状态，质地松软，亦没有包装破裂现象，放置室温中即可全部自行解冻，和留样对比没有显著区别和变化，亦无蔗糖析出的不溶现象。

因此，药用糖浆剂含糖量在60%（g/ml）以上的，一般可不防冻，个别特冷地区可根据情况确定；含糖60%（g/ml）以下的制剂，则应根据处方及各地气温情况，考虑是否需要防冻。若糖浆剂遇冷受冻，一般可置室温中自行解冻，受冻严重者可置温水中缓缓融化，解冻后恢复澄清者仍可供药用。

（4）糖浆剂浑浊、沉淀问题 含浸出制剂的糖浆剂，在贮存过程中往往会出现浑浊或沉淀。可通过具体分析后进行处理。

① 如含少量沉淀，摇匀后能均匀分散者，则仍可供药用。

② 如经确定沉淀系无效物或对患者服用不利时，可以过滤除去，但操作中应注意清洁卫生，严防微生物污染。

③ 因糖浆剂败坏而产生的浑浊、沉淀则无须处理，不可再供药用。

7. 含乙醇药剂的贮存保管

因为乙醇具有防腐性，所以多数含乙醇药剂在贮存中比较稳定，含乙醇量在40%以上的，尚能延缓某些药物的水解，只有少数品种（如洋地黄酊、麦角流浸膏等）易分解变质。因为溶剂乙醇冰点（液体冻结时的温度）较低不易冻结，所以含乙醇药剂虽为液体制剂，但在冬季仍不易冻结，故大多数含乙醇成药在冬季贮运过程中一般可以不必防冻。这与一般水性制剂（溶剂为水）有所不同，后者在低温下易于冻结，冬季必须防冻。

首先应当指出，药物的含乙醇量是与其冰点成反比的，含乙醇量越高，冰点越低，亦就越不容易冻结。此外，药物的浓度亦为降低冰点的重要因素，药物浓度越高，冰点越低，如40.5%乙醇溶液冰点为－23.6℃，而含乙醇量为40%的各种制剂实际上在－30℃还不冻结。因此，可以认为，含乙醇量为40%以上的制剂，如大多数酊剂、流浸膏剂、醑剂等含乙醇成药，在冬季贮运过程中，一般可以不必防冻。某些生药酊剂，如复方龙胆酊、海葱酊，在低温下发生大量沉淀，含有结晶药物的醑剂、癣药水等在低温下能析出结晶，但随温度升高，这些沉淀或结晶能重新溶解，并不影响质量。

因为乙醇有较强的挥发性、燃烧性，所以对于本类制剂主要根据乙醇易挥发、易燃烧的特性加强保管。

（1）防受热挥发 首先注意瓶口应密塞，在阴凉处保存。夏季注意防热，贮存过程中，应经常检查有无挥发减量，若有挥发应及时整理加固包装。

（2）防火 含乙醇药剂易燃烧，故贮存地点应严禁烟火、杜绝火源、火种，并防止与易燃物品共存一处，以防引起火灾。

（3）避光 许多含乙醇药剂的有效成分遇光易变质，如阿片酊（含吗啡）、麦角流浸膏、亚硝酸乙酯醑、癣药水（含酚类）等，受日光照射后，能发生沉淀、变色、效价或含量降低等变化。所以，含乙醇药剂一般都应密封在遮光容器内，在阴凉处保存。

（4）防久贮变质 易于分解变质的制剂，除应按上述要求进行保管外，还应进行定期检查，严格掌握"先产先出，近效期先出"的原则，以防过期失效或久贮变质。

8. 软膏剂、乳膏剂、糊剂和眼用半固体制剂的贮存保管

软膏剂、乳膏剂、糊剂和眼用半固体制剂在贮存期间的稳定性，与其基质、药物的性质、贮存的条件（温度、光线、湿度）、容器和包装形式等有关。用凡士林作为基质的软膏剂等制剂一般比较稳定，但若含有某些不稳定的药物，则容易变质。用动植物油脂作为基质的软膏剂等制剂易于酸败，光线、空气、温度等均能促使其酸败，故不易保存。乳剂型基质、水溶性基质的软膏剂等制剂不稳定，如用塑料管包装，久贮后易失水或霉败。因此，软膏剂等制剂应根据药物和基质的性质，结合包装容器的特点进行保管。

（1）一般软膏剂、乳膏剂、糊剂和眼用半固体制剂应密闭、避光，置干燥凉处，温度控制在25℃以下保存。眼膏剂应置遮光无菌容器中密封贮存。乳剂型基质和水溶性基质制成的软膏剂等制剂，冬季还应防冻，夏季则应避热保存，以免水分与基质分离，失去其均匀性。

（2）软膏剂、乳膏剂、糊剂和眼用半固体制剂中含有不稳定的药物或基质时，除应根据它们的性质加强保管外，还应掌握"先产先出"，避免久贮。

（3）具有特殊臭味的软膏剂、乳膏剂、糊剂和眼用半固体制剂，如硫黄软膏、松馏油软膏、盐酸金霉素鱼肝油软膏等，应置凉处，并与一般药物隔离存放，以防串味。

（4）眼膏剂的包装已经灭过菌，保管中不应随便启开，以防微生物污染。

（5）根据软膏剂、乳膏剂、糊剂和眼用半固体制剂包装容器的特点，保管中尚需注意以下事项。锡管装，已具备遮光、密闭的条件，在30℃以下保存即可，但在贮运中要防止重压，堆码不宜过高，以防锡管受压发生变形或破裂；塑料管装，因质软、有透气性，装有水溶性基质的软膏剂等制剂在南方潮热地区多不稳定，保管中应注意避光，避免重压与久贮；玻璃管装，棕色瓶装的已达到避光要求，可密闭在干燥处保存，若系无色瓶装的必要时还要考虑避光，贮运中还要防止重摔，并不得倒置侧放，以免破碎、流油；扁形金属或塑料盒，已达到避光要求，可密闭保存在干燥处，贮运中应防止重压，亦不得倒置侧放，以免包装变形、流油。

9. 栓剂的贮存保管

栓剂由于基质的特性，易受温度、湿度的影响而发生融化走油、软化变形等质量变异现象，因此栓剂在贮存期间，应充分注意防热、防潮。具体保管方法如下。

（1）栓剂一般应在30℃以下密闭保存，防止因受热、受潮而变形、发霉、变质。

（2）避免重压，并且贮存时间不宜过长，以免腐败、酸败。此外，因栓剂为体腔内用药，保管中还应注意清洁卫生，防止异物、微生物的污染。

（3）油明胶基质的栓剂引湿性强，吸潮后变不透明，并有"出汗"现象，气候干燥时又易干化变硬，故应装在玻璃瓶中密塞，于凉处保存。

（4）受热易融化、遇光易变色的栓剂，如联苯苄唑栓、聚维酮碘栓，应密闭、避光，在凉处保存。

三、拓展知识

（一）药品的重点养护

1. 性质不稳定药品的保管养护方法

（1）遇光易变质的药品应置于避光容器内，在阴凉干燥的暗处存放，防止日光照射。

（2）受热易变质、易挥发的药品应注意密封在阴凉处保存。易风化药品也不宜贮存于温度过高和过于干燥的地方，以免失去结晶水，影响剂量准确。

（3）怕冻药品在低温下易变质或冻裂容器，一般应在0℃以上仓库保存，防止冻结。

（4）易吸潮引湿的药品和易霉变、虫蛀的药品应在干燥阴凉处保存，梅雨季节应注意采取防潮、防热措施。

（5）易串味的药品应贮存于凉处，与一般药品特别是吸附性药品要隔离存放。易氧化和易吸收二氧化碳的药品应注意密封保存。

 药店零售技术

2. 特殊管理药品的保管方法

《药品管理法》将医疗用毒性药品、精神药品、麻醉药品及放射性药品列为特殊管理的药品，实行特殊的管理办法。管理办法由国务院有关部门制定。现将它们的保管方法叙述如下。

（1）医疗用毒性药品、精神药品、麻醉药品、放射性药品绝不能与其他药品混合存放，应专库或专柜集中存放，各品种之间要有适当距离，设立专职人员保管，严格遵守专用账卡登记管理制度。

（2）严格出入库手续，随时和定期盘点，要求数字准确，账货相符。

（3）结合药品性能考虑贮藏条件，绝大多数毒性药品、麻醉药品、精神药品、放射性药品遇光易变质，故应注意避光保存。

（4）由于破损、变质、过期失效而不可供药用的医疗用毒性药品、精神药品和麻醉药品，应清理登记、列表上报、监督销毁，不得随便处理。

（5）放射性药品的贮存应具有与放射剂量相适应的防护装置。放射性药品置放的铅容器应避免拖拉或撞击。

3. 危险药品的保管方法

危险药品是指受光、热、空气、水分、撞击等外界因素的影响可以引起燃烧、爆炸或具有腐蚀性、刺激性、剧毒性和放射性的药品。

危险药品的贮藏以防火、防爆、确保安全为关键，其保管方法如下。

（1）危险药品应贮存于危险品仓库内，按其理化性质、危险程度以及与消防方法是否有抵触，分区、分类和分堆保管，对互相接触能引起燃烧、爆炸或产生毒害气体的危险品，不得同库贮存。如少量短期贮存，应单独存放在与其他库房有一定距离的小库房内，隔绝火源，分类存放，并采取必要的安全措施。

（2）危险药品中的毒害品、爆炸品、放射性药品，应严格实行双人双锁管理制度。

（3）注意安全操作，搬运药品时应轻拿轻放，防止震动、撞击、摩擦、重压或倾倒。

（4）经常检查包装容器是否严密，若发现封口不牢、渗漏或有破损等现象，应在指定安全地点进行整修，或及时与有关部门联系处理。

（二）中药养护技术介绍

中药养护是运用现代科学方法研究中药保管和养护防患规律的一门综合性技术。医药仓储工作者，在继承中医药学遗产和前人贮存养护经验的基础上，结合现代多学科知识和技术，不断发展提高中药的科学养护技术。目前，中药常用的养护方法主要有传统保质养护技术、化学药剂养护技术及现代养护技术等几大类。

1. 传统中药养护技术

（1）日晒法　就是利用太阳的热能及紫外线将害虫和霉菌杀死的方法。一般适用于根及根茎类较难干燥、曝晒后对质量影响不大的中药材，如黄精、地黄、大黄、何首乌等，受日光作用后可使水分散发起到干燥、防霉的作用。

（2）阴干法　又称摊晾法，系将中药置于阴凉处借温热空气流动，吹散药material水分而干燥的方法。适用于芳香叶类、花类、果皮类等药材，如艾叶、紫苏叶、红花、玫瑰花、橘皮等。

（3）通风法　是利用空气流动规律，使库内外空气发生对流的一种调节库房温度和湿度的措施，以起到降湿防潮的作用。工作实践中要做到通风合理，一般在晴天无雾及室外相对湿度低于库内时，方可开窗、开门通风。反之，则应关好门窗防止室外潮气进入库内。有条件的也可在仓库安装通风换气设备，科学正确地搞好通风降潮工作。

(4) 吸湿除潮法　除前述方法外，实际工作中也可在库房采用吸湿剂和机械除湿法。如选择密封较好的小库房或适当的容器（缸、桶等），放入生石灰、木炭、硅胶、无水氯化钙等吸潮剂，可起到吸湿降潮作用，保持贮存环境干燥。应注意的事项是，对生石灰吸潮后的粉末要及时更换；木炭、硅胶吸潮饱和后应及时干燥"活化"。除此之外，吸湿除潮还有机械吸潮，常用的有空气去湿机等设备。

(5) 密封养护法　本法的目的是将中药与外界温度和湿度、空气、光线、霉菌、害虫等相对隔离，减少不良因素对药物质量的影响。密封的含义一是对库房门、窗、天窗的密封，二是对缸、罐、铁桶等容器的密封；或在容器内放入一定量的木炭、硅胶、生石灰等吸潮剂。此外，实际工作中也有用干砂埋藏党参、牛膝、板蓝根、山药等较完整的个货；利用麦糠、稻糠的隔潮性能将阿胶、龟板胶等胶类中药埋入糠中，从而使外界湿气不致侵入，保持药材干燥。这是防止中药材软化、虫蛀、霉变的方法。

值得注意的是，中药材密封或埋藏前一定要使自身水分处于安全范围内，否则会出现发热腐烂、霉变、虫蛀。一般适用于易走油、溢糖、发霉、虫蛀，回潮后不宜曝晒、烘干的品种，如人参、枸杞、鹿茸等。

(6) 烘干法　对含水量过高的中药，也可采用火炕、烘箱、烘房等设施进行干燥，可有效防止虫害及霉变。主要适用于阴天不能日晒或晒不透的药材。上述方法干燥时，要根据药材性质并不断翻动和控制时间，以防焦化。

(7) 对抗同贮养护　是利用不同中药所含成分及散发的特殊气味，同贮时相互克制起到防蛀、防霉、保色等的一种养护方法。

对抗同贮一般适合数量不太大的中药保存，如泽泻、山药与牡丹皮同贮，可防泽泻、山药生虫，防牡丹皮变色；藏红花与冬虫夏草同贮可防冬虫夏草生虫；大蒜与薏苡仁、土鳖虫分别同贮，可防薏苡仁、土鳖虫发生虫蛀、霉变；鹿茸埋藏于花椒中可防生虫、退色等。此外，医药工作者近年将全蝎、地龙、蜈蚣、金钱白花蛇等动物中药，采用喷洒一定比例的白酒密封养护，在防蛀防霉方面也取得了确切效果。

(8) 冷藏养护技术　采用调控温度的方法贮存中药，常用的方法如安装空调、使用冰箱、建冷库、阴凉库等冷藏方法。夏季梅雨高温季节，可将经济价值偏高的中药，如人参、西洋参、蛤蚧、枸杞、蛤士蟆油等，贮存于阴凉库（20℃以下）中可防蛀、防霉、保质以安全过夏。

2. 化学药剂养护技术

化学药剂养护法，是利用无机或有机的防霉、杀虫剂与仓虫接触，从而杀灭霉菌和害虫的方法。采用此法的原则是高效低毒、环保无污染，易推广使用。目前最常用的是磷化铝熏蒸养护法。

磷化铝（AlP）是近年来中药材广泛应用的一种新型杀虫剂，为灰绿色粉末磷化铝与有关辅料混合压制的片剂。具有使用简便、用量少、渗透力强、杀虫效率高、排毒散发快、不易被药吸附而且可杀灭微生物的多种优点。施用方法为采用塑料帐密封货垛或全仓密封熏蒸。根据货垛体积和库房空间大小，在垛及库房内走道上，把药片放入瓷盘或铁盘上摊开，每立方米用5～7g。使用磷化铝应注意分散施药，专人保管，严禁遇水遇火、日光曝晒，以免引起火灾及对人员造成毒害。

需要注意的是，传统硫黄熏中药，虽有漂白、增艳、防虫的效果，但现代研究证明此法会使中药材残留大量的二氧化硫（SO_2）及砷（As）、汞（Hg）等重金属。《中华人民共和国药典》2005年版一部将用硫黄熏的方法删除，表示中药材以后不允许再使用硫黄熏。

3. 现代中药养护技术

随着科学技术的不断发展及中医药现代化步伐的加快，越来越多的现代科学养护方法被应用。

（1）气调养护法　气调养护法是指在密闭条件下，对导致药材发生质变的空气中的氧浓度进行有效控制，人为地造成低氧或人为造成高浓度的二氧化碳状态，在这样的环境中新的害虫不能产生和侵入，而原有害虫、微生物因缺氧造成窒息死亡或不能繁殖，同时阻隔了潮湿空气对中药的影响，从而保证了药材质量。

（2）远红外线加热干燥养护法　该法干燥的原理是将电能转变为远红外线辐射出去，被干燥物体的分子吸收后产生共振，引起分子、原子的振动和转动，导致物体变热，经过热扩散、蒸发现象或化学变化，最终达到干燥的目的。远红外线干燥通常在密闭箱内进行，受大气中杂菌污染机会少，具有较高的杀虫、灭卵及杀菌效率，具有干燥快、脱水率高、成本低的优点。但应注意，厚度超过10mm的药材，该法干燥的效果一般较差。

（3）微波干燥养护法　微波干燥是一种感应加热和介质加热方法。中药材中的水和脂肪均可不同程度地吸收微波能量，并将其转化为热量。中药微波加热干燥是我国近年来迅速发展的一项新技术。其优点是无污染、杀微生物及杀霉菌效力强。

（三）常见药品养护设备的使用

（1）空调设备　主要用于调节店内空气温度和湿度。夏天卖场内温度要控制在30℃以下，相对湿度不论冬夏应控制在45％～75％范围内。

（2）冷藏箱或冷藏柜　温度设定在2～10℃范围内，主要用于存放生物活性药品和怕热、极易虫蛀、霉变、融化、升华的贵细中药材等。

四、相关法规和制度

《药品经营质量管理规范》（2000年4月30日国家药品监督管理局令第20号发布）

第十五条规定　从事验收、养护、计量、保管等工作的人员，应具有相应的学历或一定的文化程度，经有关培训并考核合格后持证上岗。在国家有就业准入规定岗位工作的人员，需通过职业技能鉴定并取得职业资格证书后方可上岗。

第六十八条规定　药品零售企业营业场所和药品仓库应配置以下设备：

（一）便于药品陈列展示的设备。

（二）特殊管理药品的保管设备。

（三）符合药品特性要求的常温、阴凉和冷藏保管的设备。

（四）必要的药品检验、验收、养护的设备。

（五）检验和调节温度、湿度的设备。

（六）保持药品与地面之间有一定距离的设备。

（七）药品防尘、防潮、防污染和防虫、防鼠、防霉变等设备。

（八）经营中药饮片所需的调配处方和临方炮制的设备。

第七十七条规定　药品应按剂型或用途以及贮存要求分类陈列和贮存：

（一）药品与非药品、内服药与外用药应分开存放，易串味的药品与一般药品应分开存放。

（二）药品应根据其温度和湿度要求，按照规定的贮存条件存放。

（三）处方药与非处方药应分柜摆放。

（四）特殊管理的药品应按照国家的有关规定存放。

（五）危险品不应陈列。如因需要必须陈列时，只能陈列代用品或空包装。危险品的贮存应按国家有关规定管理和存放。

（六）拆零药品应集中存放于拆零专柜，并保留原包装的标签。

（七）中药饮片装斗前做质量复核，不得错斗、串斗，防止混药。饮片斗前应写正名正字。

第七十八条规定　陈列和贮存药品的养护工作包括：

（一）定期检查陈列与贮存药品的质量并记录。近效期的药品，易霉变、易潮解的药品视情况缩短检查周期，对质量有疑问及贮存日久的药品应及时抽样送检。

（二）检查药品陈列环境和贮存条件是否符合规定要求。

（三）对各种养护设备进行检查。

（四）检查中发现的问题应及时向质量负责人汇报并尽快处理。

五、案例分析

药品养护的一般措施

雪蛤膏又叫哈士蟆油，采自吉林长白山珍贵药用动物——雌性林蛙输卵管干品，以块大、色淡黄、有蜡质光泽、质柔韧有弹性者为佳（在空气中，极易脱水萎缩变色并失去光泽）。属于贵细的动物药材，每克价值8～9元。该药材配送到门店时，一般是1000g或500g的大包装，门店有经验的中药调剂员，常会把大包的雪蛤膏立刻分装成5g或10g装的小包装，用透明、密封性能好的小塑料袋分装封口后，再陈列到贵细药材玻璃柜中。

请分析说出：（1）门店调剂员这样操作的目的是什么？（2）这样操作对以后的销售有哪些益处？

内容分析：门店调剂员这样操作的目的主要是防止雪蛤膏脱水减重。因为若不进行小袋分装，把1kg雪蛤膏装在一个大袋子里或大贮存瓶里，每来一位想买雪蛤膏的顾客都要打开一次，顾客购买过程中会不断翻动、挑选，而雪蛤膏在空气中极易脱水萎缩变色并失去光泽。时间一长，雪蛤膏脱水减重非常明显，由于其价格高，给门店带来的经济损失就比较大。另外，采用小塑料袋密封分装后也有利于贮存养护和销售。密封的雪蛤膏小包装可集中陈列在冷藏箱中，也可少部分陈列在贵细药材柜橱里，减少了脱水、变色、融化、霉变等现象的发生。顾客在购买时，不能打开一点一点挑选，只能整袋选择，为商品销售带来了极大的便利。

案例启发：药店内所有贵细药材和饮片（如参茸片、藏红花、虫草等），均可采用小塑料袋密封分装的方法进行贮存、陈列和销售。

六、实训

实训题目：药品养护的相关记录表单的填写

1. 实训目的

培养学生掌握药品质量检查的方法和分析判断的能力；学会正确填写"药品质量养护记录"（见表1-2-3）和"药品质量复查通知单"（见表1-2-5）。

2. 物品准备

（1）备10盒150ml装的急支糖浆（其中3个包装盒上有药液渗出，且已变色）；10盒双黄连口服液（其中要有5盒已出现沉淀变质）。

（2）打印好"药品质量养护记录"和"药品质量复查通知单"两种表单若干份。

（3）宽敞明亮的教室，一张带光源的工作台。

3. 操作过程

（1）取待查药品至工作台上，打开光源逐一检查每一盒药品。

（2）将检查结果填入"药品质量养护记录"，有质量问题的药品填写"药品质量复查通知单"。

（3）填写实训报告（见表1-2-9）。

表1-2-9　实训报告

班级：	实训小组：	实训时间：
实训课题：		
实训目的：		
实训器材、物品：		
实训步骤：1.		
2.		
3.		
4.		
教师评价：		

（4）实训教师现场考核点评。

4. 考核标准

（1）20种药品检查结果，每一种2分，共40分；填写"药品质量养护记录"和"药品质量复查通知单"各20分；实训报告20分。

（2）时间90分钟。

七、思考与练习

（一）填空题

1. 中药材或中药饮片贮存时，一定做好_____，防止混淆，并做好_____、防潮、_____的措施。

2. 对易散失水分而造成减重的贵细药材，应_____或及时_____成小包装。

3. 定期进行药品质量检查。中西成药一般以_____为周期，分区分批检查一遍，中药材和中药饮片应_____检查一遍，发现问题能处理的及时处理，处理不了的及时上报公司_____部门，并填写_____记录。

4. 加强药品的效期管理，定期排查所有效期商品，并做好有效期记录，发现近效期药品，及时预警并_____。

5. 温度计是根据物质热胀冷缩的原理，利用对冷热变化敏感的物质水银、酒精等制成。酒精温度计，用于测量_____的温度；测量_____温度和准确性要求_____的应选用水银温度计。

6. 药物变质的内因主要是指药物本身的_____和_____，以及由它所反映的物理性质和化学性质。

7. 常用温度计按其温度表示方法不同有_____和_____两种。

8. 对胶囊剂保管应以_____、_____为主，同时结合主药的特性，考虑具体的保管方法。

9. 光线使药品变质，_____线起着主要作用，它能直接引起或促进药品发生氧化、变色、分解等化学反应。

10. 按 GSP 的要求，药品应按剂型或用途以及贮存要求分类陈列和贮存，这是指药品与_____、内服药与_____应分开存放；处方药与非处方药应分柜摆放；易串味的药品与_____应分开存放；特殊管理的药品应按照国家的有关规定存放。

（二）单项选择题

1. 药品的在店养护应贯彻（　　）的原则。
   A. 质量第一　　　B. 效益第一　　　C. 以防为主　　　D. 防治结合
2. 测定相对湿度最常用的测量仪器是（　　）。
   A. 干湿球温度计　　　　　　　　B. 毛发湿度计
   C. 温湿度自动巡测仪　　　　　　D. THR-1 型湿度测调仪
3. 药物能够从空气中吸收水蒸气的性质称为药物的（　　）。
   A. 吸附性　　　B. 吸湿性　　　C. 潮解　　　D. 风化
4. 药店内（卖场）的相对湿度应保持在（　　）之间。
   A. 30％～50％　　B. 40％～65％　　C. 45％～75％　　D. 50％～70％
5. 摄氏温度 1 度相当于华氏温度的（　　）度。
   A. 5/9　　　B. 4/3　　　C. 9/5　　　D. 3/4
6. 怕冻药品在低温下易变质或冻裂容器，一般应在（　　）℃以上仓库保存，防止冻结。
   A. 15　　　B. 10　　　C. 5　　　D. 0
7. 在散剂的贮存保管中（　　）是关键。
   A. 防潮　　　B. 温度　　　C. 光照　　　D. 防虫
8. 药用糖浆剂含糖量在（　　）（g/ml）以上的，一般可不防冻。
   A. 40％　　　B. 50％　　　C. 60％　　　D. 70％
9. 在贮存过程中，对片剂质量影响最大的外界因素是（　　）。
   A. 温度　　　B. 光线　　　C. 霉变　　　D. 湿度
10. 药店使用冷藏箱或柜温度应设定在（　　）范围内，主要用于存放生物活性药品和怕热、极易虫蛀、霉变、融化、升华的贵细中药材等。
    A. 0～8℃　　　B. 2～10℃　　　C. 8～15℃　　　D. 10～20℃
11. 需要低温贮存的药品，应及时陈列到（　　）。
    A. 冷藏柜　　　B. 地窖中　　　C. 通道口　　　D. 端架

（三）多项选择题

1. 下面影响药品稳定性的外界因素包括（　　）。
   A. 空气　　　B. 温度　　　C. 光线　　　D. 声音
   E. 时间
2. 表示空气湿度的方式有（　　）。
   A. 饱和湿度　　　B. 安全湿度　　　C. 平均湿度　　　D. 绝对湿度
   E. 相对湿度
3. 下面属于传统中药养护技术的有（　　）。
   A. 日晒法　　　B. 喷药养护　　　C. 阴干法　　　D. 通风法
   E. 气调养护

4. 目前中药饮片最常用的磷化铝熏蒸养护法具有（　　）优点。
A 使用简便　　　　B. 用量少　　　　C. 渗透力强　　　　D. 杀虫效率高
E. 可杀灭微生物

5. 夏天药店卖场内温度要控制在（　　）℃以下。
A. 20　　　　B. 25　　　　C. 28　　　　D. 30
E. 35

（四）判断题

1. 一般说，相对湿度如在40％以下即显得过于干燥，而高达75％以上即显得过于潮湿。（　　）
2. 空气中含有水蒸气的量称为相对湿度。（　　）
3. 易串味的药品应贮存于通风处，与一般药品特别是吸附性药品要隔离存放。（　　）
4. 中药材对抗同贮一般适合数量不太大的中药保存。（　　）
5. 中药材目前最常用的化学养护技术是磷化铝熏蒸养护法。（　　）
6. 特殊管理的药品应按照国家的有关规定存放。（　　）
7. 贮存时间较长是药品变质的重要原因。（　　）
8. 糖浆剂在保管时应注意密闭，并在30℃以下避光保存。（　　）
9. 生物制品，温度过高或过低均易使蛋白质变性，故最佳保存条件应为2～10℃的暗处。（　　）
10. 发现卖场内药品变质、破损时，要先撤架停售。（　　）

（五）问答题

1. 华氏温度与摄氏温度有哪些不同？
2. 举例说明中药对抗同贮养护的方法。

（六）分析题

一般药店要求营业人员应定期检查整理药店中的产品，确保产品系列完整，规格齐全，货源充足；确保货架上陈列的产品包装清洁，整齐，无灰尘；营业员需要经常清洁货架及架上陈列的商品。但大多药店都严禁使用湿抹布清洁药品上的灰尘和污渍。请分析原因，并指出正确的清洁工具。

项目二 处方药零售

学习目标

1. 掌握处方的基本结构、常用处方用语和配方程序
2. 掌握处方审查的内容和方法
3. 掌握零售药店计价常规要求
4. 掌握中药配伍基本知识和中药饮片质量管理知识，能做好中药饮片调配工作
5. 掌握饮片调剂审方

模块一 西药处方药零售

一、工作流程

（一）西药处方药零售前准备工作

1. 职业形象准备

医药商品是用于防病治病、康复保健的特殊商品，药品从业人员，尤其是和顾客有接触的药品销售人员得到顾客的绝对信任是顺利开展工作的基础。所以要求销售药品的人员每天上岗前必须整理自己的外表，端庄自己的仪容仪表，做到整洁、热情、大方、富有朝气。

（1）工作步骤

① 穿好整洁的职业服装，检查胸卡。

② 面对镜子，振奋精神，修饰好自己的容貌和仪表。

③ 规范站姿、准备微笑迎接顾客。

（2）基本要求

① 个人卫生　上岗前应做好自身清洁卫生，包括头发、面部、颈部、手部、指甲的清洁，同时清除口腔及身体异味，禁止留长指甲。男士应不留胡须，勤剪鼻毛，保持面容洁净。

② 发型要求　头发要清洁，发型应自然大方，长度要适宜，男士要求前不遮眉，旁不遮耳，后不及衣领，不留大鬓角及胡须；女士避免怪异的发型和发色，为客人服务时，应将头发整齐束起，以免头发挡住眼睛，或给人以披头散发之感。上岗前需整理好自己的头发。

③ 化妆要求　女性医药商品购销员为了表示对顾客的尊重应适度淡妆，但不应留长指甲和涂彩色指甲油，香水浓度和气味淡雅柔和，不佩戴形状特异和有色的眼镜。

④ 仪表要求

a. 着装　上岗前应着企业统一的制服，保持制服整洁、熨烫平整、纽扣统一齐全，不应将衣袖或裤脚卷起，在左胸前佩好胸卡。同时要注意鞋与服装的搭配，不可穿着过于休闲的鞋子甚至拖鞋上岗。

b. 饰物佩戴　尽管GSP规范没有明确禁止，但是对可能影响药品质量的中药调剂、代客煎药等岗位不宜佩戴饰物，营业员岗位可以佩戴简单饰物（如一枚戒指或一条项链），式样不应过于夸张，以体现文雅端庄。

2. 环境准备

医药商品的营业环境必须整洁、明亮、舒适，让顾客一来就有一种温馨、清爽、健康的感受。为此应做好以下工作。

（1）清洁空气，调节温度　营业场所应做到空气清新流动、温度适宜，保持药品陈列在规定的温度和湿度环境下。因此营业前需打开换气设备，让空气通畅，同时检查温度计和湿度计，如果超过规定范围可开启空调，把温度和湿度调至适宜的范围。

（2）清洁场地，整理台面　营业场所要保持干净卫生、整齐有序，因此应在售前清洁、拖洗地面，擦抹柜台、货架、商品及有关设施，清除杂物，确保无积尘、无污迹，物品定置有序，展柜美观漂亮，通道畅通无阻，显示清新整齐的面貌。

（3）播放音乐，调整灯光　销售前营业员应选播适宜的轻音乐，检查营业场所的亮度，整理广告画牌，护理花卉盆景，使整体环境显得舒适、明亮、优美，以迎接顾客的光临。

（4）摆放座椅，整理书刊　营业前，应在营业场所内的适当位置摆放座椅，整理书报架，备好饮水机，为顾客营造一个舒适方便的购物环境，提供细致周到的服务。

3. 设施和药品准备

营业前的物质准备是整个销售工作的一个重要环节，有序的物质准备是缩短销售时间，加快成交速度，使销售工作顺利进行的根本保证，因而具有十分重要的意义。

（1）整理补货　经过前一天的销售，货架、柜台陈列的商品会出现不丰满或缺档的现象，营业员必须及时进行补货。对货架、柜台上以各种形式陈列的商品及其标签进行归类、整理，尽量补足商品，做到整齐、丰满、美观大方，不得有空位。如出现缺或断货，要及时通知采购部门。在整理商品的同时，要认真检查商品质量，如发现破损、霉变、污染的商品，要及时按GSP规定处理。

（2）查验标签　在整理商品的同时，必须逐个检查标价签，要求做到货价相符，标签齐全，货签对位。对各种原因引起的商品变价要及时调整标价，标签要与商品的货号、品名、产地、规格、单位、单价相符。

（3）物品准备　营业前，营业员要根据自己出售商品的操作需要，准备好或查验好售货工具和用品，并按习惯放在固定适当的地方，以便售货时取用。

需准备或查验的售货用具大致有如下几类。

① 计价收银用具　常用的计价收银用具有电子收银机、电子计算器、算盘以及圆珠笔、复写纸、发票等。对其必须常校检、检查。

② 计量用具　常用的计量用具主要是指电子秤、戥子、尺、天平等度量衡器。对其不仅要正确使用，还必须注意依法使用。

③ 包扎用具　如纸、袋、盒、绳、夹、卫生药袋等。在进行包扎时，要注意大小适宜，包扎牢靠，符合卫生标准。同时，还要注意有利于环境保护。

④ 宣传材料　宣传用具，在此是指与商品相关的广告、说明、介绍以及图片、声像、软件等。在上岗之前，应将其认真备齐，以供赠送或索取。

⑤ 零钱　在顾客付款时，不允许要求对方自备零钱，更不准以任何借口拒找零钱。为此，应提前根据实际需要，备好零钱的具体品种，并确保数量充足。

（二）西药处方药的零售过程

（1）收方　从顾客处接收处方。

（2）审方　由执业药师或依法经过资格认定的药学技术人员进行审方，审方包括"处方规范审核"和"用药安全审核"。

（3）收费　按实际零售价计价收费，开具凭证。

（4）调配处方　按处方调配，调配时要仔细检查核对药品标签上的名称、规格、用法、用量等，防止出差错。调配的药品必须完全与处方相符。

严格按照规章制度办事，严禁用手直接取药。配方人需在处方上签字。

（5）包装、标示　于分装袋或分装容器上贴上或写上药名、规格、用法、用量、有效期限及注意事项。

（6）核对检查　仔细核对所取药品的名称、规格、用法、用量，病人姓名、年龄、性别等，保证不出差错。复核无误后由执业药师签字。

（7）发药　发药时应语言清晰，详细交代用法、用量、间隔时间、不良反应和注意事项，耐心回答顾客的询问。

（8）礼貌道别　送别顾客的基本要求是亲切自然，用语简单，语气委婉。如微笑着说："祝您健康！""祝您早日康复"、"请慢走"、"走好"、"谢谢"、"请拿好东西"等即可。

（9）西药处方药零售流程图　见图 2-1-1。

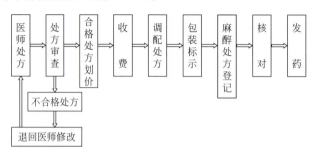

图 2-1-1　西药处方药零售流程图

（三）西药处方药零售结束工作

营业员在为顾客进行商品包装时，还应询问顾客是否还需要别的相关商品。当将包装好的商品交到顾客手中时，应主动向顾客表示感谢，赞扬顾客的明智选择，并请其对商品的质量放心。送走顾客后，进行自我整理。

1. 理货和补货

西药处方药零售完成后，将药品摆放回原位置。售药完成后，要及时理货和补货。理货是按照"从左到右，从上到下"的顺序，按"端架→堆头→货架"的先后顺序将货品进行整理并摆放于合适的位置；理货最好在每日销售高峰期之前和之后进行；理货商品的先后次序一般是促销商品→主力商品→易混乱商品→一般商品。

经过理货及补货后一般要达到以下要求。

① 商品的价格标签正确、干净。

② 商品陈列整齐；商品陈列的位置符合门店陈列图的要求；必须将不同货号的货物分开，并与其价格标签的位置一一对应；商品陈列符合"先进先出"以及安全的原则。

③ 商品的标签、包装、保质日期经检查合格。

④ 商品的零星散货已经回到正确的位置；商品的缺货标签正确放置；破损的商品包装被修复。

⑤ 对补货产生的垃圾进行处理，做好商品、货架、通道的清洁工作，保持补货区域的卫生，检查通道有无遗漏的商品、卡板、垃圾、价格标签等。

⑥ 注意商品及货架卫生，多检查，及时发现问题并解决。

2. 处方登记，保存

每次的处方必须存档，以便计算使用性消耗药品的总量，并做到及时补货。

二、西药处方药零售的质量控制点

（一）对接收的处方进行审核

（1）处方规范审核　审核处方内容是否完整？书写是否规范？字迹是否清晰？有否职业医师或执业助理医师签章？有否医疗机构盖章？涂改处是否有执业医师或执业助理医师盖章等。

（2）用药安全审核　药品名称是否正确？用药剂量是否正确？是否重复用药？不得超过极量。如需超量者，必须经过医生再次签字始可调配。特别注意儿童、老人、孕妇、哺乳期妇女的用药剂量问题。用药方法是否正确（给药途径、间隔时间、注射速度、病人肝肾功能状态、过敏史、病情等）？处方中有否配伍禁忌的药品？药物相互作用和不良反应（药效的增强、协同、拮抗、减弱作用，副作用及毒性）。

在用药安全审核中，尽量参考《中华人民共和国药典》、《新编药物学》、《国家基本医疗保险药品诠释》等具有一定权威的参考书，也可参考电子计算机的药物咨询软件，切忌过于信任自己的记忆力和经验。

（二）执业药师审核签字

执业药师对处方审核后必须签字，签字后依据处方正确调配、销售药品。对处方不得擅自更改或代用，对有配伍禁忌或超剂量的处方应当拒绝调配、销售，必要时，经处方医师更正或重新签字，方可调配、销售。

（三）调配处方

（1）谨慎读方，严防药名混淆　由于病种繁杂、药品品种繁多、用药范围广泛，药品名称中相似相近的很多，如地巴唑与他巴唑（甲巯咪唑）、异丙嗪与异丙胺、优降宁（帕吉林）与优降糖（格列本脲）、利舍平与利血生、心得安（普萘洛尔）与心得平（氧烯洛尔）、心痛定（硝苯地平）与心痛平（美普地尔）、肝乐（二异丙胺）与肝泰乐（葡醛内酯）、胃复康（贝那替秦）与胃复安（甲氧氯普胺）等。读方不慎，极易发生差错事故。

（2）严守规程，实行"三看三对一取药"　即取药前"看"所取药品标签药名，"对"照处方药名；"取"药时"看"所取药名称，"对"照药品性状；取药后"看"所取药品包装，"对"照所配药品。取药完毕，用于贮放药品的容器或其他包装应及时送回原定位置。处方中各种药品配齐后，要自己核对一遍。调配取药应按处方自上而下逐个进行，自核自对则应自下而上查对。

（3）用法、用量及用药注意事项标注要明确易懂　调配使用的投药包装在调配时要标注病人姓名、药品名称、发药日期、用法与用量及用药注意事项等。尤为值得注意的是用法与用量及用药注意事项的标注务必明确易懂，提醒患者注意。

（四）处方药品的核对

（1）核对药品　由于包装的小型化，绝大多数药品在调配后，仍能保持着原有的性状，核对者必须熟悉各药品的基本性状特征，并根据其特征，对照处方药品，看其是否一致。有疑问者，应详细查核，找出原装药品进行比较。如片剂的颜色、味道、厚薄。针剂的容器形状、内容物颜色及包装上的标签等。发现错配情况，要及时处理。

（2）核对规格与数量　药品的规格大小，对处方所开的数量有直接的关系。在处方总量一定时，规格小，则数量多，反之则数量少。所以，必须了解各药品的具体规格。药品的数量还应联系其计量单位进行核对，不仅要核对实际调配数与处方开写数是否相符，而且要核对处方总量是否超出有关规定。特别是毒性药品、麻醉药品、精神药品，应加倍注意。

(3) 核对用法与用量及有关注意事项　处方中各种药品的用法与用量及有关注意事项，必须在投药包装上反映出来，特别是社会药房患者及门诊病患者的用药，务必书写明了、正确。核对人员应对处方中每一品种逐个检查，防止漏写、错写以及书写笔迹不清或用词不明确的情况。

（五）提醒病人用药注意事项

指导病人合理用药，增强病人依从性，必须交代用药注意事项，调配使用的投药包装上应加以标注。

(1) 临调配时，由调剂人员直接书写在投药包装的"备注"栏内。

(2) 调配时，配贴用药注意卡。

注意卡上要交代的内容常有：不宜突然停药；不宜从事驾驶车辆，管理机器及高空作业等有危险性的工作；不宜饮牛奶；不宜饮酒；避免皮肤直接接受阳光照晒，以免引起过敏；用前注意振摇均匀；要把整片药用水吞服，应放在舌头下面含化，让其自然溶化吸收；应先嚼碎后再用开水送服，不宜把整片药吞下；本品漱口用，每日数次，不要咽下；服药后应多饮开水；服药期间，大小便颜色可能有变化等。

可以将上述各条分别铅印在 4cm×6cm 的纸片上，需用时，选择配贴在投药包装上即可。

三、基础知识

（一）营业中的服务规范

(1) 仪表整洁，举止大方　从业人员穿着整洁、举止大方、证件佩戴齐全，站姿端正。接待顾客时做到"四勤"，即眼勤、嘴勤、手勤、腿勤。

(2) 微笑服务，主动热情　从业人员接待顾客时，应该精神饱满、面带微笑、语言语调适当、态度和蔼，给人以亲切的感觉。要关心顾客，有问必答，不怕麻烦，向顾客详细交代药品的用法用量和注意事项，发药时对顾客要有称呼，对老年顾客要有尊称。

(3) 尊重患者，人人平等　不管是新、老顾客，还是亲戚朋友，都是服务对象，均应平等对待，一视同仁。由于顾客的生理和疾病的痛苦而心情不佳，从业人员要充满爱护之心，满腔热情地为他们服务。

(4) 业务熟练、讲究信誉　从业人员必须具有丰富的专业知识和熟练的职业技能，才能为患者提供优质的药学服务，做到尽职尽责。同时，要认真执行药品价格政策，对紧缺药品按规定供应；对药品的质量宣传应实事求是，不随意吹嘘。

（二）处方的相关知识

1. 处方的含义

处方是指医疗和生产中关于药剂调制的一项重要的书面文件。广义的处方是指制备任何一种药剂或制剂的书面文件。狭义的处方是由执业医师或执业助理医师为患者诊断、预防或治疗疾病而开具的用药指令，是药学技术人员审核、调配、核对并作为发药凭证的医疗文书。

2. 处方的种类和颜色

(1) 处方的种类　按处方的性质分为法定处方、医师处方和协定处方。

① 法定处方　指《中华人民共和国药典》和局颁标准中收载的处方，具有法律的约束力。

② 医师处方　指执业医师或执业助理医师在诊疗活动中为患者开具的处方。

③ 协定处方　是医院药剂科与临床医师根据医院日常医疗用药的需要，共同协商制定

的处方。适于大量配制和贮备，便于控制药品的品种和质量。每个单位的协定处方仅限于在本单位使用。

(2) **处方的颜色** 处方由各医疗机构按规定的格式统一印制。处方的颜色分别为：麻醉处方粉红色、急诊处方淡黄色、儿科处方淡绿色、普通处方白色，并在处方的右上角以文字注明。

3. 处方的意义

处方具有法律上、技术上和经济上三个方面的意义。

(1) **法律性** 因开具处方或调配处方造成的医疗差错或事故，医师和药师分别负有相应的法律责任。医师有诊断权和开具处方权，但无调配处方权；药师具有审核、调配处方权，但无诊断权和开具处方权。

(2) **技术性** 开具和调配处方者必须由经过医药院校系统专业学习，并经过资格认定的医药卫生技术人员担任，医师对患者的病情做出诊断后，在安全、有效、经济、合理的原则下，开具处方；药学专业技术人员对处方进行审核，按处方准确、快捷地调配，并发药给患者，表现出开具和调配处方的技术性。

(3) **经济性** 处方是药品消耗及经济收入结账的凭证和原始依据，也是患者在诊疗疾病全过程中用药报销的真实凭据。

(三) 处方的识别和解读

1. 处方的组成

处方作为一种特殊文件，有一定的组成，包括以下三部分。

(1) **处方前记** 也称处方的自然项目。包括医疗机构名称、科别、费别、患者姓名、性别、年龄、住院或门诊号、就诊日期、临床诊断等项目，麻醉药品和一类精神药品处方还应包括患者的身份证号、代办人姓名和身份证号。

(2) **处方正文** 正文以 Rp 或 R（拉丁文 Recipe，"请取"的缩写）开始，分列药品名称、剂型、规格、数量、用法、用量。药品的名称可以开写通用名或商品名。

(3) **处方后记** 包括医师、配方人、核对人、发药人的签名及发药日期、药品金额等。目前部分医疗机构使用电子处方，医师打印的电子处方其格式要与手写处方一致，并应有严格的签名管理程序。必须设置处方或医嘱正式开具后不能修改的程序。

2. 处方格式

```
                    ×××××医院

处方签
姓名_____  性别_____  年龄_____  门诊(住院)号_____  科别_____
处方费别：医保☐  非医保☐  其他☐  医保号_____  床号_____
临床诊断：_____  处方日期_____年____月____日
Rp:
     硫酸亚铁片  0.3×30
                    Sig. 0.3  t.i.d.  p.o.
     VitC 片  0.1×20
                    Sig. 0.1  t.i.d.  p.o.

审核人_____  核对人_____  医师_____
配方人_____  发药人_____  药品金额(元)_____
```

3. 处方书写的基本要求

（1）患者一般情况（姓名、年龄、性别等）应填写清晰、完整，其中年龄应填写实足年龄，新生儿、婴幼儿写日龄或月龄，必要时需注明体重。

（2）每张处方限于一名患者的用药。

（3）处方字迹应清楚，不得涂改；如需修改，应在修改处签名并注明修改日期。

（4）药品名称应使用规范的中文名称或英文名称书写；医疗机构或者医师、药师不得自行编制药品缩写名称或者使用代号；书写药品剂量、规格、用法、用量要准确规范，用法用量应按照药品说明书规定的常规用法用量使用，特殊情况需要超剂量使用时，应当注明原因并再次签名。不得使用"遵医嘱"、"自用"等含糊不清的字句。

（5）西药和中成药可以分别开具处方，也可开具一张处方，中药饮片应当单独开具处方。西药、中成药处方，每一种药品应当另起一行，每张处方不得超过5种药品。

（6）开具处方后的空白处画一斜线以示处方完毕。

（7）处方医师的签名式样和专用签章应当与院内药学部门留样备查的式样相一致，不得任意改动，否则应当重新登记留样备案。

（8）药品剂量与数量一律用阿拉伯数字书写。剂量应当使用法定剂量单位：质量以克（g）、毫克（mg）、微克（μg）、纳克（ng）为单位；容量以升（L）、毫升（ml）为单位；国际单位（IU）、单位（U）；中药饮片以克（g）为单位；片剂、丸剂、胶囊剂、颗粒剂分别以片、丸、粒、袋为单位；溶液剂以支、瓶为单位；软膏及乳膏剂以支、盒为单位；注射剂以支、瓶为单位，并注明含量。

4. 处方制度

（1）处方权　经注册的执业医师在执业地点取得相应的处方权。经注册的执业助理医师在医疗机构开具的处方，应经所在执业地点执业医师签名或加盖专用签章后方有效。经注册的执业助理医师在乡、镇、村的医疗机构独立从事一般的执业活动，可在注册的执业地点取得相应的处方权。医师应在注册的医疗机构签名留样或者专用签章备案后，方可开具处方。医师被责令暂停执业、离岗培训期间或被注销（吊销）执业证书后，其处方权即被取消。

（2）处方期限　处方开具当日有效。特殊情况下需延长有效期的，由开具处方的医师注明有效期限，但有效期最长不得超过3天。

（3）处方限量　处方一般不得超过7日用量；急诊处方一般不得超过3日用量；对于某些慢性病、老年病或特殊情况，处方用量可适当延长，但医师应注明理由。特殊管理药品的处方用量必须严格执行国家有关规定。

（4）处方保管　零售药店必须保存处方2年备查。

5. 处方中常见的外文缩写及含义

医师在书写处方时，药物的用法（包括剂量、服用时间及用药次数）和调配方法等内容，常采用拉丁文缩写或英文缩写。药师应掌握处方中常用的外文缩写，并理解其含义（见表2-1-1）。

6. 处方中易混淆的中文名称

化学药品的品种很多，名称各不相同（见表2-1-2）。有些药品的名称（通用名或商品名）在中文表述上极为相似，如消炎痛（吲哚美辛）和消心痛（异山梨酯），但药理作用却完全不同。这要求医师和药师在处方书写及审核时要注意区别。

表 2-1-1　处方中常见的外文缩写及含义

外文缩写	中文含义	外文缩写	中文含义	外文缩写	中文含义
aa	各、各个	Inj	注射剂	p. m.	下午
a. c.	餐前(服)	i. v.	静注	p. o.	口服
ad.	加到,至	i. v. gtt	静滴	p. r. n.	必要时
a. m.	上午、午前	kg	千克	S. O. S.	需要时
aq	水、水剂	Liq.	液,溶液	q. d	每日
aq. dest.	蒸馏水	mg	毫克	q. h.	每时
b. i. d.	每日2次	mcg	微克	q. 4h.	每四小时
t. i. d.	每日3次	μg	微克	q. i. d.	每日4次
Caps	胶囊(剂)	ung.	软膏剂	q. n.	每晚
Ol.	油剂	Mist	合剂	q. o. d	隔日1次
Co.	复方的、复合的	ml	毫升	q. s.	适量
Dil.	稀释的,稀释	NS	生理盐水	Sig.	标记(标明用法)
Dos.	剂量	o. d.	右眼	Sol.	溶液
g	克	o. l.	左眼	ss	一半
gtt.	滴、量滴、滴剂	o. u	双眼	St	立即
i. h.	皮下的(尤指皮下注射)	OTC	非处方药	Tab	片剂
h. s.	临睡时	p. c.	餐后	U	单位
i. m.	肌内注射	pH	酸碱度		

表 2-1-2　处方中易混淆的中文药名对照表

处方药名	相似药名一	相似药名二
邦迪(创可贴)	邦达(他佐巴坦/哌拉西林抗菌药)	帮备(班布特罗,肾上腺素能 β_2 受体激动剂)
泰诺(泰诺酚麻美敏片,非甾体解热镇痛药)	泰特(还原型谷胱甘肽,肝胆疾病辅助用药)	泰素(紫杉醇,抗肿瘤药)
倍美安(结合雌激素)	倍美盈(雌激素、结合雌激素等)	倍美力(结合雌激素)
立复欣(利福霉素,抗结核药)	立复丁(法莫替丁,组胺 H_2 受体阻滞剂)	立复宁(抗人胸腺细胞球蛋白,免疫抑制剂)
特美肤(氯倍他索,糖皮质激素)	特美力(环丙沙星,氟喹诺酮抗菌药)	特美汀(复方替卡西林/克拉维酸钾,青霉素类与β-内酰胺酶抑制剂)
赛福隆(头孢噻肟,头孢菌素类抗生素)	赛福宁(头孢唑林,头孢菌素类抗生素)	赛福定(头孢拉定,头孢菌素类抗生素)
氟嗪酸(氧氟沙星,氟喹诺酮抗菌药)	氟哌酸(诺氟沙星,氟喹诺酮抗菌药)	氟灭酸(氟芬那酸,非甾体抗炎药)
雅施达(培哚普利,血管紧张素转换酶抑制剂)	雅司达(对乙酰氨基酚,非甾体解热镇痛药)	亚思达(阿奇霉素,大环内酯类抗生素)
		压氏达(氨氯地平,钙通道阻滞剂)
阿拉明(间羟胺,抗休克的血管活性药)	可拉明(尼可刹米,中枢神经兴奋药)	
安妥明(氯贝丁酯,调血脂药)	安妥碘(普罗碘胺,眼科用药)	

续表

处方药名	相似药名一	相似药名二
普鲁卡因(局麻药)	普鲁卡因胺(抗心律失常药)	
他巴唑(甲巯咪唑,抗甲状腺药)	地巴唑(抗高血压药)	
消心痛(异山梨酯,抗心绞痛药)	消炎痛(吲哚美辛,非甾体类抗炎药)	
止血芳酸(止血药)	止血环酸(止血药)	
异丙嗪(抗组胺药)	氯丙嗪(抗精神病药)	
潘生丁(双嘧达莫,抗心绞痛药)	潘特生(泛硫乙胺,调血脂药)	
乙酰胺(有机磷中毒解毒药)	乙琥胺(抗癫痫药)	
安定(地西泮,抗焦虑药)	安坦(苯海索,抗帕金森病药)	安宁(甲丙氨酯,催眠药)
氟尿嘧啶(抗肿瘤药)	氟胞嘧啶(抗真菌药)	
阿糖腺苷(抗病毒药)	阿糖胞苷(抗肿瘤药)	
舒必利(抗精神病药)	泰必利(硫必利,抗精神病药)	
泰能(亚胺培南/西拉司丁,抗菌药)	息宁(卡比多巴/左旋多巴,抗帕金森病药)	
培洛克(培氟沙星,氟喹诺酮抗菌药)	倍他乐克(美托洛尔,肾上腺素能β受体阻滞剂)	
易善力(磷脂、复合维生素,肝胆疾病辅助用药)	易善复(必需磷脂,肝胆疾病辅助用药)	
卫非宁(含利福平、异烟肼,抗结核药)	卫非特(含利福平、异烟肼、吡嗪酰胺,抗结核药)	
舒血宁(银杏叶制剂,脑血液循环改善药)	舒脑宁(二氢麦角生物碱复合物,脑功能改善药)	
安可欣(头孢呋辛,头孢菌素类抗生素)	安可来(扎鲁司特,白三烯受体阻滞剂)	
克林霉素(林可霉素类抗菌药)	克拉霉素(大环内酯类抗生素)	

(四) 药品说明书的相关知识

药品说明书是随药品一起装入盒内或箱内的有关该药品的资料,是药品的重要包装内容之一,是向大众宣传介绍药品的特性、指导合理用药和普及医药知识的主要媒介,也是药品情报的重要来源之一,还是药品生产企业报请审批药品生产的必备资料之一。

① 药品说明书的文字表述应科学、规范、准确、清晰易辨,标识应清楚醒目,不得有印字脱落或粘贴不牢等现象,不得以粘贴、剪切、涂改等方式进行修改或者补充。

② 药品说明书应包含药品安全性、有效性的重要科学数据、结论和信息,用以指导安全、合理用药。药品说明书的具体格式、内容和书写要求由国家食品药品监督管理局制定并发布。药品说明书对疾病名称、药学专业名词、药品名称、临床检验名称和结果的表述,应当采用国家统一颁布或规范的专用词汇,度量衡单位应当符合国家标准的规定。

③ 药品说明书应列出全部活性成分或组方中的全部中药药味。注射剂应列出所用的全部辅料名称。药品处方中含可能引起严重不良反应的成分或辅料的,应予以说明。

④ 生产企业应主动跟踪药品上市后的安全性、有效性情况,需对药品说明书进行修改的,应及时提出申请。根据药品不良反应监测、药品再评价结果等信息,国家食品药品监督管理局也可要求药品生产企业修改药品说明书。

⑤ 药品说明书应充分包含药品的副作用信息,详细注明药品的不良反应。生产企业未根据药品上市后的安全性、有效性情况及时修改说明书或未将药品不良反应在说明书中充分

说明的，由此引起的不良后果由该生产企业承担。

⑥ 药品说明书核准日期和修改日期应当在说明书中醒目标示。

（五）药品说明书的解读

1. 药品说明书的格式

（核准和修改日期）

（特殊药品、外用药品标识位置）

（警示语）请仔细阅读说明书并在医师指导下使用

××××说明书

【药品名称】

【成分】

【性状】

【适应证】

【规格】

【用法用量】

【不良反应】

【禁忌】

【注意事项】

【孕妇及哺乳期妇女用药】

【儿童用药】

【老年用药】

【药物相互作用】

【药物过量】

【临床试验】

【药理毒理】

【药代动力学】

【贮藏】

【包装】

【有效期】

【执行标准】

【批准文号】

【生产企业】

2. 药品说明书各项内容的书写要求

"核准和修改日期"：核准日期为国家食品药品监督管理局批准该药品注册的时间。修改日期为此后历次修改的时间。核准和修改日期应印在说明书首页左上角。修改日期位于核准日期的下方，按时间顺序逐行书写。

"特殊药品、外用药品标识"：麻醉药品、精神药品、医疗用毒性药品、放射性药品和外用药品等专用标识在说明书首页右上方标注。

"说明书标题"："×××说明书"中的"×××"是指该药品的通用名称。

"请仔细阅读说明书并在医师指导下使用"：该内容必须标注，并印制在说明书标题下方。

"警示语"：是指对药品严重不良反应及其潜在的安全性问题的警告，还可以包括药品禁忌、注意事项及剂量过量等需提示用药人群特别注意的事项。

有该方面内容的，应在说明书标题下以醒目的黑体字注明。无该方面内容的，不列该项。

【药品名称】 按下列顺序列出。

通用名：《中华人民共和国药典》收载的品种，其通用名应与《药典》一致；《药典》未收载的品种，其名称应符合药品通用名命名原则。

商品名：未批准使用商品名称的药品不列该项。

英文名：无英文名的药品不列该项。

汉语拼音：

【成分】

① 列出活性成分的化学名称、化学结构式、分子式、分子量，并按下列方式书写。

化学名称：

化学结构式：

分子式：

分子量：

② 复方制剂可以不列出以上内容。可表达为"本品为复方制剂，其组分为："。组分按一个制剂单位（如每片、粒、支、瓶等）分别列出所含的全部活性成分及其含量。

③ 多组分或化学结构尚不明确的化学药品或治疗用生物制品，应列出主要成分名称，简述活性成分来源。

④ 处方中含有可能引起严重不良反应的辅料的，该项下应列出该辅料名称。

⑤ 注射剂应列出全部辅料名称。

【性状】 包括药品的外观、臭、味、溶解度以及物理常数等。

【适应证】 根据药品的用途，采用准确的表述方式，明确用于预防、治疗、诊断、缓解或辅助治疗某种疾病（状态）或者症状。

【规格】 指每支、每片或其他每一单位制剂中含主药（或效价）的质量、含量或装量。生物制品应标明每支（瓶）有效成分的效价（或含量及效价）及装量（或冻干制剂的复溶后体积）。

【用法用量】 详细列出药品的用法、剂量、计量方法、用药次数及疗程。需按疗程用药或规定用药期限的，须注明疗程、期限。用法上有特殊要求的，应按实际情况详细说明。

【不良反应】 详细列出药品的不良反应，并按不良反应的严重程度、发生的频率或症状的系统性列出。

【禁忌】 应列出禁止应用该药品的人群或疾病情况。

【注意事项】 列出使用该药物时必须注意的问题，包括慎用的情况；影响药物疗效的因素（烟、酒、食物、药物等）；用药过程中需要观察的情况（过敏反应、定期查肝功、定期查血象等）及用药后对临床检验结果的影响。滥用或者药物依赖性内容可以在该项目下列出。

【孕妇及哺乳期妇女用药】 着重说明该药对妊娠、分娩及哺乳期母婴的影响，并写明可否应用本品及用药注意事项。未进行该项实验且无可靠参考文献的，应当在该项下予以说明。

【儿童用药】 包括儿童由于生长发育的关系而对该药品在药理、毒理或药代动力学方面与成人的差异，并写明可否应用本品及用药注意事项。未进行该项实验且无可靠参考文献的，应当在该项下予以说明。

【老年用药】 包括老年人由于机体功能衰退的关系而对该药品在药理、毒理或药代动力学方面与成人的差异，并写明可否应用本品及用药注意事项。未进行该项实验且无可靠参考文献的，应当在该项下予以说明。

【药物相互作用】 列出与该药产生相互作用的药品或药品类别，并说明相互作用的结果及合并用药的注意事项。未进行该项实验且无可靠参考文献的，应当在该项下予以说明。

【药物过量】 详细列出过量应用该药可能发生的毒性反应、剂量及处理方法。未进行该项实验且无可靠参考文献的，应当在该项下予以说明。

【临床试验】 本品临床试验概述，应准确、客观地进行描述。包括临床试验的给药方法、研究对象、主要观察指标、临床试验的结果包括不良反应等。没有进行临床试验的药品不书写该项内容。

【药理毒理】 包括药理作用和毒理研究两部分内容。

药理作用：为临床药理中药物对人体作用的有关信息。也可列出与适应证有关或有助于阐述临床药理作用的体外试验和（或）动物实验的结果。

毒理研究：涉及的内容是指与临床应用相关，有助于判断药物临床安全性的非临床毒理研究结果。应当描述动物种属类型，给药方法（剂量、给药周期、给药途径）和主要毒性表现等重要信息。

未进行该项实验且无可靠参考文献的，应当在该项下予以说明。

【药代动力学】 应包括药物在体内吸收、分布、代谢和排泄的全过程及主要的药代动力学参数，以及特殊人群的药代动力学参数或特征。说明药物是否通过乳汁分泌、是否通过胎盘及血脑屏障等。应以人体临床试验结果为主，如缺乏人体临床试验结果，可列出非临床试验的结果，并加以说明。未进行该项实验且无可靠参考文献的，应当在该项下予以说明。

【贮藏】 具体条件的表示方法按《中华人民共和国药典》要求书写，并注明具体温度，如阴凉处（不超过 20℃）保存。生物制品应同时注明制品保存和运输的环境条件，特别应明确具体温度。

【包装】 包括直接接触药品的包装材料和容器及包装规格，并按该顺序表述。

【有效期】 以月为单位表述。

【执行标准】 列出执行标准的名称、版本，如《中华人民共和国药典》2005 年版二部，或药品标准编号。

【批准文号】 指该药品的药品批准文号，进口药品注册证号或者医药产品注册证号。麻醉药品、精神药品、蛋白同化制剂和肽类激素还需注明药品准许证号。

【生产企业】 国产药品该项内容应与"药品生产许可证"载明的内容一致，进口药品应当与提供的政府证明文件一致。并按下列方式列出。

企业名称：

生产地址：

邮政编码：

电话和传真号码：须标明区号。

网址：如无网址可不写，此项不保留。

四、拓展知识

（一）常见药品的配伍禁忌

两种或两种以上的药物同时或先后使用，可引起药物作用和效应的相应变化。当作用增强或不良反应减轻时，则是合理的联用；当作用减弱或加重不良反应等，则不能联用，即出现配伍禁忌。常见的有以下几种配伍禁忌。

1. 联用药物后作用减弱

（1）影响药物的吸收而降低疗效

① 四环素不宜与含多价金属离子的药物（硫酸亚铁、氢氧化铝、枸橼酸铋钾等）合用，因可形成难溶性的配合物，吸收减少，降低疗效；同时四环素不宜与含钙丰富的食物（牛奶、乳制品）同服。

② 甲氧氯普胺、吗丁啉、西沙必利可增加肠蠕动，缩短药物在肠内的滞留时间，吸收减少，疗效降低。

③ 药用炭有吸附作用，不宜与氯丙嗪、林可霉素、异丙嗪等同服，因可影响这些药物的吸收。

④ 考来烯胺与洋地黄毒苷、华法林、阿司匹林等可形成配合物，妨碍后者的吸收。

⑤ 抗酸药能使弱酸性药物（水杨酸类、呋喃类、磺胺类、华法林等）的解离度增大，吸收减少。

抗酸药还能使胃蛋白酶的作用环境改变，疗效降低；胰酶不宜与胃蛋白酶、酸性药物同服，后者可使其作用环境改变，疗效降低。

（2）作用拮抗而降低疗效

① 甲氧氯普胺等胃动力药与溴丙胺太林等胃肠解痉药合用，作用完全相反，药效降低。

② 沙丁胺醇等平喘药不宜与β受体阻滞剂合用，因两类药物的作用完全相反，药效降低。

（3）其他

① 四环素类、氯霉素类、大环内酯类不宜与β-内酰胺类药物合用，前三者为速效抑菌药，能迅速抑制细菌的生长繁殖，影响后者的抗菌作用，使后者的抗菌作用降低。

② 氯霉素、克林霉素、红霉素三者间不宜联用，它们可竞争抑制细菌蛋白质的同一合成部位，联用后作用并不增强。

2. 联用药物后不良反应加重

（1）由于两药的不良反应相似，联用后不良反应加重　如肝素与阿司匹林、非甾体抗炎药、右旋糖酐-70、双嘧达莫合用，有增加出血的危险；甲氧氯普胺与吩噻嗪类抗精神病药合用可加重锥体外系反应；氨基糖苷类抗生素与呋塞米、依他尼酸、万古霉素合用，可增加耳毒性和肾毒性；氨基糖苷类与一代头孢菌素类合用可加重肾脏的毒性等；氨基糖苷类、多黏菌素类同类间及两类间不宜联用，可增加对肾脏的损害。

（2）影响药物排泄而增加毒性　丙磺舒、阿司匹林、吲哚美辛、保泰松、磺胺类药可减少青霉素自肾小管的排泄，使青霉素的血药浓度增高，毒性增加。

 药店零售技术

3. 药物的体外配伍禁忌

注意静注、静滴及肠外营养液等溶液的配伍,包括药液的浑浊、沉淀、变色和活性降低等。

(1) 如青霉素与苯妥英、苯巴比妥、戊巴比妥、异戊巴比妥、硫喷妥钠、阿托品、氨力农、普鲁卡因胺、拉贝洛尔、缩宫素、酚妥拉明、罂粟碱、精氨酸、麦角新碱、鱼精蛋白、促皮质素、苯海拉明、麻黄碱、氨茶碱、维生素 B_1、维生素 B_6、维生素 K_1、维生素 C、异丙嗪、阿糖胞苷、辅酶 A、博来霉素等配伍可出现浑浊、沉淀、变色和活性降低。

青霉素与碳酸氢钠、氢化可的松合用,透明度不变而效价降低。

氯化钾注射液与氢化可的松合用,可使后者析出沉淀。

维生素 C 注射液与碱性药物配伍,则氧化失效。

(2) 甘露醇与磺苄西林钠、头孢匹林、头孢吡肟、胞磷胆碱、氨力农、硝普钠、维拉帕米、尿激酶、普萘洛尔、氯化钠、复方氯化钠、氯化钾、氯化钙、葡萄糖酸钙、乳酸钠、复方乳酸钠、长春新碱、丝裂霉素、多柔比星等配伍可出现浑浊、沉淀、变色和活性降低。

(二) 西药与中成药联合应注意的事项

(1) 舒肝丸不宜与甲氧氯普胺合用,因舒肝丸中含有芍药,有解痉、镇痛作用,而甲氧氯普胺则促进胃肠蠕动,两者合用作用相反,药效降低。

(2) 止咳定喘膏、麻杏石甘片、防风通圣丸不宜与复方利舍平片、帕吉林同服。因前3种药物均含有麻黄素,能升高血压,影响后者的降压效果。

(3) 蛇胆川贝液不宜与吗啡、哌替啶、可待因同服。因前者含有苦杏仁苷,均可抑制呼吸,同服易致呼吸衰竭。

(4) 益心丹、麝香保心丸、六神丸不宜与普罗帕酮、奎尼丁同服,因可导致心脏骤停。

(5) 虎骨酒、人参酒、舒筋活络酒不宜与苯巴比妥等镇静药同服,可加强对中枢神经的抑制作用而易致中毒。

(6) 丹参片不宜与复方氢氧化铝同服,前者的主要成分是丹参酮、丹参酚,与氢氧化铝形成配合物,不易被吸收,降低疗效。

(7) 异烟肼不宜与昆布同服,昆布片中含碘,在胃酸条件下,与异烟肼发生氧化反应,使之失去抗结核作用。

五、相关法规和制度

1.《中华人民共和国药品管理法》(中华人民共和国主席令第 45 号)第十九条规定 药品经营企业调配处方必须经过核对,对处方所列药品不得擅自更改或者代用。对有配伍禁忌或超剂量的处方,应当拒绝调配;必要时经处方医师更正或重新签字,方可调配。

2.《处方管理办法》(卫生部令第 53 号)第四条规定 处方药应当凭医师处方销售、调剂和使用。

第六条第七款规定 开具西药、中成药处方,每一种药品应当另起一行,每张处方不得超过 5 种药品。

第十八条规定 处方当日有效。特殊情况下需延长有效期的,由开具处方的医师注明有效期限,但有效期最长不得超过 3 天。

第十九条规定 处方一般不得超过 7 日用量;急诊处方一般不得超过 3 日用量;对于某些慢性病、老年病或特殊情况,处方用量可适当延长,但医师应当注明理由。

第三十一条规定　具有药师以上专业技术职务任职资格的人员负责处方审核、评估、核对、发药以及安全用药指导；药士从事处方调配工作。

第三十二条规定　药师应当凭医师处方调剂处方药品，非经医师处方不得调剂。

第三十六条规定　药师经处方审核后，认为存在用药不适宜时，应当告知处方医师，请其确认或者重新开具处方。药师发现严重不合理用药或者用药错误，应当拒绝调剂，及时告知处方医师，并应当记录，按照有关规定报告。

第四十条规定　药师对于不规范处方或者不能判定其合法性的处方，不得调剂。

3. 药品说明书和标签管理规定（局令第 24 号）第四条规定　药品生产企业生产供上市销售的最小包装必须附有说明书。

第五条规定　药品说明书和标签的文字表述应当科学、规范、准确。

第六条规定　药品说明书和标签中的文字应当清晰易辨，标识应当清楚醒目，不得有印字脱落或者粘贴不牢等现象，不得以粘贴、剪切、涂改等方式进行修改或者补充。

第九条规定　药品说明书应当包含药品安全性、有效性的重要科学数据、结论和信息，用以指导安全、合理使用药品。

六、实训

（一）实训素材准备

（1）模拟药房（包括药品陈列设备和相关的药品包装盒）。

（2）不同类别处方的样张。

××医院处方笺

定点医疗机构编码		年　月　日		处方编号	
费别	科别/病区	门诊/住院	病历号	床位号	
公/自/医保					
姓名	性别	年龄	工作单位		
临床诊断					

Rp

　　盐酸丙卡特罗片 25μg＊1 盒(20 片)
　　　　　　　Sig. 25μg p.o. b.i.d.

医师签章

金额	审核签章	调配签章	核对签章	发药签章

药师提示：1. 请遵医嘱服药；2. 请在窗口点清药品；3. 处方当日有效；4. 发出药品不予退换

××医院处方笺　　　　　　　　　　　　　　　　[急诊]

定点医疗机构编码		年　月　日	处方编号	
费别 公/自/医保	科别/病区	门诊/住院　病历号		床位号
姓名	性别	年龄	工作单位	
临床诊断				

Rp

　　5％ GS　500ml＊2瓶
　　青霉素注射剂 400万U＊2
　　　　　　　　Sig.5％ GS　500ml　i.v.gtt
　　　　　　　　青霉素注射剂　400万U　b.i.d.

　　　　　　　　　　　　　　　　　　　　医师签章

金额	审核签章	调配签章	核对签章	发药签章

药师提示：1.请遵医嘱服药；2.请在窗口点清药品；3.处方当日有效；4.发出药品不予退换

××医院处方笺　　　　　　　　　　　　　　　　[儿科]

定点医疗机构编码		年　月　日	处方编号	
费别 公/自/医保	科别/病区	门诊/住院　病历号		床位号
姓名	性别	年龄 岁　月　日		体重 千克
临床诊断				

Rp

　　5％ GS　250ml＊1瓶
　　青霉素注射剂　400万U＊1
　　　　　　　　Sig.5％ GS　250ml　i.v.gtt
　　　　　　　　青霉素注射剂　400万U　b.i.d.（皮试）

　　　　　　　　　　　　　　　　　　　　医师签章

××医院处方笺 [麻、精一]

定点医疗机构编码		年　月　日		处方编号	
费别 公/自/医保	科别/病区	门诊/住院　病历号		床位号	
姓名	性别	年龄	身份证明号	工作单位	
代办人姓名		代办人身份证明号			
病情及诊断		肾结石、急性肾绞痛			

Rp

　　Inj 哌替啶　500mg＊1
　　　　　　　Sig. 25mg　i.m. St

　　　　　　　　　　　　　　　　　　　医师签章

金额	审核签章	调配签章	核对签章	发药签章

药师提示：1. 请遵医嘱服药；2. 请在窗口点清药品；3. 用剩药品无偿交回

××医院处方笺 [精二]

定点医疗机构编码		年　月　日		处方编号	
费别 公/自/医保	科别/病区	门诊/住院　病历号		床位号	
姓名	性别	年龄	工作单位		
病情及诊断					

Rp

　　地西泮片　25mg＊1(5片)
　　　　　　　Sig. 25mg　p.o. h.s.

　　　　　　　　　　　　　　　　　　　医师签章

金额	审核签章	调配签章	核对签章	发药签章

药师提示：1. 请遵医嘱服药；2. 请在窗口点清药品；3. 处方当日有效；4. 发出药品不予退换

(3) 需要准备的药品包装盒清单和药品价格（见表 2-1-3）。

表 2-1-3　药品价格表

序号	品名	剂型	规格	单位	单价/元
1	盐酸丙卡特罗片	片	25μg	盒	20.50
2	生理盐水	输液	250ml	瓶	5.00
3	生理盐水	输液	500ml	瓶	10.00
4	青霉素	粉针	400万单位	瓶	2.5
5	哌替啶	注射剂	50mg	瓶	15.2
6	地西泮	片	25mg	片	1.50

（二）实训要求

请三位同学分别以药师、药品销售员和顾客（患者）角色，模拟接方、审方、发药等过程。
(1) 审查处方和计价　"药师"对以上处方进行审查并计价。
(2) 调配西药处方　药品销售员对处方进行模拟调剂，并对模拟病人进行用药指导。

（三）结果记录

西药处方药销售实训考核表见表 2-1-4。

表 2-1-4　西药处方药销售实训考核表

班级：　　　　准考证号：　　　　日期：　　　　　　　　　　　　总分：

考核项目	考核内容	满分	考核要点	评分标准	得分
接待礼仪	服装仪容仪表	10	(1)仪容整洁。要勤梳头，勤洗手，男员工要及时修面，保持脸部干净,清除体臭	4	
			(2)着装。营业时必须穿戴工作服,穿着整齐,服帖,并佩戴工牌,以利于顾客监督	3	
			(3)化妆清新,女性可适当淡妆（杜绝浓妆）。店主管要注意自己的发型	3	
服务意识	态度语言	10	(1)态度和蔼亲切,给人以信任感	4	
			(2)迎候语： (例)"您好！您想看点什么?" "您好！欢迎您光临！"	2	
			(3)服务用语： (例)"这是您要的东西,请看一下。" "找零＊＊,请您点一下。"	2	
			(4)结束道别语： "(例)请多多关照。" "您慢走,祝您健康！"	2	
零售过程	收方审方收费调配处方包装标示核对检查发药	70	从顾客处接收处方	2	
			处方规范审核	2	
			用药安全审核	2	
			按实际零售价计价收费,开具凭证	5	
			按处方调配,调配时要仔细检查核对药品标签上的名称、规格、用法、用量等,实行"三看三对一取药",防止出差错	5	
			调配的药品必须完全与处方相符	2	
			严格按照规章制度办事,严禁用手直接取药	2	
			配方人签字	5	
			于分装袋或分装容器上贴上或写上药名、规格、用法、用量、有效期限及注意事项	15	
			仔细核对所取药品的名称、规格、用法、用量、病人姓名、年龄、性别等,保证不出差错	5	
			复核无误后由执业药师签字	5	
			发药时应详细交代用法、用量、间隔时间、不良反应和注意事项,耐心回答顾客的询问	20	

考核项目	考核内容	满分	考核要点	评分标准	得分
过程质量	流畅性和灵活性	10	过程自然流畅,有一定的应变力	10	

(四) 注意事项

(1) 分组人数不宜太多。

(2) 应重点强调零售过程,特别是处方常用缩写,用药方法指导及核对等环节。学生自行查阅相关资料或自找药品说明书以了解药品性能,组织恰当的语言。教师应在查找资料的途径与方法、技巧等方面予以指导。

七、思考与练习

(一) 填空题

1. 按处方的性质可将处方分为_____、_____和_____。
2. 处方正文以_____开始。
3. 西药、中成药处方,每一种药品应当另起一行,每张处方不得超过_____种药品。
4. 零售药店必须保存处方_____年备查。
5. 处方一般不得超过_____日用量;急诊处方一般不得超过_____日用量。
6. 麻醉药品及一类精神药品处方为_____色;急诊处方为_____色;儿科处方为_____色。
7. 处方中i.v.是指_____;i.v.gtt是指_____;p.o.是指_____;t.i.d.是指_____。
8. 处方的组成主要包括_____、_____和_____三部分。
9. 消炎痛的药品通用名为_____;消心痛的药品通用名为_____。

(二) 单项选择题

1. 二类精神药品处方的颜色应为( )。
   A. 白色　　　　B. 淡红色　　　　C. 淡绿色　　　　D. 淡黄色
2. 下列缩写表示肌内注射的是( )。
   A. i.v.　　　　B. i.m.　　　　C. a.m.　　　　D. a.c.
3. 发肠溶片时要特别告知患者( )。
   A. 不宜饮酒
   B. 要把整片药用水吞服,不可嚼碎
   C. 应先嚼碎后再用开水送服,不宜把整片药吞下
   D. 不宜饮牛奶
4. 发硝酸甘油片时下列告知中正确的是( )。
   A. 要把整片药用水吞服,不可嚼碎
   B. 饭前服用
   C. 应先嚼碎后再用开水送服,不宜把整片药吞下
   D. 不可直接吞服,应放在舌下含化
5. 帕吉林(优降宁)属于( )。
   A. 抗心律失常药　　B. 降血压药　　　C. 降血糖药　　　D. 降血脂药

6. 安他心属于（　　）。
   A. 抗焦虑药　　　B. 镇痛药　　　C. 抗精神病药　　　D. 心血管用药
7. 氟尿嘧啶属于（　　）。
   A. 抗肿瘤药　　　B. 抗真菌药　　　C. 抗病毒药　　　D. 抗寄生虫药
8. 下列属于抗帕金森病的药是（　　）。
   A. 泰能　　　B. 泰诺　　　C. 泰宁　　　D. 泰特
9. 苯巴比妥属于（　　）。
   A. 麻醉药品　　　B. 一类精神药品　　　C. 二类精神药品　　　D. 毒性药品
10. 开具吗啡药品时必须使用（　　）颜色的处方纸。
    A. 白色　　　B. 淡黄色　　　C. 淡绿色　　　D. 淡红色

（三）多项选择题

1. 下列属于处方中法定计量单位的有（　　）。
   A. 克　　　B. 毫升　　　C. 两　　　D. IU
   E. mg
2. 下列属于服用法的缩写有（　　）。
   A. p.o.　　　B. t.i.d.　　　C. Caps　　　D. C.C.
   E. Inj
3. 下列属于药品剂型的缩写有（　　）。
   A. Add.　　　B. Inj　　　C. Tab　　　D. Sig.
   E. Caps
4. 药品说明书中的药品名称一般需写出（　　）。
   A. 通用名　　　B. 别名　　　C. 商品名　　　D. 英文名
   E. 汉语拼音
5. 下列属于常用配伍禁忌的情况有（　　）。
   A. 影响药物的吸收　　　　　　B. 产生药物作用的拮抗
   C. 加重药物的不良反应　　　　D. 体外混合后产生浑浊
   E. 影响药物的排泄而增加毒性

（四）判断题

1. 抗生素类药物必须要持有医师处方才能购买。（　　）
2. 西药处方药零售的处方一般不需保存，由顾客自己带走。（　　）
3. 每张处方限于一名患者的用药。（　　）
4. 实行电子处方后一般不需要出具纸质处方了。（　　）
5. 西药和中药饮片不得开具在同一张处方上。（　　）
6. 止血芳酸就是止血环酸。（　　）
7. 四环素不宜与硫酸亚铁联合用药。（　　）
8. 肝素与阿司匹林联用后不良反应会加重。（　　）
9. 药品说明书的核准日期为国家食品药品监督管理局批准该药品注册的时间。（　　）
10. 潘生丁的药品通用名为泛硫乙胺。（　　）

（五）问答题

1. 什么叫"三看三对一取药"？

2. 西药处方零售结束，理货和补货完成后应达到哪些要求？

（六）分析题
试分析为什么处方具有法律上、技术上和经济上三个方面的意义。

模块二　中药处方药零售

一、工作流程

1. 中药处方药零售前的准备

同项目二模块一中"（一）西药处方药零售前准备工作"。

2. 中药处方药调配过程

（1）收方　从顾客处接收处方。

（2）审方　全面审方；审查处方是新方还是旧方；在审方中注意中药名称（常规用名）的一字之差；审查处方中有无毒性中药；审查处方中有无配伍禁忌；审查处方有无临方制剂加工；审查处方有无急、重病患者用药。

（3）计价　计算每味药的价格；计算每帖药的价格；计算每张处方的总价；复核。

（4）调配处方　按下列程序进行：复审处方→对戥→称取药品→分帖。复审处方是指调配人员接到处方后需再次详细审查处方，同时对处方的药品对开、剂数、脚注、用量等项目要求进行进一步的阅读与审核，防止取用药品时发生差错。对戥是指检查戥称的准确度，避免称取药品时产生过大误差。称取药品指按照处方中的剂量与剂数要求，按处方顺序从药斗中称取处方规定数量的药品的操作过程。分帖是指将合并称取的药品总量按处方要求分为若干份，每一份即为一剂（或一帖）。

（5）复核　是指再次对已经调配好的药品进行检查，核实是否与处方相符，有无错配、漏配或多配现象。

（6）发药　是中药调剂工作的最后环节，通常由专人负责，既要对调配发的药品进行再次核对，又要向患者说明药品的用法、用量、"药引"或饮食禁忌，检查药品包扎是否牢固，药袋是否破损，附带药品是否齐全，同时配发处方中的中成药。

付发药品时需要重点核对患者姓名、取药凭证号码以及药剂（帖）数，以防张冠李戴。

（7）礼貌道别　送别顾客的基本要求是亲切自然，用语简单。如微笑着说："祝您健康！"、"祝您早日康复"、"请慢走"、"走好"、"谢谢"、"请拿好东西"等即可。

（8）中药处方药零售流程图　见图 2-2-1。

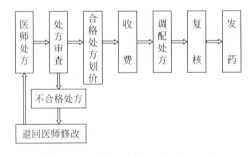

图 2-2-1　中药处方药零售流程图

3. 中药处方药零售结束工作

（1）柜台和环境整理　中药处方药零售完成后，整理好柜台环境卫生，斗谱均要回位。

(2) 处方登记，保存　每次的处方必须存档，以便计算使用性消耗药品的总量，并做到及时补货。

二、中药处方药零售的质量控制点

1. 需要对接收的处方进行审核。

（1）全面审方。包括科别、患者姓名、性别、年龄、婚否、住址、处方药味、剂量、用法、剂数、医师签字、日期等。对非正式处方更要慎重。

审阅性别、年龄、婚否、脉案等，若系怀孕，则应审查处方药味中有无妊娠禁忌药品，若有妊娠禁忌药则不予调配。若因病情需要，必须经处方医师重新签字后，方可调配。若处方中不写脉案者则不在此列。

根据年龄可计算药物的剂量是否合适，特别是对毒性中药，以及药性猛烈的药物如京大戟、麻黄、细辛、芒硝等的剂量尤需注意。若处方中毒剧药品超量，应拒绝调配处方，或经处方医师重新签字后方可调配。

处方中应有患者工作单位及住址，以便一旦发生调剂差错、事故，可以及时查找患者而及时予以纠正。

（2）审查处方是新方还是旧方。若是旧方需向患者问清姓名及处方日期，避免错拿药方或误服事故。

（3）在审方中注意中药名称（常规用名）的一字之差。如破故纸（补骨脂）与洋故纸（木蝴蝶），忍冬花（金银花）与款冬花等。审查处方药味、剂量、用法，有无字迹模糊不清，以及漏写剂量、重开药名等。若出现上述情况应及时与处方医师联系，重新签字后方可调配。对处方中药味和剂量的书写模糊不清者，调剂人员不可主观猜测，以免错配药品。

（4）审查处方中有无毒性中药，若有毒性中药，必须按《医疗用毒性药品管理办法》进行调配。

（5）审查处方中有无相反、相畏药物，若有反畏禁忌药物，则不予调配。如病情需要必须经医师重新签字后方可调配。

（6）审查处方有无临方制剂加工。处方若需要临方制剂加工，能否按处方要求制作以及完成期限等应与患者交代清楚，经同意后再计价。在处方中需自备"药引"的应向患者说明。

（7）审查处方有无急、重病患者用药。对急、重病患者或小儿患者用药，应予以优先调配。

2. 计价

计价的原则是：①按照国家规定的价格计算，不得任意作价或改价；②计价时看好剂量、剂数、新调整价格的品种和自费药品等项；③计价时如遇到规格不同的品种或贵重药品，可在药名的上方标明单价（俗称顶码）；④计价的款数要书写清楚；⑤计价要用蓝色或黑色钢笔或圆珠笔。现多采用计算机计价收费系统。

3. 调配处方

（1）处方应付　根据中医传统用药习惯，许多中药处方中直接写正名即付其炮制品。处方中某些药品以合写的形式出现称为合写或并开。处方中还可能出现同名异物或同物异名的现象，调配时应注意识别和区分，防止配发错误。

（2）随时核对　操作时需随时核对药品名称及用量，不能凭印象调配药品。调剂人员对自己所调配的品种及剂量的准确性或药品的质量负责。为避免差错，需按处方顺序逐一称取药品，并依次摆放在调剂盘中。同时查对处方与药斗名称是否相符，取用的药品是否有变质等。

（3）另包　需特殊处理的药物如先煎、后下、包煎、吞服、冲服、烊化、另煎等，必须按处方要求或配付常规予以另包并注明。质地坚硬的药物，如种子类、矿物类药物，需进行捣碎。有特殊气味的药物应另包，以免"串味"。

（4）填写包药袋　需填写的包药袋的内容包括病人姓名、床号、帖数、有无单包、煎煮方药类别等，并在处方上签名负责。必要时需填写煎药单。

4. 处方药品的核对

（1）重点核对药品品种及质量是否符合处方要求，必要时也对药品的质量进行重新称量复核。

（2）另包的药物应拆包复核。

（3）核对姓名、日期、帖数、送药时间、代煎单是否齐全或正确。

三、基础知识

（一）处方的相关知识

（1）处方的含义　同模块一的内容。

（2）处方的种类　按处方的性质可分为以下5种处方。

① 法定处方　指《中华人民共和国药典》和局颁标准中收载的处方，具有法律的约束力。

② 医师处方　指执业医师或执业助理医师在诊疗活动中为患者开具的处方。

③ 协定处方　是医院药剂科与临床医师根据医院日常医疗用药的需要，共同协商制定的处方。适于大量配制和贮备，便于控制药品的品种和质量。每个单位的协定处方仅限于在本单位使用。

④ 古方、经方和时方　古方泛指古医籍中记载的方剂。经方指经典医籍中记载的处方，如《黄帝内经》、《金匮要略》等经典著作中记载的方剂。时方指从清代到现在出现的处方。

⑤ 单方、验方（偏方）和秘方　单方指较简单的处方，通常只有一两味药。验方指民间积累的经验处方，简单而有效。秘方指有一定疗效，但秘而不传的单方和验方。

（3）处方的意义　同模块一的内容。

（二）处方的识别和解读

1. 处方的组成

同模块一。

2. 处方格式

```
××××× 医院
处方签
姓名_____  性别_____  年龄_____  门诊(住院)号_____  科别_____
处方费别：医保□  非医保□  其他□  医保号_____  床号_____
临床诊断：_____        处方日期____年____月____日
Rp:
    水牛角(先煎)   30g        生地黄    15g        牡丹皮    10g
    赤芍           10g        侧柏叶    10g        三七(冲服) 3g
    大蓟           10g        小蓟      10g
    
    三剂
    每日一剂，水煎服

审核人_____        核对人_____        医师_____
配方人_____        发药人_____        药品金额(元)_____
```

3. 处方书写的基本要求

基本同模块一的内容。

4. 中药处方中的常用术语

（1）中药处方通用名称　由于中药品种繁多，各地的使用习惯不同造成的地区差异及历史文献记载的不同，中药饮片的名称非常复杂，从业人员应正确理解和运用中药饮片名称，以便能准确应用和调配处方，更好地为顾客服务。

① 正名　《中华人民共和国药典》和部颁标准中收载的中药名称为中药正名（如表2-2-1），为防止同名异物、同物异名现象，医务人员应尽量使用中药正名来书写和阅读处方。

② 别名　除正名外的中药名称为别名（如表2-2-1），如甘草别名国老。有些药物别名由于历代沿用，至今仍有部分医师喜欢应用，药店从业人员应熟记这些药名，以便顺利完成调剂工作。

③ 处方全名　在中药正名前加上说明语就是中药的处方全名（如表2-2-1）。说明语是医师为确保疗效，对中药饮片的产地、基原、采收季节、性状特征、炮制等方面做出相应要求的说明。每种药物可有一个或多个处方全名，如淮山药、怀山药等。

表2-2-1　常用中药的正名、处方全名和别名

中药正名	处方全名	中药别名	中药正名	处方全名	中药别名
三七	田三七、参三七、旱三七		香附	香附子	莎草根
大黄		川军、生军、锦纹	重楼		七叶一枝花、蚤休
山豆根	广豆根、南豆根		柴胡	北柴胡、南柴胡、软柴胡	
山药	怀山药、淮山药		桔梗	苦桔梗、甜桔梗	
天冬	天门冬		浙贝母	象贝母	
天花粉		栝楼根	秦艽	左秦艽	
丹参	紫丹参		黄芩	条黄芩、枯黄芩、子黄芩	
升麻	绿升麻		黄连	川黄连、雅连、云连	
牛膝	怀牛夕、淮牛膝		拳参		草河车
乌药	台乌药		续断	川续断	
北沙参	辽沙参、东沙参		葛根	粉葛根、甘葛根	
甘草	粉甘草、皮草	国老	藜芦		山葱
白芍	杭白芍、白芍药、芍药		大血藤	红藤	
白芷	杭白芷、香白芷		牡丹皮	粉丹皮	
延胡索	元胡、玄胡索		西河柳	柽柳、山川柳	
当归	全当归、秦当归		肉桂	紫油肉桂	
百部	百部草		竹茹	淡竹茹、细竹茹、青竹茹	
苍术	茅苍术		杜仲	川杜仲	
广防己	木防己		忍冬藤	金银藤、银花藤	
防己	粉防己、汉防己		松节	油松节	
羌活	川羌活、西羌活		青皮	均青皮	
门冬	麦门冬、杭寸冬、杭麦冬		厚朴	川厚朴、紫油厚朴	
附片	川附片、淡附片、炮附子		香加皮	北五加	
郁金	黄郁金、黑郁金		首乌藤		
泽泻	建泽泻、福泽泻		桂枝	桂枝尖、嫩桂枝	
前胡	信前胡		通草	通脱木	
南沙参	泡沙参、空沙参		桑白皮	桑皮、桑根白皮	
干姜炭	炮姜炭、姜炭		椿皮	椿根皮、臭椿皮	
独活	川独活、香独活		丁香	公丁香	
茜草	红茜草、茜草根		功劳叶	十大功劳	
党参	潞党参、台党参		艾叶	祁艾、蕲艾	

续表

中药正名	处方全名	中药别名	中药正名	处方全名	中药别名
西红花	飞红花、番红花		青果	干青果	
红花	川红花、红兰花		枸杞子	甘枸杞	
辛夷	木笔花		栀子	山栀子	
金银花		忍冬花、双花、二花	牵牛子		黑丑、白丑、二丑
桑叶	霜桑叶、冬桑叶		砂仁	缩砂仁	
淫羊藿		仙灵脾	草决明	决明子、马蹄决明	
橘叶	南橘叶、青橘叶		茺蔚子		益母草子、坤草子
肉苁蓉		淡大芸	莱菔子		萝卜子
佩兰	佩兰叶	醒头草	娑罗子		梭罗子
细辛	北细辛、辽细辛		蒺藜	白蒺藜、刺蒺藜	
青蒿	嫩青蒿		槟榔	花槟榔	大腹子、海南子
茵陈	棉茵陈		罂粟壳		米壳、御米壳
浮萍	紫背浮萍、浮萍草		土鳖虫	地鳖虫	蛰虫
益母草		坤草	牡蛎	左牡蛎	
山茱萸	山萸肉、杭山萸		珍珠		真珠
千金子		续随子	穿山甲	山甲珠、炮山甲	
马钱子		番木鳖	海螵蛸		乌贼骨
五味子	辽五味子、北五味子		蛇蜕		龙衣
木瓜	宣木瓜		蝉蜕		蝉衣
木蝴蝶	玉蝴蝶	千张纸	僵蚕	白僵蚕	
王不留行		王不留	蛤壳	海蛤壳	
牛蒡子	鼠粘子	大力子、牛子	芒硝		皮硝、朴硝
龙眼肉		桂圆肉	朱砂		丹砂、辰砂
瓜蒌		栝楼	磁石	灵磁石、活磁石	
白果		银杏	赭石		代赭石
赤小豆	红小豆		儿茶		孩儿茶
佛手	川佛手、广佛手、佛手柑		血余炭	血余炭、发炭	
诃子	诃子肉	诃黎勒	血竭	麒麟竭	
补骨脂		破故纸	红粉	红升丹、升药	
沙苑子	沙苑蒺藜、潼蒺藜				

④ 并开药名 将2～3种疗效相似或有协同作用的中药饮片缩写在一起就构成并开药名。如青陈皮、苍白术等。调配处方时应分清并开药物的品种、规格和剂量（见表2-2-2）。

表2-2-2 处方中常用的并开药名

并开药名	处方应付	并开药名	处方应付
二冬	天冬、麦冬	二地	生地黄、熟地黄
二术	白术、苍术	生熟地	生地黄、熟地黄
苍白术	苍术、白术	二活	羌活、独活
二母	知母、浙贝母	羌独活	羌活、独活
知贝母	知母、浙贝母	二风藤	青风藤、海风藤
二蒺藜	白蒺藜、沙苑子	青海风藤	青风藤、海风藤
潼白蒺藜	白蒺藜、沙苑子	二芍	赤芍、白芍
知柏	知母、黄柏	杭赤芍	赤芍、白芍
盐知柏	盐知母、盐黄柏	二丑	黑丑、白丑
炒知柏	盐炒知母、盐炒黄柏	二公丁	蒲公英、紫花地丁
酒知柏	酒知母、酒黄柏	二决明	石决明、草决明
砂蔻仁	砂仁、蔻仁	忍冬花藤	金银花、忍冬藤
砂蔻皮	砂仁壳、紫蔻壳	二花藤	金银花、忍冬藤

 药店零售技术

续表

并开药名	处方应付	并开药名	处方应付
南北沙参	南沙参、北沙参	二乌	制川乌、制草乌
荆防	荆芥、防风	川草乌	川乌、草乌
全紫苏	苏叶、苏梗、苏子	桃杏仁	桃仁、杏仁
苏子梗	苏子、苏梗	二甲	龟板、鳖甲
苏子叶	苏子、苏叶	全荆芥	荆芥、荆芥穗
龙齿骨	龙齿、龙骨	桑枝叶	桑枝、桑叶
芦茅根	芦根、茅根	冬瓜皮子	冬瓜皮、冬瓜子
红白豆蔻	红豆蔻、白豆蔻	生熟薏米	生薏米、炒薏米
生熟麦芽	生麦芽、炒麦芽	生熟大黄	生大黄、熟大黄
生熟谷芽	生谷芽、炒谷芽	生龙牡	生龙骨、生牡蛎
生熟稻芽	生稻芽、炒稻芽	煅龙牡	煅龙骨、煅牡蛎
谷麦芽	炒谷芽、炒麦芽	猪茯苓	猪苓、茯苓
生熟谷麦芽	生炒谷芽、生炒麦芽	赤猪苓	赤茯苓、猪苓
生熟谷稻芽	生炒谷芽、生炒稻芽	青陈皮	青皮、陈皮
炒稻麦	炒稻芽、炒麦芽	棱术	三棱、莪术
炒曲麦	炒神曲、炒麦芽	全藿香	藿香、藿香叶、藿香梗
焦曲麦	焦神曲、焦麦芽	乳没	炙乳香、炙没药
生熟枣仁	生枣仁、炒枣仁	炒三仙	炒神曲、炒麦芽、炒山楂
干良姜	干姜、高良姜	焦三仙	焦神曲、焦麦芽、焦山楂
腹皮子	大腹皮、生槟榔	焦四仙	焦神曲、焦麦芽、焦山楂、焦槟榔

（2）中药处方应付常规　中药处方应付常规指各地区根据历史用药习惯和多年积累的经验形成的一整套处方给药规律，是调剂人员和处方医师对处方名称和给付不同的炮制品达成共识，在处方时不需要注明炮制规格，调剂人员也可按照医师处方用药意图给药。以下是常用中药品种的应付常规（见表2-2-3）。

表2-2-3　中药处方应付常规

处　方	应　付	举　例
单写药名或注有"炒"	清炒品	谷芽、麦芽、稻芽、莱菔子、苍耳子、牛蒡子、苏子、黑丑、白丑
单写药名或注有"炒"、"麸炒"	麸炒品	山楂、槐花、草果、决明子、白芥子、酸枣仁、王不留行、枳壳、白术、僵蚕、薏苡仁、冬瓜子、椿根皮、芡实、三棱、半夏曲、六神曲
单写药名或注有"炒"、"烫"	烫制品	龟板、鳖甲、鱼鳔、穿山甲、刺猬皮、象皮
单写药名或注明"炙"、"炒"	蜜炙品	紫菀、款冬花、枇杷叶、马兜铃、桑白皮、槐角
单写药名或注有"炙"	酒炙品	何首乌、女贞子、肉苁蓉、山茱萸、大黄、黄精、乌梢蛇、蕲蛇
单写药名或注明"炒"、"炙"	醋炙品	乳香、没药、元胡、香附、莪术、青皮、京大戟、甘遂、芫花、商陆
单写药名或注明"炒"、"炙"	盐炙品	五味子、五灵脂、小茴香、蒺藜、车前子、橘核、胡芦巴、益智仁、补骨脂
单写药名	炙品	虎骨、吴茱萸、川乌、天南星、白附子、远志、藤黄、厚朴、淫羊藿、半夏、巴戟天、巴豆、马钱子
单写药名	煅制品	龙骨、龙齿、瓦楞子、自然铜、钟乳石、花蕊石、牡蛎、磁石、礞石、寒水石、白石英、紫石英、禹余粮、蛤壳、海浮石

（3）中药处方的脚注　中药处方的脚注指医师在开写处方时常在某味药的旁边（右上角或左下角）做简明的注解。脚注是医师根据辨证施治的需要对某些药物提出特别的要求，同时也简明地指示调剂人员对该饮片应采取不同的处理方法。因此，调剂人员应熟悉和掌握这

些脚注，严格按脚注的要求进行准确调配，以保证疗效。《中华人民共和国药典》，对需特殊处理的品种均有明确规定。脚注的内容一般包括炮制法、煎法、服法等。常用的脚注有以下11种。

① 先煎　质地坚硬，有效成分不易煎出的中药。如矿石类的生石膏、生磁石、生紫石英、生寒水石、自然铜等；贝壳类的生龙齿、生瓦楞子、生石决明、生牡蛎、生蛤壳、生珍珠母等；动物角甲类的龟板、鳖甲、鹿角霜等。

某些毒性饮片要先煎1～2小时，以达到降低或消除毒性的目的。如乌头、巴豆、附子、南星、半夏、商陆、斑蝥、马钱子等。

② 后下　气味芳香、含挥发油的饮片煎煮时间不宜太长，防止有效成分散失。如感冒类的汤药多含挥发油成分，煎煮时间一般在10分钟左右。常见的后下饮片有薄荷、砂仁、鱼腥草、沉香、豆蔻、菊花、藿香、细辛等。

久煎后有效成分易被破坏的饮片亦需后下，一般在群药煎好前10～15分钟放入，如钩藤、苦杏仁、徐长卿、大黄等。

③ 包煎　含黏液质比较多的饮片煎煮时易粘糊锅底，需要包煎，如车前子、葶苈子等；富含绒毛的饮片如混入煎液容易刺激喉咙，引起咳嗽，需要包煎，如旋覆花樱子、石韦等；花粉和简单散剂因总面积大、疏水性强，易漂浮在汤剂上面影响有效成分的煎出，需要包煎，如蒲黄、海金沙、蛤粉、雷丸、六一散、三皮散、三黄散、益元散、黛蛤散等。

④ 另煎　某些贵重中药饮片，为防止有效成分散失和使其充分煎出，需单独煎煮取汁后，药渣再并群药中合煎取汁，最后合两次的汁液，混匀服用。如西洋参、人参、藏红花、羚羊角、水牛角等。

⑤ 冲服　用量少的贵重中药需要碾成细粉用药汁冲服，防止因量少被药渣吸附造成损失。如三七、鹿茸、紫河车、蕲蛇、金钱白花蛇、琥珀、雷丸、沉香、牛黄等。

⑥ 烊化　有些胶类、蜜膏类中药如放入群药中煎煮，容易使煎液黏稠，不利其他有效成分的煎出，并且容易使锅底粘糊，需要烊化后和其他煎汁一起服用。这类中药可用煎好的药液稍加热溶化后一起服用，亦可利用蒸汽溶化后，和其他煎汁一起服用。如阿胶、鹿角胶、龟鹿二仙胶、龟胶、蜂蜜等。

⑦ 兑服　有些处方需要的鲜药要绞汁兑服以保证用药质量。如生姜汁、鲜竹沥等。

⑧ 打碎　果实类的中药、动物骨甲贝壳类、矿石类和某些根与根茎类药物，在调剂时需要打碎以利于有效成分的煎出和方便调配。各种药材打碎的程度不一。医师常在脚注上注以打、捣、碎、研、杵、劈、捣为泥、细末等。如果实类的莲子、薏米、白扁豆、酸枣仁、砂仁、豆蔻、牛蒡子、栀子、莱菔子、川楝子等要捣碎；矿石类的石决明、珍珠母、牡蛎、龙骨、瓦楞子、蛤壳、磁石、赭石等要研成粉末；苏木、降香、檀香、沉香等要劈碎。

⑨ 除去非药用部位　目的是洁净药材，常见的有去毛、去心、去刺、去核、去芦等。如大枣、乌梅、诃子要去核；人参、党参、黄芪要去芦；苍耳子、金樱子、刺蒺藜要去刺；石韦要去毛等。

⑩ 临时炮制　某些临床用量较少又需特殊处理的中药，需要在调配时按医师的处方脚注临时加工炮制。如蒲黄炒阿胶、蜜炙升麻、麸炒升麻、姜汁炒竹茹、白糖炒石膏、金银花炒炭；朱砂拌茯苓、灯心、麦冬、连翘心等；砂仁拌生地、熟地；青黛拌灯心、通草、连翘等。

⑪ 质量和规格　中药品种繁多，生长环境复杂，采收加工各地不同，因此中药的质量也不相同。地道药材因生长环境适应其生长，所含有效成分充足。处方医师在应用时会脚注说明，以保证疗效。如河南的四大怀药——怀山药、怀地黄、怀牛膝、怀菊花，东北的人

参、关黄柏、辽细辛，四川的川黄连、川贝母、川附子，浙江的浙贝母、杭白芷、杭菊花等。另外采收季节对药物的质量也有影响，如三月茵陈、霜桑叶等。

(4) 中药处方的药引　中药处方中药引的使用，是在中医理论指导下，中医临床治疗疾病、组方用药的特点之一。用作药引的中药大都是平常易得的，如生姜、大枣、葱白、鲜藕等，这些药引往往鲜用。

药引在处方中的使用目的一是引经，如黄酒有升发走窜的特性，引药直达病所，常作为通经活络、散肿止痛、活血化瘀处方的药引。其次是增强疗效，如清暑处方中常用鲜芦根增强清热解暑的作用。再次是解除处方中某些药物的毒性和副作用，如十枣汤中京大戟、甘遂、芫花三个逐水药一起使用，药性峻猛，用红枣为引，就缓解了药剂的毒性。最后是矫味，如用红糖、冰糖、甘蔗汁等矫正汤药的苦涩味，以利服用。下面简介常用药引及其功效、用途、用法。

① 生姜　解表止咳、和胃止呕、温中散寒。适用于外感风寒、胃寒呕吐及风寒束肺咳嗽等。一般用3～5片，水煎取汤送服。

② 大枣　补中益气、养血宁神。适于脾胃虚弱、中气不足等证。一般用5～10枚。

③ 葱白　发汗解表、散寒通阳、解毒散结。适于外感风寒以及阴寒内盛、格阳于外的寒凝证。一般用2～3根，切碎煎汤送服。

④ 大枣加生姜　常用于虚寒病人，可补益脾胃、增加食欲、促进药物吸收，从而提高临床疗效。

⑤ 藕汁、藕节　清热、凉血、止血。用中成药治疗血热出血时常用藕汁为药引以增强疗效。用生藕捣汁或藕节5～10个煎水均可。

⑥ 芦根　清热、生津、止渴、止呕。适于外感风热、口渴咽干及小儿麻疹初起等。一般用10～30g。

⑦ 黄酒、白酒　酒性辛热、温通经络、发散风寒。适于风寒湿痹、跌打损伤及妇人血寒闭经等。一般用黄酒15～50ml，白酒酌减，根据性别、年龄、体质、耐酒量等而定。黄酒宜温服。

⑧ 米汤　顾护胃气。可防苦寒药伤胃。可用大米或小米煮汤汁送服。如用当归龙荟丸清泻肝胆实火，为防龙胆、芦荟伤胃气，宜用米汤送服。

⑨ 竹叶、灯心草　清心火、利小便、除下焦湿热。适于热淋以及心火移热小肠所致的小便淋沥涩痛等。一般用3～5g煎水送服。

⑩ 红糖　补血散寒、祛瘀。用于妇科血虚、血寒，产后恶露未净、乳汁稀少等。一般用15～30g，冲开水送服。

⑪ 盐　味咸，引药入肾经。适于肾阴亏损之证。一般用1～2g，加水溶化即可。

⑫ 蜂蜜　补中缓急、润肺止咳、润肠通便。适于肺燥咳嗽、阴虚久咳、习惯性便秘等。

⑬ 醋　散瘀止痛、解毒杀虫。如取醋适量加温开水送服失笑散，可增强散瘀止痛的作用。

⑭ 其他　薄荷、荷叶、荆芥、苏叶、西瓜、梨等。

四、拓展知识

(一) 常见药品的配伍禁忌

1. "十八反"与"十九畏"的配伍禁忌

如处方医师有意识使用"十八反"、"十九畏"配伍的，要有医师签名，以防误用。

十八反：甘草反甘遂、京大戟、海藻、芫花；藜芦反人参、沙参、丹参、玄参、苦参、细辛、芍药；乌头反半夏、瓜蒌、贝母、白蔹、白及。

十九畏：硫黄畏朴硝，水银畏砒霜，狼毒畏密陀僧，巴豆畏牵牛，丁香畏郁金，芒硝畏三棱，川乌草乌畏犀角，人参畏五灵脂，肉桂畏石脂。

2. 中药与西药配伍禁忌

（1）理化性质配伍禁忌

① 形成难溶性物质，降低疗效　如石膏、海螵蛸、龙骨、牡蛎、蛤壳、明矾、自然铜、磁石、代赭石、赤石脂等中药同四环素类抗生素形成难溶性配合物，降低西药的疗效。桑叶、侧柏叶、槐花、旋覆花、柴胡、山楂等中药与硫酸亚铁、碳酸铋、碳酸钙、硫酸镁、氢氧化铝等含金属离子的药物合用，形成螯合物而降低疗效。

② 改变药物成分，降低疗效　如酸性的山茱萸、山楂同碳酸氢钠等碱性药物合用，两者疗效均降低。煅牡蛎、煅龙骨等碱性较强的中药也会与阿司匹林等酸性西药发生反应而降低疗效。

（2）药理性质配伍禁忌

① 生物效应的拮抗　如鹿茸、甘草等中药与甲苯磺丁脲等降糖药合用，降低后者的降糖作用；与阿司匹林合用，可诱发或加重消化性溃疡。

② 因酶促作用增加毒副反应　麻黄与苯乙肼等单胺氧化酶抑制剂合用，严重时可导致高血压危象和脑出血。

（二）其他不合理用药

1. 妊娠用药禁忌

禁用药多是毒性较强或药性较烈的药物，如三棱、土鳖虫、千金子、川牛膝、马钱子、天仙子、巴豆、水蛭、甘遂、玄明粉、芒硝、阿魏、芫花、附子、京大戟、闹羊花、牵牛子、轻粉、莪术、益母草、猪牙皂、商陆、斑蝥、雄黄、瞿麦、麝香等。

慎用药多是烈性或小毒的药物，如干漆、大黄、川乌、天南星、王不留行、五灵脂、牛膝、片姜黄、白附子、西红花、肉桂、华山参、冰片、关木通、红花、苏木、郁李仁、虎杖、卷柏、草乌叶、禹余粮、穿山甲、桃仁、凌霄花、常山、硫黄、番泻叶、蓖麻油、蒲黄、赭石、蟾酥等。

2. 某些疾病需要慎用的药物

尿中红细胞多的肾病患者慎用肉桂、水蛭、桂枝、地鳖虫等；尿中蛋白多的肾病患者慎用木通、泽漆等；热重的急性肝炎转氨酶高的患者慎用五味子等；肝阳虚的肝炎患者慎用垂盆草；慢性肝炎患者慎用黄药子；肺寒咳嗽患者慎用马兜铃、竹沥；肺热痰多患者慎用白芥子、白附子；心脏病患者慎用蟾酥、夹竹桃等。

五、相关法规

1.《中华人民共和国药品管理法》（中华人民共和国主席令第45号）第十九条规定　药品经营企业调配处方必须经过核对，对处方所列药品不得擅自更改或者代用。对有配伍禁忌或超剂量的处方，应当拒绝调配；必要时经处方医师更正或重新签字，方可调配。药品经营企业销售中药材，必须标明产地。

2.《处方管理办法》（卫生部令第53号）第四条规定　处方药应当凭医师处方销售、调剂和使用。

第六条第七款规定　开具西药、中成药处方，每一种药品应当另起一行，每张处方不得超过5种药品。

第十八条规定　处方当日有效。特殊情况下需延长有效期的，由开具处方的医师注明有效期限,但有效期最长不得超过3天。

第十九条规定　处方一般不得超过7日用量;急诊处方一般不得超过3日用量;对于某些慢性病、老年病或特殊情况,处方用量可适当延长,但医师应当注明理由。

第三十一条规定　具有药师以上专业技术职务任职资格的人员负责处方审核、评估、核对、发药以及安全用药指导;药士从事处方调配工作。

第三十二条规定　药师应当凭医师处方调剂处方药品,非经医师处方不得调剂。

第三十六条规定　药师经处方审核后,认为存在用药不适宜时,应当告知处方医师,请其确认或者重新开具处方。药师发现严重不合理用药或者用药错误,应当拒绝调剂,及时告知处方医师,并应当记录,按照有关规定报告。

第四十条规定　药师对于不规范处方或者不能判定其合法性的处方,不得调剂。

六、实训

(一) 实训素材准备

(1) 模拟药房(包括药品陈列设备和相关的中药饮片)。

(2) 不同类别处方的样张。

×× 医院处方笺

定点医疗机构编码			年　月　日	处方编号	
费别	科别/病区		门诊/住院　病历号	床位号	
公/自/医保					
姓名	性别	年龄	工作单位		
临床诊断					

Rp

　　川贝　　10g　　　　炒杏仁　　15g
　　百部　　10g　　　　甘草　　　6g
　　桔梗　　10g　　　　金银花(后下)　15g
　　生石膏(先煎)　30g　朱砂(冲服)　0.5g

*3付

用法　水煎服　每日一付

医师签章

金额	审核签章	调配签章	核对签章	发药签章

药师提示:1.请遵医嘱服药;2.请在窗口点清药品;3.处方当日有效;4.发出药品不予退换

××医院处方笺

定点医疗机构编码		年 月 日	处方编号	
费别 公/自/医保	科别/病区	门诊/住院 病历号	床位号	
姓名	性别	年龄	工作单位	
临床诊断				

Rp

生熟地　30g　　薯蓣　15g　　山茱萸　10g　　泽泻　5g
茯苓　10g　　牡丹皮　5g　　附子　15g　　肉桂　5g

　　　　　　　　　　　　　　　　　　*3付
　　　　　　　　　　　　　　　用法　水煎服　每日一付
　　　　　　　　　　　　　　　　　　医师签章

金额	审核签章	调配签章	核对签章	发药签章

药师提示：1. 请遵医嘱服药；2. 请在窗口点清药品；3. 处方当日有效；4. 发出药品不予退换

××医院处方笺

定点医疗机构编码		年 月 日	处方编号	
费别 公/自/医保	科别/病区	门诊/住院 病历号	床位号	
姓名	性别	年龄	工作单位	
临床诊断				

Rp

白芍　15g　　肉桂　3g　　黄芩　10g　　黄连　6g
大黄　10g　　大腹皮　10g　　罂粟壳　3g　　木香　6g

　　　　　　　　　　　　　　　　　　*3付
　　　　　　　　　　　　　　　用法　水煎服　每日一付
　　　　　　　　　　　　　　　　　　医师签章

金额	审核签章	调配签章	核对签章	发药签章

药师提示：1. 请遵医嘱服药；2. 请在窗口点清药品；3. 处方当日有效；4. 发出药品不予退换

（3）药品价格表见表2-2-4。

表2-2-4　药品价格表

序号	品名	规格	单位	单价/元	序号	品名	规格	单位	单价/元
1	百部	饮片	10克	0.42	13	木香	饮片	10克	1.20
2	白芍	饮片	10克	0.55	14	金银花	饮片	10克	0.95
3	槟榔	饮片	10克	0.60	15	桔梗	饮片	10克	0.55
4	川贝母	饮片	10克	11.20	16	肉桂	饮片	10克	1.50
5	炒杏仁	饮片	10克	0.70	17	生地黄	饮片	10克	0.30
6	大黄	饮片	10克	0.65	18	生石膏	饮片	10克	0.50
7	茯苓	饮片	10克	0.23	19	熟地黄	饮片	10克	0.45
8	制附子	饮片	10克	0.65	20	山药	饮片	10克	0.30
9	甘草	饮片	10克	0.45	21	山茱萸	饮片	10克	1.35
10	黄芩	饮片	10克	0.80	22	罂粟壳	饮片	10克	2.10
11	黄连	饮片	10克	1.50	23	朱砂	饮片	10克	5.50
12	牡丹皮	饮片	10克	0.80	24	泽泻	饮片	10克	0.80

（二）实训要求

（1）处方审查计价　对以上处方进行审查，并计价。

（2）中药处方调配　任选以上处方一付进行调剂，并对模拟病人进行用药指导。

（三）结果记录

中药处方药销售实训考核表见表2-2-5。

表2-2-5　中药处方药销售实训考核表

班级：　　　　　准考证号：　　　　　日期：　　　　　总分：

考核项目	考核内容	满分	考核要点	评分标准	得分
接待礼仪	服装、仪容、仪表	10	（1）仪容整洁。要勤梳头、勤洗手，男员工要及时修面，保持脸部干净，清除体臭	4	
			（2）着装。营业时必须穿戴工作服，穿着整齐、服帖，并佩戴工牌，以利于顾客监督	3	
			（3）化妆清新，女性可适当淡妆（杜绝浓妆），店主管要注意自己的发型	3	
服务意识	态度、语言	10	（1）态度和蔼亲切，给人以信任感	4	
			（2）迎候语： （例）"您好！您想看点什么？" "您好！欢迎您光临！"	2	
			（3）服务用语： （例）"这是您要的东西，请看一下。" "找零＊＊，请您点一下。"	2	
			（4）结束道别语： "（例）请多多关照。" "您慢走，祝您健康！"	2	
零售过程	收方、审方、计价、调配处方、复核、发药	70	从顾客处接收处方	1	
			审查处方是新方还是旧方	1	
			在审方中注意中药名称（常规用名）的一字之差	1	
			审查处方中有无毒性中药	1	
			审查处方中有无相反、相畏药物	1	
			审查处方有无临方制剂加工	1	
			审查处方有无急、重病患者用药	1	
			计算每味药的价格 计算每帖药的价格 计算每张处方的总价 复核	5	

续表

考核项目	考核内容	满分	考核要点	评分标准	得分
零售过程	收方、审方、计价、调配处方、复核、发药	70	接到处方后需再次详细审查处方,同时对处方的药品对开、剂数、脚注、用量等项目要求进行进一步的阅读与审核,防止取用药品时发生差错	2	
			检查戥称的准确度,避免称取药品时产生过大误差	2	
			按照处方中的剂量与剂数要求,按处方顺序从药斗中称取处方规定数量的药品	20	
			将合并称取的药品总分量按处方要求分为若干份,每一份即为一剂(或一帖)	2	
			配方人签字	2	
			检查已经调配好的药品是否与处方相符,有无错配、漏配或多配现象	2	
			复核人签字	2	
			对调配发的药品进行再次核对	2	
			仔细核对所取饮片的名称、规格、用法、用量、病人姓名、年龄、性别等,保证不出差错	2	
			要向患者说明药品的用法、用量、"药引"或饮食禁忌,检查药品包扎是否牢固,药袋是否破损,附带药品是否齐全,同时配发处方中的中成药	20	
			耐心回答顾客的询问	2	
过程质量	流畅性和灵活性	10	过程自然流畅,有一定的应变力	10	

(四) 注意事项

(1) 分组人数不宜太多。

(2) 应重点强调零售过程,特别是处方应付、用药方法指导及核对等环节。学生自行查阅相关资料以了解处方应付及用药指导,组织恰当的语言。教师应在查找资料的途径与方法、技巧等方面予以指导。

七、思考与练习

(一) 填空题

1. 写出下列处方并开药名的处方应付。

二冬:＿＿＿＿＿＿＿；知柏:＿＿＿＿＿＿＿；

二蒺藜:＿＿＿＿＿＿＿；焦三仙:＿＿＿＿＿＿＿；

荆防:＿＿＿＿＿＿＿；二地丁:＿＿＿＿＿＿＿。

2. 写出下列中药别名的正名。

川军:＿＿＿＿＿＿＿；千张纸:＿＿＿＿＿＿＿；

坤草:＿＿＿＿＿＿＿；仙灵脾:＿＿＿＿＿＿＿；

淡大芸:＿＿＿＿＿＿＿；黑丑:＿＿＿＿＿＿＿。

3. 写出下列中药的处方应付。

莱菔子:＿＿＿＿＿＿＿；僵蚕:＿＿＿＿＿＿＿；

马兜铃:＿＿＿＿＿＿＿；延胡索:＿＿＿＿＿＿＿；

补骨脂:＿＿＿＿＿＿＿；蒲黄:＿＿＿＿＿＿＿。

4. 《伤寒论》、《金匮要略》中收载的方剂称＿＿＿＿＿＿＿；从清代至今出现的方剂称＿＿＿＿＿＿＿。

（二）单选题

1. 中药处方中的脚注不包括（　　）。
   A. 包煎　　　　　B. 剂数　　　　　C. 后下　　　　　D. 打碎
2. 属于汤剂处方正文的是（　　）。
   A. 剂量　　　　　B. 规格　　　　　C. 药价　　　　　D. 药师签名
3. 中药处方脚注中包煎适用于（　　）。
   A. 含挥发性成分的饮片　　　　　B. 价格昂贵的饮片
   C. 含黏液质较多的饮片　　　　　D. 质地坚硬的饮片
4. 配毒性中药，每次处方剂量不得超过（　　）。
   A. 1日极量　　　B. 2日极量　　　C. 3日极量　　　D. 5日极量
5. 发现处方书写有误，应（　　）。
   A. 由审方人员更改后发药
   B. 由主管药师更改后发药
   C. 由处方医师更改并在修改处签字后发药
   D. 与患者讲明原因，征得患者同意后更改并发药
6. 不可内服的中药是（　　）。
   A. 白降丹　　　　B. 洋金花　　　　C. 血竭　　　　　D. 生附子
7. 不宜与丁香同用的药物有（　　）。
   A. 甘草　　　　　B. 肉桂　　　　　C. 郁金　　　　　D. 细辛
8. 不宜与芒硝同用的药物有（　　）。
   A. 三棱　　　　　B. 赤石脂　　　　C. 半夏　　　　　D. 大黄
9. 一般药品处方应保留（　　）。
   A. 1个月　　　　B. 1个星期　　　C. 1年　　　　　D. 2年
10. 祛虫中药服用时，适宜（　　）。
    A. 饭前服　　　　B. 饭后服　　　　C. 清晨空腹服　　D. 睡前服

（三）多选题

1. 审方时应检查（　　）。
   A. 有无配伍禁忌　　　B. 有无超剂量用药　　　C. 有无妊娠禁忌用药
   D. 有无药品质量问题　　E. 有无超剂量用药
2. 妊娠禁忌药有（　　）。
   A. 丹参　　　　　B. 马钱子　　　　C. 麝香　　　　　D. 雄黄
   E. 半夏
3. 中成药处方正文应含有（　　）。
   A. 患者姓名、年龄、性别、住址　　B. 药品的名称、剂型
   C. 药品的规格、数量　　　　　　　D. 药品的用法用量
   E. 医师签名、药师签名、药价及现金收讫印
4. 关于罂粟壳管理的叙述，正确的有（　　）。
   A. 只供配方使用，不得零售　　　B. 必须单包，不得混入群药
   C. 连续用药不得超过7天　　　　D. 每张处方不得超过9g
   E. 处方留2年备查
5. 在饮片调配过程中，正确的做法有（　　）。

A. 遇体积松泡的饮片应先称
B. 一般按处方所列顺序称取后，间隔平放
C. 黏度大的饮片应后称取
D. 鲜药应分别称量后单包，并注明用法再放入群药包内
E. 对一方多剂的处方应逐剂复戥

（四）判断题

1. 中药处方开具以后没有时间限制。（　　）
2. 中药没有毒副作用，很安全。（　　）
3. 处方中出现"何首乌"应付"制何首乌"。（　　）
4. 处方中出现"自然铜"应付"生自然铜"。（　　）
5. 处方中出现"全紫苏30g"应付"紫苏叶15g和紫苏梗15g"。（　　）
6. "鼠粘子"是"苍耳子"的别称。（　　）
7. 天花粉可以与制附子联用。（　　）
8. 一般贵细药物在使用时应另煎。（　　）
9. 生大黄入汤剂应先煎。（　　）
10. 秘方的效果是最好的。（　　）

（五）问答题

1. 什么是"十八反、十九畏"？
2. 中药处方调配时包括哪些环节？

（六）分析题

试分析中药处方的脚注及其意义。

项目三 非处方药零售

学习目标

1. 熟悉药品零售工作的基本要求
2. 掌握非处方药物零售的工作过程
3. 熟悉药品中顾客咨询的常见疾病的病因、基本症状。能对常见疾病进行初步的判断或鉴别
4. 熟悉常用非处方药物的种类、名称、适应证、使用方法
5. 能正确解读药品说明书，较为详细地介绍推荐药品的用法用量、不良反应和注意事项
6. 能正确推荐非处方药，完成非处方的销售

模块 非处方药的零售

一、工作前准备

同项目二处方药零售模块一西药处方药零售中"西药处方药零售前准备工作"。

二、接待顾客

（一）接待过程

1. 客人来访

客人来访时，门店工作人员应该在看到客人的第一时间招呼客人"您好！"、"您早！""早上好！"、"下午好！"、"晚上好！"。在门口的营业员还应目视对方，面带微笑，握手或向客人行鞠躬礼。

2. 引路

客人进店后，问明来意，将客人带至目的地。在引路过程中，营业员应抬手示意，并说"这边请"。引路时，如路程较远，应注意走在客人左前方的0.5～1m处，并与客人的步伐保持一致。如遇走廊或过道，引路人走在走廊的左侧，让客人走在路中央。引路时要注意客人，拐弯或有楼梯台阶的地方应使用手势，并提醒客人"这边请"或"注意楼梯"等。同时适当地提起一些话题与顾客沟通，以了解顾客的真实需要。

3. 送客

无论什么情况，客人离店时，工作人员都应热情送客。常用的送客语言有"您走好"、"您慢走"、"祝您健康"等；客人出店门时，可招手道别或行鞠躬礼。

（二）接待方法

药品零售中会遇见很多不同个性的顾客，只有针对不同顾客进行因人而异的接触，才能赢得顾客的信赖，顺利完成销售。

1. 接待不同进店意图的顾客

一般来说,来店顾客大致可以分为三类。

(1) 已经有明确购买目标的顾客　这类顾客一般进店后目光四处搜索,脚步轻快,最后集中到目标上,购买心理是"求速"。因此,营业员应马上接近,迅速成交。

(2) 来了解药品行情的顾客　这类顾客无明确的购买目标和打算,进入店内是希望碰上自己心仪的药品,一般步子不快,神情自若,随便环视药品。对这类顾客,营业员应让他在轻松自由的气氛下随意观赏,注意不要用眼睛常盯着顾客,以免使其产生戒备心理,也不要过早接近。

(3) 来随意看看的顾客　这类顾客无购买意图,进店目的是感受气氛、消磨时光,动作上行走缓慢,东瞧西看,但也不排除有冲动性购买的行为或为以后购买而察看药品。对这类顾客,营业员不要急于接触,但应随时注意其动向,当他对某件药品感兴趣时才进行接触。

2. 接待不同身份、不同爱好的顾客的方法

(1) 接待新顾客　对新顾客一定要态度和蔼、礼貌周全,以求留下好印象。

(2) 接待老顾客　老顾客进店时,营业员要主动热情地打招呼,可直接询问要购什么,还应主动向老顾客介绍推荐新产品,使其感到商家如同好友。

(3) 接待急顾客　急于购买的顾客一般有两种情况:一种是急切需要购买,如有的要赶车船、有的是病人急用、有的是要去接人等;另一种是性情急躁的顾客。他们的购买目标明确,要求交易迅速,往往一临柜台,就高声急呼。营业员接待方法是按其要求快速拿递,迅速结账交货,但不要忘记提醒顾客看清药品,防止有错。

(4) 接待"精"顾客　这类顾客往往有很多问题要问,营业员要不厌其烦,主动介绍,直到其满意为止。

(5) 接待老、幼、病、残、孕等特殊顾客　这类顾客在心理和生理上有特殊的情况,营业员需与其他顾客商量,让他们优先购买。根据不同对象,妥善接待。

① 老年顾客记性差,动作慢,精挑细选,营业员要耐心提醒和介绍,帮助其挑选满意的药品。

② 小孩子来买药品,往往是急匆匆的行事,不挑选、不看找零,拿了就走,极容易出错。营业员要采取询问、帮助、关照的方法,找零、开票一定要交代小孩看清看好。有些儿童不宜用的药最好不应售予小孩,告诉他必须由大人陪伴。

③ 对病残顾客,聋、哑、盲和手脚伤残的顾客,更要关怀备至,接待时要仔细问清需要,认真负责地帮助他们挑选合适的药品,钱、货应逐件放到他们手中,一一交代清楚。接待聋、哑顾客,要多出示药品,让他们多挑多选,并要学会一些哑语,以便简单交流,弄清意思,满足其需要;接待手脚伤残的顾客,要把药品放在他们的面前,让他们挑选,买好后要注意包扎牢固。

④ 接待孕妇顾客,要注意问清楚所购药品是否自己服用,要认真细心介绍应用注意事项,突出药品对孕妇的影响。

(6) 接待需要参谋的顾客　不少顾客缺乏医药知识,面对众多功效类同的药品常没有了主意,愿意征求营业员的意见。接待这类顾客,营业员不能说"都行、都有效",这会让顾客大失所望,可能就不买了,即使买了,心里也会认为你在敷衍而不悦,因此,营业员要根据自己的专业知识,热情地谈出自己的看法,并说明理由,即使顾客不接受你的建议,也会留下良好的印象。

(7) 接待已有主张的顾客　这类顾客经验丰富,自信心强,轻易不接受别人的观点。接待他们,营业员要让其自由挑选,不必在旁过多地介绍,以免让顾客觉得你在干扰他。

（8）接待结伴而来的顾客　顾客结伴而来的形式多种多样，如夫妻、情侣、朋友等，在选购时，往往会意见不一致，有时发生小争论。营业员要为统一意见当好参谋，特别要注意尊重决策者的意见。

（9）接待说外语、方言的顾客　接待这类顾客时，营业员要特别注意弄清他们的用意，满足他们的需求。平时要多努力学习外语口语，至少能听懂各类药名的英文读音，或当地方言读音。

三、了解疾病，销售药品

药品零售人员接待的顾客中遇到更多的问题是顾客针对某个症状提出的买药咨询。这就要求销售人员需具备一定的医药理论知识，熟悉常见症状和其可能对应的相关疾病，能凭患者主述的病症，经过必要的询问和了解后，才能向患者推荐和销售适当的非处方药。

（一）呼吸系统疾病患者的接待售药

顾客（患者）主诉的相关症状有：鼻塞流涕、打喷嚏、咳嗽多痰、轻度发烧、头痛、咽痛、声音嘶哑等。

1. 当顾客（患者）主诉是鼻塞流涕、打喷嚏、头痛、咽痛等疑似上呼吸道感染症状

药品销售员服务步骤如下。

（1）排除警告信号并确诊　首先排除警告信号，判断给药安全性，经过询问，如病人存在下列警告信号，药房不能擅自处理，要劝说其去医院就诊。

① 鼻腔分泌物是否有异常？如分泌物黏稠，呈黄绿色或有异味，或只从一侧鼻孔流出分泌物等，说明鼻腔有其他病变，不是普通感冒。

② 有发烧吗？几度？肌肉有酸痛吗？如发烧超过38度，伴有肌肉酸痛，则多属于流行性感冒，需要去医院就诊。

③ 是否伴有脓涕、颌面部胀痛、头痛、高烧或极度衰弱？有则说明患者伴发鼻窦炎，也不是普通感冒。

④ 患者年龄是否在7岁以下？成人感冒药物的用法并不适合儿童，儿童感冒需要医院就诊按处方用药。

⑤ 感冒严重症状持续多久了？如果在一周以上，说明患者体质较弱，或并发其他感染。

⑥ 有无其他慢性疾病，如冠心病、高血压、哮喘患者发生感冒？如有，患者可能正在服用其他药物，为避免药物不利的相互作用，不能轻易介绍药物。

排除了上述警告信号后，可以判断病人为普通感冒。当顾客以畏寒，发热，头痛，全身肌肉关节酸痛，咽喉疼痛，鼻塞流涕，打喷嚏为主要表现时，可判断为流行性感冒（全身症状表现严重）。

（2）药品介绍

① 复方化学药物　本类药物具有解热镇痛、减轻鼻黏膜充血、镇咳和抗组胺作用（见表3-0-1）。

② 常用的中成药　介绍抗感冒中成药要以中医的理论来了解感冒。中医认为感冒的发生，是由六淫（风、寒、暑、湿、燥、火六种病邪）时行疫毒侵袭人体所致。根据不同的季节及气候特点，致病因素有风寒、风热、暑湿、秋燥等不同，一般冬季多易感风寒，春季多易感风热，秋季多易感燥火，梅雨季节多易感风湿，若人体正气不足，体质虚弱，抗病能力减弱，加上四时六气失常，人体对外界不适应，非时之气则挟时行病毒而伤人，故极易患病。

介绍抗感冒中成药前一定要向顾客问清楚患者的症状表现（见表3-0-2）。

表 3-0-1　感冒类复方化学药物推荐

患者情况	推荐的药物类型	药物名称	推荐理由
有头痛、发热,也有轻度咳嗽症状的感冒患者	全能对症型药物	如泰诺酚麻美敏片(泰诺)、酚麻美敏片(新帕尔克)等	复方中包含了对抗各主要症状的药物成分
仅有鼻塞、流涕等鼻黏膜过敏症状,无明显的发热咳嗽的感冒患者	部分对症型药物	如复方盐酸伪麻黄碱缓释胶囊(新康泰克)、双扑伪麻片(银得菲)等	该类药物配方简洁,不含解热镇痛成分,避免了无症用药现象
白天需要旺盛精力工作的人士,如驾驶员或登高作业者	日夜区分型药物	氨酚伪麻美芬片(日片)/氨麻美敏片(夜片)(日夜百服宁)、美息伪麻片(白加黑)等	日(白)片不含抗过敏药,没有嗜睡副作用,但是日(白)片的对症治疗作用不如夜(黑)片
自身抵抗力低的患者以及流感患者	标本兼顾型	如复方氨酚烷胺胶囊(感康)、复方氨酚烷胺片(金刚烷酚片)等	含有抗病毒药金刚烷胺,有利于缩短病程

表 3-0-2　感冒类中成药介绍

患者症状表现	中医诊断	治疗方法	常用中药	常用中成药	辅助治疗
发热重、微恶风、头胀痛、有汗、咽喉红肿疼痛、咳嗽、痰黏或黄、鼻塞流涕、口渴喜饮、舌尖边红、苔薄白微黄等	风热之邪犯表、肺气失和所致,称为风热感冒	以辛凉解表为主	菊花、薄荷、桑叶等	银翘解毒丸(片),以高热不退者可选用羚翘解毒丸,以鼻塞咳嗽为主者可选用桑菊感冒片;双黄连口服液、板蓝根冲剂、柴胡口服液等	多吃绿豆、百合等清热食品
恶寒重、发热轻、无汗、头痛身痛、鼻塞流清涕、咳嗽吐稀白痰、口不渴或渴喜热饮、苔薄白等	风寒之邪外袭、肺气失宣所致,称为风寒感冒	以辛温解表为主	麻黄、荆芥、防风、苏叶等解表散寒药	风寒感冒冲剂,荆防败毒散,咳嗽重者可选用通宣理肺丸,头痛严重者可选用川芎茶调散,兼有食滞消化不良者可选用午时茶颗粒;感冒清热冲剂、正柴胡饮冲剂、感冒软胶囊、感冒清热颗粒、葱豉汤等	服药后可喝些热粥或热汤,微微出汗,以助药力驱散风寒
症状为身热、微恶风、汗少、肢体酸重或疼痛、头昏重胀痛、鼻流浊涕、心烦口渴、渴不多饮、胸闷恶心、小便短黄、舌苔薄黄而腻	突感风邪或寒湿之邪而引起的外感病证,称为暑湿感冒	解表化湿理气和中	广藿香、川连、紫苏、香薷、金银花、连翘、白芷等	暑热感冒冲剂、暑湿感冒冲剂、藿香正气软胶囊(口服液、丸、颗粒等)、四正丸、香苏正胃丸、保济丸等	

(3) 药品不良反应和用药注意事项提示　尽管非处方药物不良反应一般比较轻微,但是为提高用药安全性,有必要做出适当的提示。

① 化学药品　以泰诺酚麻美敏片(泰诺)为例:有轻度思睡、多汗、头晕、乏力、恶心、上腹不适、口干和食欲不振和皮疹等,停药后可自行恢复;有抗过敏成分的药物可能引起倦怠,因此驾车或操作机器者慎用;不宜与镇静药、催眠药及含对乙酰氨基酚的药物同时服用;慢性病患者(高血压、心脏病、糖尿病、甲状腺疾病、青光眼、前列腺肥大)应慎用或忌用感冒药。

② 中成药　以双黄连口服液为例:忌酒、烟及生冷、油腻食物;不宜在服药期间服用滋补性中成药;有严重高血压、心脏病、肝病、糖尿病、肾病等患者,孕妇或正在进行其他病治疗的患者,应在医师指导下服用;糖尿病患者不宜服用含糖制剂。

(4) 介绍药品用法用量　可以根据药品包装和说明书上的提示向顾客说明推荐药物的用法用量。药品说明书的阅读方法请参见项目二处方药的零售。

① 化学药品　以泰诺酚麻美敏片(泰诺)为例:口服。成人和12岁以上儿童,每6小时一次,每次1～2片,24小时不超过8片;6～12岁儿童,每6小时一次,每次1片,24

小时不超过 4 片。

② 中成药　以双黄连为例：口服液每次 20ml，颗粒（冲剂）每次 10g，每日 3 次；7 岁以上儿童服 1/2 量，3～7 岁服 1/3 量。

对于视力不佳或年纪较大的患者，还可以将用法用量写在粘贴纸上，贴于药盒上（注意不要遮挡重要信息），并多加关照，做好服务工作。

(5) 健康生活指导　营业员在包装发药的过程中，可以向患者提供健康生活方面的咨询和指导，充分体现人性的关怀，以增强店方与顾客之间的感情联络。感冒的健康生活建议有如下几条。

① 室内经常通风，并保持空气温暖、湿润。经常打扫卫生。
② 多喝热水，吃清淡、易消化的食物，避免食用辛辣刺激的食物和饮酒。
③ 病情严重者应卧床休息。
④ 尽量少去公共场所，不要与别人有直接的接触，以免传播感染。
⑤ 平时多注意锻炼身体，增强体质。

2. 急性支气管炎的症状鉴别诊断与推荐用药

药品销售员服务步骤如下。

(1) 排除警告信号并确诊　首先，排除警告信号，判断给药安全性，如病人存在下列警告信号，药房同样不能擅自处理，要劝说其去医院就诊。

① 询问咳嗽有多久了？如果严重阵发性咳嗽或痰咳已持续 5 天以上或一般咳嗽持续一个月以上，请到医院检查。

② 询问痰液的性状，如果痰中带血，或咳出大量黄绿色或铁锈色痰，通常是下呼吸道细菌感染或其他严重疾病（肺癌、肺结核）的征象。

③ 痰咳有无其他伴有的严重症状，如发热、咯血、呼吸困难、喘息或咳嗽时胸痛、头痛、耳朵痛、皮疹等。

④ 询问患者年龄，老人及 5 岁以下的儿童，代谢能力低于壮年人，对药物比较敏感。

⑤ 病人是否患有慢性病？如哮喘、高血压、心脏病、胃病、青光眼等病。如有，患者可能正在服用其他药物，为避免药物不利的相互作用，不能轻易介绍药物。

⑥ 询问患者吸烟史，如吸烟者出现慢性咳嗽，需要作肺部检查。

⑦ 询问患者体重近期是否有明显的减轻，咯痰并有体重明显的减轻者，需要到医院进一步做肺部检查。

排除了上述警告信号后，以咳嗽，多痰、色白质清稀等症状为主要表现，可判断为细菌性急性支气管炎，可按细菌性急性支气管炎推荐药品；当顾客以咳嗽，咯痰色黄、质浓稠等症状为主要表现时，可判断为病毒性急性支气管炎，按病毒性急性支气管炎推荐药品。

(2) 药品介绍　气管炎、支气管炎用药时必须注意：缓解有痰的咳嗽止咳必须先化痰，切莫有痰咳嗽单独使用镇咳药。

① 化学药品　针对明显的多痰，可以介绍祛痰药，如溴己新（必嗽平）、氨溴索、羧甲司坦等。该类药物可以通过稀释痰液或使痰液裂解的方式，使痰液黏性下降，易于咳出。其中溴己新（必嗽平）、氨溴索（沐舒坦）主要裂解黏多糖，适合于白色黏性痰液，乙酰半胱氨酸和羧甲司坦以裂解黏蛋白为主，更加适应于裂解黄色脓性痰液。另外本类药可增加阿莫西林在肺部的分布浓度，增加治疗肺部感染的疗效。

针对咳嗽，可以介绍镇咳药，如依普拉酮（易咳嗪）、喷托维林（咳必清）等，均是非成瘾性镇咳药，能抑制咳嗽中枢，另外依普拉酮兼有外周性双重镇咳作用。该类药物可以通过抑制咳嗽刺激感或咳嗽反射来减少咳嗽次数。

联邦止咳露含有中枢性镇咳药磷酸可待因，可待因具有成瘾性，仅作处方药销售，一般用于无痰的干咳。

② 常用的中成药　对于疾病的起始阶段或症状较轻的患者，可以介绍一些中成药或中西药复方的口服制剂。如复方止咳化痰药急支糖浆、复方甘草合剂等，该类药物有清热化痰，宣肺止咳作用。其中有些药物在多次剂量较大的使用后可能产生对药物的依赖性，属于处方药，必须提醒顾客拿处方购买。

③ 处方药　症状较重并确诊感染细菌或病毒的患者，应该选择抗感染药，杀灭或抑制造成感染的微生物，但是该类内服药物几乎全部属于处方药，必须提醒顾客拿处方购买。如阿莫西林、头孢克洛、阿奇霉素、氧氟沙星、环丙沙星等。

（3）药品不良反应和用药注意事项提示

① 祛痰药　氨溴索、溴己新的不良反应比较轻，主要是胃肠道反应，如上腹部不适、影响食欲、腹泻等，偶有人过敏而出现皮疹。用药须注意的是：对该药过敏者禁用；胃溃疡患者、青光眼患者、哺乳期妇女以及妊娠初期3个月以内的妇女慎用。

羧甲司坦不良反应有轻度头晕、胃肠道反应，如恶心、胃部不适、腹泻、胃肠道出血、皮疹等。用药需要注意的是：因对胃部有刺激，消化道溃疡病史者慎用；避免与中枢性镇咳药同时使用，以免稀化的痰液堵塞气道。

② 镇咳药　依普拉酮（易咳嗪）：因为有局部麻醉作用，会产生口、咽部发麻感觉，另有乏力、头晕、上腹不适及皮疹等不良反应。用药需要注意的是：单独使用仅适用于干咳，有痰的情况必须和祛痰药同时应用；为避免口腔和舌头会有麻木感，服药时须整片吞下，切勿嚼碎；服药期间若出现皮疹，应停药；如用药一周症状无好转应咨询医生；孕妇慎用。

联邦止咳露不良反应：过量服用有依赖性，如食欲减退、腹泻、牙痛、恶心呕吐、流涕、寒战、打喷嚏、打呵欠、睡眠障碍、胃痉挛、多汗、衰弱无力、心率增速、情绪激动或发热等，需要处方购买。

③ 中成药或中西药复方的口服制剂　复方甘草合剂、急支糖浆不良反应仅有轻微的恶心、呕吐等。长期大量服用，需要防止发生药物依赖。

用药需要注意的是：不宜与抗胆碱药合用，以防加重便秘、尿潴留；孕妇及哺乳期妇女禁用；婴幼儿和胃炎及溃疡患者慎用。

④ 抗感染药　抗感染药一般都属于处方药，不作为药店零售推荐药。但药品零售人员有义务在必要时向顾客解释和说明本类药物的主要不良反应和用药注意事项。

阿莫西林主要不良反应是过敏（皮疹、药物热和哮喘）、二重感染。对青霉素或其他青霉素类抗生素过敏者禁用；有哮喘、湿疹、枯草热及荨麻疹等病史者，肾功能严重损伤者，肝病史者慎用。

第一代头孢（头孢氨苄、头孢拉定）的主要不良反应是肾损害、胃肠道反应、过敏反应。

阿奇霉素不良反应主要是胃肠道反应，其他发生率较低。

环丙沙星不良反应有胃肠道反应，如腹部不适或疼痛、腹泻、恶心或呕吐；中枢神经系统反应，如头昏、头痛、嗜睡或失眠等；过敏反应。

（4）介绍药品用法用量　可以根据药品包装和说明书上的提示向顾客说明推荐药物的用法用量。

① 氨溴索　口服。成人：一次30mg，一日3次，长期服用者可减为一日2次；儿童：12岁以上儿童同成人，12岁以下儿童建议剂量为每日每公斤体重1.2～1.6mg。

② 羧甲司坦片0.25g　口服。成人每次1片，一日3次；儿童按体重一次10mg/kg，一

药店零售技术

日3次，或遵医嘱。

③ 依普拉酮分散片 20mg　口服。吞服或用少量水溶解后服用，成人一次 20～40mg，一日3次，或遵医嘱。

④ 联邦止咳露（糖浆）　60ml/瓶或120ml/瓶。成人口服 10～15mg/次，一日3次。

⑤ 急支糖浆　每瓶装 100ml 或 200ml。口服。成人一次 20～30ml，一日 3～4 次；儿童 1 岁以内一次 5ml，1～3 岁一次 7ml，7 岁一次 10ml，7 岁以上一次 15ml，一日 3～4 次。

⑥ 复方甘草合剂　口服。成人一次 5～10ml，一日3次，服时振摇。

（5）健康生活指导　对急性支气管炎患者的健康生活建议有如下几条。

① 多喝温开水或其他饮料（但不能喝汽水），有利于保持咽喉湿润，增强局部免疫，并有利于稀释痰液。

② 不要吃辛辣、刺激性或太甜、太咸的食物。停止吸烟，不要饮酒和大量饮用咖啡。

③ 避免受凉，预防感冒。保持室内的温暖、湿润，洗热水澡有利于痰液的排出。

④ 改善环境卫生，做好个人劳动保护，消除和避免有害气体对呼吸道的影响。

⑤ 指导病人锻炼身体，增强身体素质，提高机体抗病能力。

(二) 消化系统疾病患者的接待和药品销售

仅次于呼吸系统，消化系统也是和外界物质交流频繁的人体系统。俗话说"病从口入"，受不当食物和环境变化的影响，消化系统具有很高的患病风险。对于轻症的或常见的消化系统疾病，多数患者还是选择药房购药为主。

顾客的主诉常是恶心、呕吐、返酸、便秘、没有食欲、消化不好等。

1. 当顾客（患者）主诉是腹痛、腹泻伴恶心、呕吐时

药品销售员服务步骤如下。

（1）了解病史及确诊　首先了解病史，对急性胃肠炎的诊断十分重要。本病有不洁饮食史，必须问清楚患者有无进食污染食物，或暴饮暴食、酗酒、进食生冷或有毒食物的历史。如有可以初步做出判断。再排除警告信号，判断给药安全性。经过询问，如病人存在下列警告信号，药房不能擅自处理，要劝说其去医院就诊。

① 腹泻多久了？如果成人连续腹泻持续 48 小时以上，预示可能是严重的肠道细菌感染，并有脱水风险，应该尽快去医院。

② 询问患者年龄。如果是 5 岁以下儿童或老人出现严重的腹泻，应该先由医院诊断。

③ 询问患者大便的性状。如果大便中带有脓血，是菌痢的信号；如大便呈柏油状，则表示胃或十二指肠有出血现象，必须去医院治疗。

④ 询问患者有无其他症状，如伴有明显的发烧、腹痛、虚弱、持续性呕吐、头晕等症状，则可能有其他复杂感染，也要医院处理。

⑤ 观察或询问患者有无脱水的症状，如口唇干裂、口渴、皮肤弹性差、尿少或无尿、心率加快、意识模糊，婴儿出现囟门、眼窝凹陷等，则需要去医院同时进行补液治疗。

⑥ 是否正在旅途中。如果是外乡人来本地发生的腹泻，则可能是胃肠道过敏（俗称"水土不服"），并非胃肠炎症。

⑦ 询问是否最近在服用广谱抗生素，如是，则可能是广谱抗生素引起的肠道菌群失调（二重感染）后出现腹泻，也非胃肠炎症。

⑧ 如果病人腹泻和便秘交替出现，则是胃肠道功能紊乱或菌群失调，需要去医院做进一步检查。

如果排除了上述情况，可结合了解病人发病前的饮食状况，判断为急性胃肠炎。

（2）药品介绍　急性胃肠炎病情较轻的病人常不需要特殊治疗，一般可在 1～2 天内自愈。饮食要选择容易消化的，如细面条、稀饭、发面馒头等，禁食生硬辛辣、油腻荤腥的饮食。

① 抗菌治疗　抗菌药对于感染性腹泻的抗感染治疗作用是确切可靠的，关键在于选用有针对性的抗菌药。但是抗感染类内服药物几乎全部属于处方药，药房不作推荐，必须提醒顾客拿处方购买。可以选用的抗菌药有：庆大霉素口服制剂（瑞贝克）、环丙沙星、诺氟沙星、左氧氟沙星等。应防止抗菌药的滥用。

② 对症治疗　针对腹泻可以用的药物有多种。盐酸小檗碱（黄连素）具有比抗生素弱的抑制细菌作用，对痢疾杆菌、大肠杆菌引起的肠道感染有效，又有对胃肠道的收敛和抑制蠕动作用，是腹泻初期阶段的常用药物。

在感染性腹泻的初起阶段或儿童腹泻可以优先选用吸附性止泻药，如蒙脱石散剂（思密达、必奇、肯特令等）、药用炭等。本类药物在胃肠道内分散为表面积很大的细微颗粒，具有吸附性，能吸附肠道内的细菌及其产生的有害物质，减少其对肠壁的不良刺激，使蠕动减弱而止泻；此外对消化道黏膜还具有一定的覆盖保护能力。

另外，对于症状比较明显的急慢性腹泻可以选用直接抑制肠蠕动的药物，如洛哌丁胺胶囊（腹泻啶、易蒙停）等。该类药物可抑制肠道平滑肌的收缩，减少肠蠕动，具有强而迅速的止泻作用。

针对呕吐可以用的药物有多潘立酮（吗丁啉）、西沙必利等。该类药能增强胃蠕动，促进胃排空，抑制恶心、呕吐，并能有效地防止胆汁反流。

③ 辅助治疗药物　针对肠道畸形绞痛，可以用解痉药缓解，如氢溴酸山莨菪碱片。具有缓解肠道痉挛作用。但是不良反应较多，要处方购买。

针对脱水现象，可以介绍口服补液盐，以补充体液的丢失。如果持续呕吐或明显脱水，则需去医院静脉补充5%～10%葡萄糖盐水及其他相关电解质。

（3）药品不良反应和用药注意事项提示

① 庆大霉素口服制剂（瑞贝克）的不良反应　庆大霉素口服制剂属于处方药，不作为药店零售推荐药。但药品零售人员有义务在必要时向顾客解释和说明本类药物的主要不良反应和用药注意事项。

胃肠道反应：恶心、食欲减退、呕吐、腹胀。过敏反应：皮疹、血清转氨酶升高。长期使用有耳毒性：偶见听力减退、耳鸣或耳部饱满感、步履不稳、眩晕；对孩童尤其影响大；孕妇禁用、孩童慎用。肾损害：血尿、排尿次数显著减少或尿量减少、食欲减退、极度口渴；肝肾功能不全者慎用。

② 环丙沙星、诺氟沙星、氧氟沙星等（属于处方药）　胃肠道反应：腹部不适或疼痛、腹泻、恶心或呕吐。中枢神经系统反应：可有头昏、头痛、嗜睡或失眠；有癫痫史者，应在医护人员监护下应用。过敏反应：皮疹、皮肤瘙痒，偶可发生渗出性、多形性红斑及血管神经性水肿；过敏者禁用。可能会影响幼儿软骨发育，孕妇禁用，哺乳期妇女和18岁以下儿童不宜使用。对肝肾功能有影响，老年人、严重肝肾功能障碍者慎用或减量用药，糖尿病人在服用本品期间注意对血糖的影响。

③ 吸附性止泻药和小檗碱（黄连素）　口服后几乎不被胃肠道吸收，只是停留在肠道内，故不良反应很少，偶有恶心、胃不适。但过量服用也会导致便秘。

对于属于非感染性腹泻或胃肠功能紊乱等与细菌无关的腹泻，小檗碱（黄连素）毫无作用，这时用小檗碱（黄连素）其实没有必要。

④ 洛哌丁胺　可出现过敏如皮疹等，口干、腹胀、胃肠痉挛、恶心、呕吐、便秘，以及头晕、头痛、乏力等。值得注意的是，对于伴有肠道感染的腹泻，必须同时配合有效的抗

生素治疗。

⑤ 多潘立酮　不良反应少，偶见瞬时性、轻度腹部痉挛。孕妇慎用。

⑥ 氢溴酸山莨菪碱片　不良反应较多，但是大多属于副作用，危害不大。常见的有口干、面红、轻度扩瞳、视近物模糊等；少见有心率加快及排尿困难。严重心脏病患者禁用，青光眼和前列腺炎症患者慎用。

（4）介绍药品用法用量　抗感染药等处方药应该按照处方的要求来说明用法用量。非处方药物可以参照说明书向顾客解释如何使用。

① 蒙脱石散剂　口服。成人每次1袋（3g），一日3次。儿童1岁以下每日1袋，分3次服；1～2岁每日1～2袋，分3次服；2岁以上每日2～3袋，分3次服。服用时将本品倒入半杯温开水（约50ml）中混匀快速服完。治疗急性腹泻时首次剂量应加倍。

② 盐酸小檗碱（黄连素）　成人0.1～0.3g，口服，1日3次。儿童使用用法见表3-0-3。

表3-0-3　小檗碱（黄连素）儿童使用用法

年龄/岁	体重/kg	一次用量/g	一日次数
1～3	10～14	0.05	3
4～6	16～20	0.1～0.15	
7～9	22～26	0.15	
10～12	28～32	0.2～0.25	

③ 洛哌丁胺　急性腹泻：成人首剂4mg，以后每腹泻一次再服2mg，直到腹泻停止或用量达16mg/日，连服5日，若无效则停服；5岁以上儿童首剂2mg，以后每腹泻一次服2mg，至腹泻停止，最大用量为6mg/日。空腹或饭前半小时服药可提高疗效。

慢性腹泻：成人起始剂量2～4mg，每日2～12mg，显效后每日给予4～8mg维持治疗；5岁以上儿童2mg，以后根据大便情况调节剂量。

④ 多潘立酮　口服。成人：一日3～4次，一次10mg，必要时剂量可加倍或遵医嘱。儿童：一日3～4次，每次每千克体重0.3mg。本品应在饭前15～30分钟服用。

（5）健康生活指导

① 不要喝汽水或其他浓度较高的高渗饮料，以免大量体液从身体的其他组织器官进入肠道而加重脱水。鼓励摄入清淡流质或半流质食品，以防止脱水或治疗轻微的脱水。

② 腹泻期间不要生吃水果和蔬菜，也不要吃油腻的食物。进食少量清淡、易消化的流食或半流食，少量多次地喝大量含有一定盐分的液体。婴儿和儿童可以暂时禁食1～2餐。

③ 如腹泻持续48小时以上或出现脱水的症状，应立即求医，尤其是儿童和老人。

④ 注意个人卫生，饭前、便后要洗手，准备或存放食物时应生熟分开，不吃街边小贩的熟食。

⑤ 搞好环境卫生，大力消灭苍蝇、蟑螂等。

2. 当顾客（患者）主诉是上腹部反复发作的规律性疼痛或烧灼样疼痛、胀痛，并有反酸、嗳气、呃逆（打嗝）、恶心、呕吐等部分症状时

药品销售员服务步骤如下。

（1）疾病判断　上述情况可以怀疑是消化性溃疡，和吃饭时间周期相符合的，典型的周期性、节律性上腹部疼痛是判断消化性溃疡的主要线索。注意通过问问加以确认，再排除以下警告信号。

① 询问发作的频繁程度，如患者经常出现规律性的上腹部疼痛或呈烧灼样疼痛，可能是慢性的溃疡，需要对疾病的程度做进一步的检查。

② 询问腹痛的情况和部位，如果是急性、重症腹痛，可能是胆囊、胰腺或肠道其他病

变,同样需要医院做检查处理。

③ 询问大便的性状,特别要注意问清楚大便有没有呈异常颜色。如果呈黑色或柏油状,或呕吐物带血或呈咖啡色,则揭示溃疡部位有出血,必须马上到医院做止血处理,以免出现失血过多。

④ 当发现患者出现贫血的症状,如面色苍白、头晕、疲乏无力等,必须立即联系医院,以免因失血产生严重后果。

只有排除了上述情况后才可以判断为消化性溃疡而推荐药物,做出相应的处理。

(2) 药品介绍　消化性溃疡的发生是由于多种病因所致胃酸过多或胃和十二指肠黏膜受损、自身防御/修复能力下降,胃酸和胃蛋白酶对胃、十二指肠内壁的消化腐蚀作用导致的。本病的药物是通过减少胃酸、保护胃黏膜和抑制幽门螺旋杆菌(寄生于幽门附近的感染菌)而发挥作用。常用药物可以分为以下几类。

① 胃酸中和药　如碳酸氢钠(小苏打)、碳酸钙、氢氧化铝、氧化镁等,是一类弱碱性物质,能与胃酸发生中和反应。

碳酸氢钠:作用强、快速、短暂,能迅速缓解酸刺激导致的疼痛,适用于疼痛严重时的对症用药。

碳酸钙:作用时间上比碳酸氢钠略长。但可能导致便秘。

氢氧化铝、三硅酸镁、氧化镁:作用稍慢、较弱,时间较长。氢氧化铝、三硅酸镁均兼有保护胃黏膜的作用,前者能导致便秘,后者和氧化镁有轻泻作用。常可以制成复方制剂。

上述药物为主的复方制剂有:复方铝酸铋片(胃必治)、胃得乐、胃仙-U、复方氢氧化铝片(胃舒平)、达喜等,作用相近,可以替换使用。

② 抑制胃酸分泌药物　如 H_2 受体拮抗剂、质子泵抑制剂等。

a. H_2 受体拮抗剂　本类药物通过与 H_2 受体结合,间接抑制胃壁细胞分泌胃酸。常用药物主要有西咪替丁、雷尼替丁、法莫替丁等。

西咪替丁、雷尼替丁、法莫替丁分别属于第一代、第二代、第三代,雷尼替丁的作用效果是西咪替丁的6~10倍,法莫替丁的作用是西咪替丁的20~100倍。西咪替丁因作用弱、不良反应多,现已逐渐淡出。本类药物能迅速改善溃疡症状,加速溃疡愈合。疗程4~6周,停药后易复发,可以考虑小剂量维持治疗。本类药物适合于大多数消化性溃疡患者。

b. 质子泵抑制剂　作用于胃壁质子泵,使其失去活性,导致胃壁细胞内的 H^+ 不能转移至胃腔中,从而抑制胃酸分泌。常用药物有奥美拉唑、兰索拉唑、拉贝拉唑等。

本类药物抑制胃酸作用强大而可靠,维持时间长(一次服用可达24小时),愈后不易复发,不良反应少。对用 H_2 受体拮抗剂无效的患者也有作用,是一类比较优良的抗酸药。缺点是目前价格还稍贵于其他抗溃疡药,推荐时需要注意患者的经济状况。

③ 保护胃黏膜药物　本类药物能在胃内酸性环境中形成黏性的胶体溶液,黏附在受伤的溃疡面形成保护层,隔离胃酸对伤处的不良刺激,促进溃疡面的自我修复。如硫糖铝(胃溃宁)、枸橼酸铋钾(丽珠得乐)、米索前列醇等。如服用的是片剂,建议嚼碎后温开水吞下。

硫糖铝还能和胃蛋白酶结合,抑制其活性,减轻对胃黏膜蛋白质的分解。枸橼酸铋钾溶解后带有负电荷,与伤处的正电荷结合牢固,作用时间长,复发率较低。米索前列醇具有主动性防护作用,既能抑制胃酸分泌,又能促进胃和十二指肠主动性分泌黏液,保护胃黏膜,对消化性溃疡或阿司匹林等药物引起的出血特别有效。

④ 抗感染药　属于处方药。消化性溃疡和幽门螺旋杆菌感染破坏密切相关,因此根除幽门螺旋杆菌是防止消化性溃疡复发的重要手段。目前主要采用联合用药(三联疗法)方案,即一种质子泵抑制剂或一种胶体铋剂加两种抗菌药,组成三联疗法。

药店零售技术

常用的配伍药物有：阿莫西林、甲硝唑和枸橼酸铋钾3种药联合使用；克拉霉素、甲硝唑和奥美拉唑（或兰索拉唑）3种药联合使用。后一组合价格稍高，但是根治率也高，更适合青霉素过敏的患者选用。

（3）药品不良反应和用药注意事项提示

① 复方氢氧化铝　可能导致便秘，骨折患者慎用；不宜与四环素类药物合用，会影响其吸收。

② 雷尼替丁　对本品过敏者、哺乳期妇女、肝功能不全者禁用；儿童、妊娠妇女慎用；由乙醇引起胃黏膜损害者、疑为癌性溃疡者慎用；本品可致头晕或嗜睡，服药期间不要从事驾驶和高空等操作。

③ 奥美拉唑　对本品过敏者、严重肾功能不全者及婴幼儿禁用；严重肝功能不全者慎用；妊娠、哺乳期妇女、小儿慎用；怀疑有消化道恶性病变者，应排除肿瘤可能后再给药。

④ 硫糖铝　不与抗酸药、胃酸分泌抑制药物合用。

⑤ 枸橼酸铋钾　注意服药后舌头和大便染黑，但对人体无害。严重肾病患者、妊娠及哺乳期妇女禁用；急性胃黏膜病变者慎用。禁用含碳酸的饮料（汽水、啤酒），服药前后半小时不喝牛奶和含酒精的饮料；抗酸剂可干扰本药的作用，使其疗效降低；与阿莫西林等抗生素合用，可增强对幽门螺旋杆菌的作用。

（4）介绍药品用法用量　抗感染药等处方药应该按照处方的要求来说明用法用量。非处方药物可以参照说明书向顾客说明如何使用。

① 复方氢氧化铝（胃舒平）　口服。成人2～4片/次，5岁小儿半片/次，于空腹和睡前嚼碎后服。

② 盐酸雷尼替丁胶囊　口服。一次150mg，一日2次，或一次300mg，睡前1次。维持治疗：口服，一次150mg（一次1粒），每晚1次。

③ 法莫替丁胶囊　口服。一次20mg，一日2次，早餐、晚餐后或睡前服。4～6周为一疗程。溃疡愈合后的维持量减半。

④ 奥美拉唑胶囊　口服，不可咀嚼。消化性溃疡：一次20mg，一日1～2次，每日晨起吞服或早晚各一次；胃溃疡疗程通常为4～8周，十二指肠溃疡疗程通常2～4周。反流性食管炎：一次20～60mg，一日1～2次，晨起吞服或早晚各一次；疗程通常为4～8周。

⑤ 硫糖铝片　成人：口服，一次1g，一日4次，饭前1小时及睡前空腹嚼碎服用。小儿遵医嘱。

⑥ 枸橼酸铋钾颗粒　口服。一日4次，一次1包，前3次于三餐前半小时服，第4次于晚餐后2小时服用；或一日2次，早晚各服2包。连续服28日为一个疗程。如再继续服用，应遵医嘱。

（5）健康生活指导

① 不要吃容易导致胃部不适的食物，如大量洋葱、油炸食品、西红柿、浓茶、咖啡、辛辣或酸性的饮食。

② 不要大量饮酒、喝浓咖啡和吸烟，以免刺激胃酸过多分泌。

③ 定时进餐，不过饱过饥，尽量不要吃零食。

④ 精神紧张也会导致胃酸分泌增加，所以生活要有规律，情绪乐观，劳逸结合，学会放松心情，注意适当休息和锻炼身体。

（三）常见皮肤疾病患者的接待和药品销售

皮肤疾病种类繁多，归纳起来有：斑、疮、瘤、癣、疣、炎、疹、肿、疔、痣、痱子、鸡眼、银屑病、白癜风、皮肤癌、斑秃等。

这里主要讨论在药房经常遇见的皮肤疾病，一般是癣、疹、炎等。药品销售员接待步骤是：首先要做好听和看，听清楚顾客陈述，方便的话必须察看患处皮肤。

浅部真菌病简称皮肤癣，属于传染性的皮肤疾病。它跟皮炎类似，却不尽相同，后者不会传染。皮肤炎和皮肤癣最明显的不同，就是前者的导因可能与饮食相关，而后者则是由于受到真菌感染而引发，因此两种疾病的疗法也不同。只有了解疾病，才能正确推荐药物。

1. 患者的主诉是皮肤（头、手、足、股、体）瘙痒，有皮屑和红斑

药品销售员服务步骤如下。

（1）疾病判断　检查患处，如果看见红斑上有多层银白色干燥鳞屑，鳞屑易被刮除，下面露出淡红色半透明薄膜（称为"薄膜现象"），轻刮，可见筛状如露水珠样的出血（称为"露滴现象"），可以判断是皮肤癣症。再排除以下警告信号。

① 通过观察，如果发现皮肤出现白色或红色疹块，发作时突然，并无一定位置，是荨麻疹的特点。

② 观察患处，如果发现皮损呈对称性发于四肢、股部、脸部等，疱疹、粗糙浸润、肥厚、鳞屑、色泽变化等不同表现，常因痒而搔抓刺激导致感染、糜烂，渗出明显，是湿疹的特点。

③ 如果患处多在皮肤黏膜交界处，有局限性簇集性小疱，可能为单纯疱疹病毒所致的疱疹。

④ 如果伴有乏力、发热，关节和肌肉疼痛，请到医院检查有无红斑狼疮的可能。

⑤ 如皮损表面被覆多层银白色鳞屑，周围有轻度红晕，多对称发于四肢伸侧、特别是肘、膝部位，这是银屑病的症状，要医院处理。

⑥ 皮肤和黏膜损害面大，连接成片，也需要医院处理。

（2）药品介绍　皮肤癣的主要致病菌是癣菌，属于真菌类，比较顽固，难以根治，病程较长，一般呈慢性，发病率很高。针对癣症的治疗，除了药物选用正确外，应特别注意要按疗程坚持用药，持之以恒，才能收到良好的效果，直至彻底根治。

① 抗真菌霜剂外涂　本类药物是治疗皮肤癣症的主要外用药物，为了增加抗皮炎和过敏反应的效果，常和外用皮质激素类药物配伍。

咪唑类或三唑类抗真菌药能抑制真菌细胞膜成分的合成，对表皮真菌、酵母菌等有抑制和杀灭作用。本类药物常配伍低剂量的皮质激素，以减少皮肤的过敏和炎症性反应。可以推荐的药物有：1%克霉唑霜、1%益康唑霜、2%咪康唑霜（达克宁霜）、1%联苯苄唑霜（如孚琪、霉克等）、2%酮康唑霜（金达克宁霜）、1%环吡酮胺（环利软膏）等，可供外用。

烯丙胺类广谱抗真菌药物，能特异地干扰真菌细胞壁合成，并导致细胞膜破坏和死亡，从而达到杀灭或抑制真菌的作用。可以推荐的药物有：盐酸特比萘芬乳膏、盐酸萘替芬溶液等。

抗真菌和皮质激素复方类药物，如曲安奈德益康唑乳膏（派瑞松）：硝酸益康唑为广谱抗真菌药，曲安奈德是肾上腺素皮质激素类药，具有抗炎和抗过敏及止痒作用。曲咪新乳膏：所含硝酸咪康唑为广谱抗真菌药，醋酸曲安奈德为糖皮质激素，硫酸新霉素对多种革兰阳性与阴性细菌有效。

② 角质剥脱剂　软化角质可以促进抗真菌药物的渗透，联合使用有利于后者更好地发挥作用。

水杨酸为角质溶解软化剂，可导致角质松解而脱屑，并有抑菌、止痒作用；苯甲酸为消毒防腐剂，对常见细菌、真菌具有抑制作用；土荆皮具有杀真菌作用。

可以推荐的药物有：复方土槿皮酊、水杨酸苯甲酸酊、复方苯甲酸搽剂、复方苯甲酸软

药店零售技术

膏、5%～10%水杨酸软膏等。

③ 处方药　对于顽固泛发或有免疫功能缺陷的病例，可选用系统性抗真菌药内服或注射治疗。但是属于处方用药，不由药房推荐。

（3）药品不良反应和用药注意事项提示

① 复方酮康唑软膏（其他咪唑类或三唑类药物同其类似）　有皮肤刺激性，导致红斑、灼热、瘙痒、刺痛等。因为含有皮质激素（丙酸氯倍他索），可有毛囊炎、皮肤萎缩变薄、毛细血管扩张等，可见皮肤干燥、多毛、萎缩纹、对感染的易感性增加等。长期用药可能引起皮质功能亢进症，表现为多毛、痤疮、满月脸、骨质疏松等症状。

用药必须注意的是：为减少感染复发，对念珠菌病、体癣、股癣和花斑癣，治疗至少需2～4周，脂溢性皮炎至少需4周或至临床治愈；含有强效皮质激素丙酸氯倍他索，为了避免因全身性吸收作用导致的内分泌紊乱，因此不能长期、大面积应用；避免接触眼睛；应用于面部、腋部及腹股沟等皮肤褶皱部位时，应在医师指导下使用；孕妇、哺乳期妇女应权衡利弊后慎用；禁止长期、大面积或大量使用；如伴有皮肤细菌感染，必须同时使用抗感染药物，如同时使用后，感染的症状没有及时改善，应停用直至感染得到控制。

② 曲安奈德益康唑乳膏（派瑞松）　偶见过敏反应。长期使用时可出现皮肤萎缩、毛细血管扩张、色素沉着以及继发感染。禁用于皮肤结核、水痘或各种疱疹病毒感染；一般不宜用于孕妇。

③ 盐酸特比萘芬搽剂　皮肤局部轻度烧灼感、瘙痒感等刺激症状或局部皮肤干燥。

使用过程中如出现不良反应症状，应停止用药；疗程不超过4周。

④ 复方土槿皮酊　有强烈刺激性，不要接触面部、眼和其他黏膜处，不使其进入体腔；用后密封贮藏；严防内服。

⑤ 复方水杨酸苯甲酸搽剂　偶见皮肤刺激如烧灼感，或过敏反应如皮疹、瘙痒等。对本品过敏者、皮肤有破损者、婴幼儿患者禁用；不得与含铁等金属元素的药物并用。

（4）介绍药品用法用量

① 复方酮康唑软膏　清洗患处，取适量均匀涂擦患处。一日2次。疗程：一般体股癣为2周，手足癣以4周为宜。

② 盐酸特比萘芬搽剂　外用。每日2次，涂患处。疗程1～2周，或遵医嘱。

③ 复方土槿皮酊　涂抹患处。每日涂1～2次。

④ 复方水杨酸苯甲酸搽剂　外用。一日2～3次。对角化型足癣宜在40～45℃温水中浸泡15～20分钟后，再用药涂搽。

（5）健康生活建议

① 平时养成良好的卫生习惯，不穿他人的鞋袜，不用他人的毛巾、浴巾，不与他人共用面盆、脚盆，经常清洗手脚，保持手足清洁和合适的湿度。

② 体癣患者应保持皮肤、衣物的干净。衣服不要选择太厚的，质料以纯棉最佳，容易吸汗，减少身体的"湿气"，常保干爽。避免用手搔抓患处。

③ 脚癣患者，宜穿棉纱袜，更应每天换洗袜子。鞋应透气，避免穿球鞋或长靴，减少脚底与脚趾汗液积存，以免让真菌有滋生的机会。患者应多穿凉鞋，穿特制的袜子（如手套般设计的袜子，将个别脚趾头包起来），同时涂爽身粉、止汗剂等。

④ 股癣患者，勿穿紧贴内裤或化纤内裤，宜穿棉织宽松内裤。

⑤ 避免进食辛辣刺激性食物和发物，戒烟酒，饮食以清淡为宜，多吃新鲜蔬菜和水果。

2. 患者的主诉是皮肤有红斑，感觉瘙痒，反复发作

药品销售员服务步骤如下：

（1）了解疾病　根据患者主述，往往是皮炎的基本症状，依据病理原因的不同可分为多种类型，症状表现各有不同，通过询问和对患处的仔细观察可以加以简单区别。

① 如观察发现，好发部位多为四肢屈侧，扁平丘疹有瘙痒，以后融成斑块，表面干燥，其上有鳞屑，常有皮肤剥脱和色素沉着。并询问是否经常在皮肤干燥、受冷受热以及动植物、化纤、金属或其他化学物质刺激时，开始出现上述反应。如果得到肯定的回答，可以判断为过敏性皮炎。

② 皮肤出现白色或红色疹块，发作时突然，成批反复出现，并无一定位置，是荨麻疹的特点。

③ 如观察发现，患处由于搔抓出现圆形或不定形的密集扁平丘疹，中心部位互相融合呈苔藓样改变，皮色正常或淡褐色，表面光滑或有小鳞屑，皮肤增厚，边界清晰，无渗出倾向，可以判断为神经性皮炎。

④ 如观察发现，主要发生于头部、胸前、背部中央、腋窝等皮脂分泌较多的部位，损害主要表现为黄红色或鲜红色斑，上覆盖有油腻性鳞屑或痂皮，可以判断为脂溢性皮炎。

⑤ 如为多形性皮疹，有红斑、丘疹、水疱等，弥漫性潮红，渗出倾向，对称分布，可以判断为急性湿疹。如果患部皮肤肥厚粗糙，峭沟明显，呈苔藓样变，颜色为褐红或褐色，表面如附有糠皮状鳞屑，可以判断为慢性湿疹。

因为本病在用药上必须和真菌感染性皮肤疾病加以区别，故将真菌感染性皮肤病症状列为警告信号。请参看前一部分内容关于皮肤癣症的特点，用药时加以区分。

如皮炎是因某种化妆品所引起，可请皮肤科诊治。如果皮肤出现较大的破损、溃烂、出血等也要医院处理。伴有其他症状的，如肠道症状等也要劝其就医。

（2）药品介绍　皮炎可选择的药物根据用法可以分两类：局部治疗用药和全身治疗用药。根据作用主要有三类：局部收敛止痒药、抗过敏药和皮质激素类药。

① 局部治疗用药　对急性的患处无渗液者，可介绍粉剂或洗剂，如炉甘石洗剂，具有收敛、保护作用，也有较弱的防腐作用。

对患处有渗液患者，可介绍湿敷或药洗液，可以介绍的药品有3％硼酸溶液，有止痒、防腐作用，再用氧化锌油或黄连油外搽。

对有皮肤浸润、肥厚、干燥、脱屑的患者，可介绍糊剂，如氧化锌糊剂、黑豆馏油糊剂等，为弱收敛剂，有滋润、保护及干燥作用。

对于用其他药物效果不明显，病程较长的患者可局部涂搽肾上腺皮质激素类软膏。如醋酸氟轻松软膏、醋酸地塞米松软膏、糠酸莫米松乳膏（艾洛松）等，具有很强的抗炎、抗过敏等作用。

② 全身治疗用药　可向患者推荐用抗组胺类药物、维生素C、钙剂等。严重病人除儿童外，可酌情全身应用皮质激素，但这需要处方指导。

抗组胺类药物：马来酸氯苯那敏片（扑尔敏）、盐酸西替利嗪片、氯雷他定片（开瑞坦）。抗组胺释放引起的皮肤过敏性反应，能缓解慢性荨麻疹及其他过敏性皮肤病的症状。

维生素C：维生素C为人体促进组织修补、维持免疫功能、保持血管的完整等所必需，有利于促进皮损部位的愈合。

钙剂：钙具促进骨骼及牙齿钙化形成的作用，并能维持神经与肌肉的正常兴奋性和降低毛细血管的通透性。其中降低毛细血管的通透性的作用能有效抑制皮炎的症状。

（3）药品不良反应和用药注意事项提示

① 激素类外用药物　本类药物的不良反应和用药注意事项比较接近，以醋酸氟轻松软膏为例介绍。局部用药不良反应少见，如烧灼感、瘙痒刺激和皮肤萎缩等；长期或大面积应

用，可引起皮肤萎缩及毛细血管扩张，发生痤疮样皮炎和毛囊炎、口周皮炎，增加对感染的易感染性等。糠酸莫米松乳膏（艾洛松）的局部反应更少见。

注意事项：不宜大面积、长期大量使用；儿科病人应尽可能减少药物的用量；如伴有皮肤感染，必须同时使用抗感染药物；不可用于眼部治疗；使用过程中发生刺激和过敏反应时，应停止用药，并采用适当的治疗。

② 局部收敛止痒药

a. 炉甘石洗剂　避免接触眼睛和其他黏膜（如口、鼻等）；不宜用于有渗液的皮肤；用时摇匀；本品性状发生改变时禁用；儿童使用须有监护。

b. 硼酸洗液　外用一般毒性不大。大面积使用，吸收后可发生急性中毒，早期症状为呕吐、腹泻、皮疹、中枢神经系统先兴奋后抑制，严重者发生循环衰竭。排泄缓慢，反复应用可产生蓄积，导致慢性中毒，表现为厌食、乏力、精神错乱、皮炎、秃发和月经紊乱。

c. 氧化锌　一般外用无不良反应。偶见过敏反应。本品放在空气中易潮解，应密闭保存。

③ 抗组胺类药物

a. 马来酸氯苯那敏片（扑尔敏）　不良反应有：嗜睡、疲劳、乏力、口鼻咽喉干燥、痰液黏稠，可引起注射部位局部刺激和一过性低血压，少见有皮肤瘀斑、出血倾向。注意事项：对药物过敏者，也可能对本药过敏，膀胱颈部梗阻、幽门十二指肠梗阻、心血管疾病、青光眼、高血压、甲亢、前列腺肥大者慎用；不用于下呼吸道感染和哮喘发作的患者；用药期间不得驾驶车、船或操作危险的机器。

b. 盐酸西替利嗪片　不良反应轻微且短暂，有困倦、嗜睡、头痛、眩晕、激动、口干及胃肠道不适等。注意事项：肾功能损害者用量应减半；酒后避免使用；司机、操作机器或高空作业人员慎用；妊娠期及哺乳期妇女禁用。

c. 氯雷他定片（开瑞坦）　不良反应轻微，主要包括头痛、嗜睡、疲乏、口干、视觉模糊、血压降低或升高、心悸、晕厥、运动机能亢进、肝功能改变、黄疸、肝炎、肝坏死、脱发、癫痫发作、乳房肿大、多形性红斑及全身性过敏反应。对肝功能受损者，应减低剂量，可按隔日 10mg 服药；孕妇慎用；服药期宜停止哺乳。

（4）介绍药品用法用量

① 氧化锌　外用。一日 2 次，涂搽患处。

② 马来酸氯苯那敏片（扑尔敏）　口服。成人每次 1 片，一日 1～3 次；儿童剂量请向医师或药师咨询。

③ 盐酸西替利嗪片　口服。成人或 12 岁以上儿童，一次 10mg，一日 1 次。如出现不良反应，可改为早晚各 5mg。6～11 岁儿童，根据症状的严重程度不同，推荐起始剂量为 5mg 或 10mg，一日 1 次。2～5 岁儿童，推荐起始剂量为 2.5mg，一日 1 次；最大剂量可增至 5mg，一日 1 次，或 2.5mg，每 12 小时 1 次。

④ 氯雷他定片（开瑞坦）　空腹服，成人及 12 岁以上儿童每次 10mg，一日 1 次。

⑤ 醋酸氟轻松软膏　涂于患处，一日 2 次。封包治疗仅适于慢性肥厚或掌跖部位的皮损。

⑥ 复方地塞米松软膏　外用，涂于患处。每日 2～3 次，或遵医嘱。

（5）健康生活建议

① 避免接触过敏原。

② 如是药物引起，则立即停用此药，并及时就医。

③ 不要过度抓痒。

④ 保持室内清洁，彻底清除过敏原（如动物毛发、螨虫等）。
⑤ 荨麻疹患者洗澡时的水温不要太热。
⑥ 穿宽松、没有束带的衣服，不要将皮带系得太紧。
⑦ 戒酒。

（四）五官科疾病患者的接待和药品销售

1. 顾客（患者）主诉的相关症状是眼部红、痛，伴有怕光、流泪、视力障碍和分泌物

药品销售员接待步骤如下：

（1）排除警告信号，判断给药安全性　经过询问，如病人存在下列警告信号，药房不能擅自处理，要劝说其去医院就诊。

① 观察并询问，如果有眼睛胀痛（可能眼内压高）、眼球突出、眼眶凹陷，可能为甲状腺相关性眼病，要去医院就诊。

② 询问患者眼睛内是否有固定不飘动的眼前黑点，视力是否有明显下降。如果有则可怀疑为白内障，应去医院就诊。

③ 如果患者出现视力减退、有中心暗点及视物变形等，可能为视网膜炎（年龄多在50岁以下）。

④ 询问有无其他慢性疾病，如冠心病、高血压、哮喘、糖尿病等。如有，患者可能正在服用其他药物，为避免不利的药物相互作用，不能轻易介绍药物。

排除了上述警告信号后，可以判断病人为一般的眼科炎症。

（2）药品介绍

① 西药非处方药

a. 盐酸金霉素眼膏、硫酸庆大霉素滴眼液、氯霉素滴眼液　为四环素类广谱抗生素。其作用机理主要是抑制细菌蛋白质合成。对眼部常见革兰阳性菌及沙眼衣原体有抗菌作用。用于细菌性结膜炎、睑腺炎及细菌性睑腺炎。

b. 醋酸泼尼松眼膏、醋酸氢化可的松滴眼液、醋酸氢化可的松眼膏　皮质激素类外用药，具有抗炎作用。用于非溃疡性角膜炎、过敏性结膜炎、巩膜炎、虹膜炎等。

c. 地塞米松滴眼液　抗炎。用于过敏性、急性或亚急性结膜炎、角膜炎及巩膜炎等。

d. 谷胱甘肽滴眼液　谷胱甘肽是维持晶状体透明度的重要成分，可使不溶性蛋白还原为可溶性蛋白。用于白内障，视网膜、视神经病变及角膜炎。

e. 红霉素眼膏　抗菌、消炎。用于病毒性角膜炎、结膜炎、睑缘炎。

② 中成药非处方药

a. 清凉眼膏药　主要成分为熊胆、冰片、薄荷脑、西瓜霜、硼砂、炉甘石等。为灰黄色软膏。能消炎、抑菌、收敛。用于结膜炎、睑缘炎、沙眼、睑腺炎等。

b. 马应龙八宝眼膏　主要成分为炉甘石、琥珀、麝香、牛黄、珍珠等。为浅黄色软膏。能名目退翳、解毒散结、消肿止痛。用于暴发火眼、目赤肿痛、沙眼刺痛、目痒流泪等。

（3）药品不良反应和用药注意事项提示

① 盐酸金霉素眼膏、地塞米松滴眼液、谷胱甘肽滴眼液、红霉素眼膏、硫酸庆大霉素滴眼液不良反应较少，少数人使用后可能有轻微刺激感，偶见过敏反应，出现充血、眼痒、水肿等症。

② 醋酸泼尼松眼膏、醋酸氢化可的松滴眼液可诱发真菌性眼睑炎、上传性角膜炎、青光眼，频繁长期使用也可出现全身性不良反应，还可引起青光眼、白内障。

（4）介绍药品用法用量

① 氯霉素滴眼液　滴眼，4次/日。

② 硫酸庆大霉素滴眼液　角膜异物剔除后，滴眼，每1～2小时1次，或3～4次/日。
③ 醋酸泼尼松眼膏　1日涂搽3次。
④ 地塞米松滴眼液　滴眼，4次/日或2小时1次。
⑤ 谷胱甘肽滴眼液　滴眼，4～6次/日。
⑥ 红霉素眼膏　1日涂搽3次。
⑦ 清凉眼膏药　用玻璃棒挑取少许，点入眼睑内，一日2～3次。
⑧ 马应龙八宝眼膏　含服，一次0.3g，一日3次；外用，取适量，用蒸馏水溶解后，点入眼睑内，一日2～4次。

2. 顾客（患者）主诉的症状是长期鼻塞流涕，天气变化时打喷嚏、鼻腔干燥、发痒、疼痛

（1）排除警告信号，判断给药安全性　经过询问，如病人存在下列警告信号，药房不能擅自处理，要劝说其去医院就诊。

① 询问病人是否出现鼻腔黏膜、骨膜、鼻甲骨的萎缩，呼气时散发出难闻的臭味，如有可怀疑为萎缩性鼻炎。
② 是否鼻子不断出血，鼻腔完全堵塞、头痛，可怀疑为鼻腔肿瘤，应劝其尽快到医院就诊。
③ 如病人鼻前孔附近皮肤红肿、糜烂、结痂、灼痒，有经久不愈、反复发作，可怀疑为鼻前庭炎。
④ 观察病人是否鼻窦体表膨隆，皮下光滑、乒乓球样感觉，伴有眼痛、流泪，如出现以上症状，可怀疑为鼻窦囊肿。
⑤ 询问病人鼻腔分泌物是否有异常。如分泌物黏稠，呈黄绿色或有异味，或只从一侧鼻孔流出分泌物等，说明鼻腔有病变，不是普通鼻炎。
⑥ 询问病人有无其他慢性疾病，如冠心病、高血压、哮喘、糖尿病。如有，患者可能正在服用其他药物，为避免药物不利的相互作用，不能轻易介绍药物。

排除上述警告信号后，可以判断病人为一般鼻科炎症。

（2）药品介绍
① 西药非处方药
a. 盐酸羟甲唑啉滴鼻液　具有直接激动血管 α_1 受体引起血管收缩的作用，从而减轻炎症所致的充血和水肿。用于急慢性鼻炎、鼻窦炎、过敏性鼻炎。
b. 富马酸酮替芬滴鼻液　富马酸酮替芬兼有组胺 H_1 受体拮抗作用和过敏反应介质释放作用，不仅抗过敏作用强，而且药效持续时间较长。制成滴鼻剂局部作用，用于过敏性鼻炎。

② 中成药非处方药
a. 千柏鼻炎片　主要成分为千里光、羌活、决明子、麻黄、川芎等。能清热解毒，活血祛风。用于急、慢性鼻炎，过敏性鼻炎，鼻窦炎及咽炎。
b. 通窍鼻炎片　主要成分为苍耳子、防风、黄芪、白芷、辛夷等。为糖衣片。能益气、祛风、通窍。用于体虚自汗、反复感冒、鼻塞、流涕。
c. 藿胆片　主要成分为藿香提取物、猪胆粉。为糖衣片。能芳香化浊、宣通鼻窍、清肝胆实火。用于鼻窦炎、过敏性鼻炎。

（3）药品不良反应和用药注意事项提示
① 盐酸羟甲唑啉滴鼻液滴药过频易致反跳性鼻充血，久用可致药物性鼻炎，少数人有轻微烧灼感、针刺感、鼻黏膜干燥以及头痛、头晕、心率加快等反应。

② 富马酸酮替芬滴鼻液常见有嗜睡、倦怠、口干、恶心等胃肠道反应，偶见头痛、头晕、迟钝以及体重增加。

（4）介绍药品用法用量

① 盐酸羟甲唑啉滴鼻液　一次1～3滴，滴入鼻腔中，每隔4小时一次，连续使用不得超过7日。

② 富马酸酮替芬滴鼻液　滴入鼻腔中，一次1～2滴，一日1～3次。

③ 千柏鼻炎片　口服，成人一次3～4片，一日3次。

④ 通窍鼻炎片　口服，成人一次5～7片，一日3次。

⑤ 藿胆片　成人一次3～5片，一日2～3次。

3. 顾客（患者）主诉的相关症状是听力下降、耳鸣、耳痛及耳阻塞感

（1）排除警告信号，判断给药安全性　经过询问，如病人存在下列警告信号，药房不能擅自处理，要劝说其去医院就诊。

① 询问病人是否有长期耳内溢脓，见溢脓减少或停止，有畏寒、发热、头痛、呕吐的症状，如有可怀疑为耳源性脑膜炎，应劝患者尽快就诊。

② 是否在服用其他药物，且有头疼、头晕、耳鸣的症状，可怀疑为药物性耳聋。

③ 病人是否听力减退，吞咽时耳内有回声、低音耳鸣及轻微耳痛，伴耳阻塞感或闷胀感，如有可怀疑为鼻炎引起的耳鸣。询问病人有无鼻炎史，如曾经患过鼻炎，可以建议其主要使用治疗鼻炎的药物。

④ 有无其他慢性疾病，如冠心病、高血压、哮喘，糖尿病。如有，患者可能正在服用其他药物，为避免药物不利的相互作用，不能轻易介绍药物。

排除上述警告信号后，可以判断病人为一般耳科炎症。

（2）药品介绍

① 4%硼酸甘油　有较弱的抑菌作用，无刺激性。用于治疗急性、慢性外耳道炎。

② 1%石炭酸（酚）甘油　有杀菌、消炎、镇痛和止痒作用。用于治疗外耳道炎、耳道疖肿及早期急性中耳炎。

③ 1%～2%水杨酸酒精　具有止痒、防腐、抑制真菌作用。主要用于外耳道真菌病。

④ 复方新霉素滴耳剂　含有新霉素和醋酸可的松，具有消炎、消肿，使肉芽消退作用。用于急性、慢性化脓性中耳炎。

⑤ 氧氟沙星滴耳剂　为喹诺酮类第三代抗生素，对葡萄球菌、链球菌、变形杆菌、绿脓杆菌、流感杆菌等菌属均有抑制和杀灭作用。适用于急性、慢性化脓性中耳炎，外耳道炎，鼓膜炎。

⑥ 环丙沙星滴耳剂　作用和用途同氧氟沙星滴耳剂。

（3）药品不良反应和用药注意事项提示

氧氟沙星滴耳剂，少有耳痛、瘙痒感等不良反应。禁用有过敏史患者。

大多数药品不良反应较少，偶见恶心、食欲不振、胃部不适、肝肿大、皮疹、皮肤瘙痒、过敏、肌肉酸痛、肌无力、脱发等。停药后可自行消失。

（4）介绍药品用法用量

① 4%硼酸甘油　滴耳，一日2～3次。

② 1%石炭酸（酚）甘油　滴耳，一日2～3次。

③ 1%～2%水杨酸酒精　滴耳，一日3次。

④ 复方新霉素滴耳剂　滴耳，一次1～2滴，每日2～3次。

⑤ 氧氟沙星滴耳剂　滴耳，一日2次，一疗程为4周。

药店零售技术

⑥ 环丙沙星滴耳剂　成人一次6~10滴，一日2~3次。点耳后进行约10分钟耳浴。根据症状适当增减点耳次数，对小儿适当减少滴数。

4. 顾客（患者）主诉的相关症状是咽部不适、发干、异物感或轻度疼痛、干咳、咽部充血呈暗红色

（1）排除警告信号，判断给药安全性　经过询问，如病人存在下列警告信号，药房不能擅自处理，要劝说其去医院就诊。

① 询问病人声音是否突然嘶哑及延续时间2~3周经用药后不愈，可初步怀疑为喉癌，应劝病人尽快到医院就诊。

② 当病人有咳嗽、痰血、吞咽困难伴疼痛、呼吸不畅等症状且药物难以控制，可怀疑是喉癌，应劝病人尽快到医院就诊。

③ 观察或询问病人是否讲话有阻力和吞咽困难，口咽部可见疤痕，使咽弓、软腭拉紧，扁桃体术后者易在扁桃体窝、舌、咽腭弓有疤痕与舌根外侧部粘连，可怀疑为口咽部粘连。

④ 有无其他慢性疾病，如冠心病、高血压、哮喘，糖尿病。如有，患者可能正在服用其他药物，为避免药物不利的相互作用，不能轻易介绍药物。

（2）药品介绍

① 西药非处方药

a. 度米芬　本品为季铵盐类表面活性剂，具有广谱杀菌作用。用其口含可治疗慢性咽炎、扁桃体炎。

b. 地喹氯铵　商品名为利林。本品为阳离子表面活性剂，能吸附于细菌细胞壁，改变其通透性，从而杀灭多种细菌及真菌，故可用于急性、慢性咽炎，口腔溃疡，牙龈炎，牙周炎。

c. 西地碘片　商品名为华素片。活性成分为分子碘，在唾液作用下迅速释放，直接卤化菌体蛋白质，杀灭各种微生物。用于慢性咽炎、口腔溃疡、牙龈炎、牙周炎。

② 中成药非处方药

a. 养阴清肺膏　主要成分为地黄、玄参、麦冬、川贝母、薄荷等。为棕褐色稠厚的半流体。能养阴清肺、清咽利喉。用于咽喉干燥、疼痛、干燥少痰。

b. 六味地黄丸　主要成分为熟地黄、山茱萸、牡丹皮、山药、茯苓、泽泻等。能滋阴补肾。用于肾阴虚的慢性咽炎患者。

c. 清咽丸　主要成分为桔梗、寒水石、乌梅、青黛等。能清咽利喉。用于声哑失音。

还包括复方草珊瑚含片、复方瓜子金含片、复方黄芩片、复方鱼腥草、黄氏响声丸、西瓜霜润喉片等。

（3）药品不良反应和用药注意事项提示

① 偶见恶心、胃部不适。

② 罕见皮疹、皮肤瘙痒等过敏反应。

③ 西地碘片长期含服可导致舌苔染色，停药后可消退。

（4）介绍药品用法用量

① 度米芬　一次口含1~2片，一日3~4次。

② 地喹氯铵　口含，片剂，成人一次1片，每1~3小时一次。

③ 西地碘片　口含，片剂，一次1.5mg，一日2~3次。

④ 养阴清肺膏　口服，一次10~20ml，一日2~3次。

⑤ 六味地黄丸　口服，大蜜丸，一次一丸，一日4次。

⑥ 清咽丸　口服或含化，一次一丸，一日 2～3 次。

5. 顾客（患者）主诉是口腔局部溃疡

（1）排除警告信号，判断给药安全性　经过询问，如病人存在下列警告信号，药房不能擅自处理，要劝说其去医院就诊。

① 观察或询问病人口腔黏膜上是否出现白色斑块，如有可能为口腔白斑。

② 观察或询问口腔黏膜上出现珠光白色条纹，有粗糙感，是否有轻度刺激痛，可怀疑为口腔黏膜损害或扁平苔藓。

③ 询问病人出现口腔溃疡的同时，如还存在全身溃疡，应尽快到医院就诊。

④ 询问患者有无其他慢性疾病，如冠心病、高血压、哮喘、糖尿病。如有，患者可能正在服用其他药物，为避免药物不利的相互作用，不能轻易介绍药物。

（2）药品介绍

① 甲硝唑口腔粘贴片　每片含甲硝唑 5mg。甲硝唑为抗厌氧菌药，能阻碍细菌新陈代谢，对专性厌氧菌有杀灭作用。用于牙龈炎、牙周炎、冠周炎及口腔黏膜溃疡。

② 浓甲硝唑含漱液　用于含漱以治疗牙龈炎、牙周炎及口腔溃疡。

③ 葡萄糖氯己定含漱液　每 10ml 中含葡萄糖氯己定 0.8mg。为抗菌防腐药，对金黄色葡萄球菌、大肠杆菌、厌氧丙酸杆菌和白色念珠菌有杀灭作用。用于牙龈炎、牙周炎、口腔黏膜溃疡、咽喉炎及牙科手术后控制口腔感染。

（3）药品不良反应和用药注意事项提示

① 甲硝唑口腔粘贴片、浓甲硝唑含漱液偶见口干、味觉改变和口腔黏膜微刺痛、恶心、呕吐等，停药后可消失。因本品可自黏膜吸收，长期大量使用后可能产生与全身用药相同的不良反应，如可逆性粒细胞减少、头痛、眩晕、癫痫发作、周围神经病变等中枢神经系统症状及发热、阴道念珠菌感染、膀胱炎、尿液颜色发黑等其他反应。

② 葡萄糖氯己定含漱液偶见过敏反应或口腔黏膜浅表脱屑，长期使用能使口腔黏膜表面、牙齿着色，舌苔发黑、味觉改变。

（4）介绍药品用法用量　可以根据药品包装和说明书上的提示向顾客说明推荐药物的用法用量。

① 甲硝唑口腔粘贴片　用时搽干黏膜，将贴片黏附于患处。一次 1 片，一日 3 次，饭后用，溶化后可咽下，睡前可加一片。

② 浓甲硝唑含漱液　一日 3 次，每次取本品 0.5ml 加纯化水或清水 50ml，摇匀后备用。

③ 葡萄糖氯己定含漱液　饭后含漱，成人一次 10ml，儿童 5ml，含漱 2～5 分钟后吐弃，不得咽下。

（5）健康生活指导　营业员在包装发药的过程中，可以向患者提供健康生活方面的咨询和指导，充分体现人性的关怀，以增强店方与顾客之间的感情联络。预防五官科疾病的健康生活建议如下。

① 室内经常通风，并保持空气温暖、湿润、卫生，避免呼吸道感染。

② 多喝热水，吃清淡、易消化的食物，避免食用辛辣刺激的食物和饮酒。

③ 合理安排生活，保持心情舒畅，避免烦躁郁闷。

④ 尽量少去不正规场所游泳，以免传播感染。

⑤ 平时多注意锻炼身体，增强体质。

（五）疼痛发热症状患者的接待和药品销售

发热是指人体的体温超过正常范围，当口腔温度超过 37.3℃，腋下温度超过 37℃或直

药店零售技术

肠温度超过37.6℃，昼夜间波动超过1℃时即为发热。

当顾客（患者）主诉疼痛发热症状，药品销售员接待步骤如下。

（1）排除警告信号，判断给药安全性　发热是诊断疾病的一种重要指征，因此发热时不能随便应用退热药，必须在明确诊断发热原因后，在治疗病因的同时，再应用解热药对症治疗以减轻不适。服用解热镇痛药时不能同时饮酒或饮用含酒精的饮料；使用解热药时，应仔细观察病情变化，防止发生大汗淋漓，甚至虚脱；要注意不同解热镇痛药之间的交叉过敏反应；孕妇及哺乳期妇女禁用阿司匹林。经过询问，如病人存在下列警告信号，药房不能擅自处理，要劝说其去医院就诊。

① 观察并询问，如果解热药应用3日后，仍然发热不退，应去医院就诊。

② 询问患者有无其他疾病，如肝、肾功能不全，应告诉患者慎用本类药物。如血友病或血小板减少症、溃疡病活动期的患者要禁用本品。

③ 询问患者有无服用其他药物。应告诉患者不应同时应用两种解热镇痛药，以免引起肝、肾、胃肠道等处的不良反应。

排除了上述警告信号后，可以判断病人为普通感冒发热。

（2）药品介绍　在介绍药品之前必须询问顾客，以了解患者的职业、年龄和体质等状况。

① 化学药物介绍

a. 阿司匹林　缓解轻度或中度的疼痛，如头痛、牙痛、神经痛、肌肉痛及月经痛，也用于感冒和流感等退热；治疗风湿热、类风湿关节炎；预防暂时性脑缺血发作、心肌梗死、心房颤动、手术后的血栓形成。

b. 对乙酰氨基酚　用于感冒发热、头痛、关节痛等。

c. 布洛芬　各种慢性关节炎的急性发作期或持续性的关节肿痛症状，无病因治疗及控制病程的作用；治疗非关节性的各种软组织风湿性疼痛；急性的轻中度疼痛；也用于感冒时解热镇痛。

d. 吲哚美辛　缓解关节炎疼痛和肿胀；软组织损伤和炎症；用于治疗偏头痛、痛经、手术后痛、创伤后痛等。

② 中成药介绍　中医对于发热的辨证治疗具有丰富的经验和良好的疗效。如外感发热可分为外感风寒证、外感风热证、外感暑湿证、半表半里证、热在气分证、热入营分证、热入血分证以及湿热蕴结证八证；内伤发热也可分为肝郁发热等七证。不同证型，治疗原则不同。如为流感或感冒引起的发热，则可参照表3-0-2"感冒类中成药介绍"中所介绍的中成药；如为其他原因的发热，则须在医生辨证论治的基础上应用非处方中成药。下面列举几种常见感冒类型的治疗药物（见表3-0-4）。

（3）药品不良反应和用药注意事项提示　尽管非处方药物不良反应一般比较轻微，但是为提高用药安全性，有必要做出适当的提示。

① 阿司匹林　消化系统：常见的有恶心、呕吐、上腹部不适或疼痛（由于本药对胃黏膜的直接刺激引起）等胃肠道反应，停药后多可消失；长期或大剂量服用可有胃肠道出血或溃疡。中枢神经：出现可逆性耳鸣、听力下降。过敏反应：表现为哮喘、荨麻疹、血管神经性水肿或休克。多为易感者，服药后迅速出现呼吸困难，严重者可致死亡，称为阿司匹林哮喘。肝、肾功能损害：与剂量大小有关，损害均是可逆性的，停药后可恢复。

② 对乙酰氨基酚　偶尔可引起恶心、呕吐、出汗、腹痛、皮肤苍白等，少数病例可发生过敏性皮炎（皮疹、皮肤瘙痒等）、粒细胞缺乏、血小板减少、高铁血红蛋白血症、贫血、肝肾功能损害等，很少引起胃肠道出血。

表 3-0-4　中成药中常见发热症状治疗药物种类及用法用量

发热原因	症状	代表中成药	用法与用量
风热感冒导致发热	患者发热明显,轻微怕风、汗出不畅、头痛、流黄浊涕、痰黏、咽喉红肿疼痛、口渴	风热感冒冲剂	开水冲服,一次1袋,一日3次。7岁以上儿童服1/2成人量,3～7岁服1/3成人量
		银翘解毒片	口服,一次4～8片,一日2～3次,温开水送服
		双黄连口服液	口服,一次20ml,一日3次。小儿酌减或遵医嘱
风寒感冒导致发热	患者严重怕冷,轻度发烧、头痛、流清涕、咽痒、咳嗽、痰稀、口不渴,或口渴喜热饮	风寒感冒冲剂	温开水冲服,一次1袋,一日3次。7岁以上儿童服1/2成人量,3～7岁服1/3成人量
		正柴胡饮冲剂	冲剂,10g/袋,开水冲服,10g/次,3次/日。小儿酌减或遵医嘱
		午时茶冲剂	袋装,每袋10g,每日1～2次,每次1袋,小儿酌减,开水冲服或水煎服
暑湿感冒导致发热	患者发烧、轻微怕风、头昏、流浊涕、胸闷、恶心、小便少,有中暑症状	藿香正气软胶囊	口服,一次2～4片,一日2次
		广东凉茶	煎服或泡服,一次1包或2袋,一日2次

③ 布洛芬　消化道症状包括消化不良、胃烧灼感、胃痛、恶心、呕吐。长期服用,停药上述症状消失,不停药者大部分亦可耐受。神经系统症状如头痛、嗜睡、晕眩、耳鸣,少见,发生率1‰～3‰。用药期间如出现胃肠出血,肝、肾功能损害,视力障碍,血象异常以及过敏反应等情况,即应停药。

④ 吲哚美辛　胃肠道:出现消化不良、胃痛、胃烧灼感、恶心反酸、溃疡、胃出血及胃穿孔等症状。神经系统:出现头痛、头晕、焦虑及失眠等,严重者可有精神行为障碍或抽搐等。肾:出现血尿、水肿、肾功能不全,在老年人多见。各型皮疹:最严重的为大疱性多形红斑。造血系统:受抑制而出现再生障碍性贫血:白细胞减少或血小板减少等。过敏反应:哮喘、血管性水肿及休克等。

⑤ 风热感冒冲剂、双黄连口服液　有高血压、心脏病、肝病、糖尿病、肾病等慢性病严重者,孕妇或正在接受其他治疗的患者,均应在医师指导下服用。连续服用应向医师咨询。

⑥ 银翘解毒片　偶可引起过敏反应,表现为荨麻疹样皮疹、多形性红斑药疹、药物性皮炎等。

⑦ 风寒感冒冲剂　服药期间,饮食宜清淡,宜多饮白开水,汗出勿令太过。高血压、心脏病患者慎用,或向医生咨询后再用。

⑧ 午时茶冲剂　无积滞或属风热感冒者不宜服用本品。服时应趁热饮用,盖被睡一会儿,使上半身汗出。

⑨ 藿香正气软胶囊　可引起过敏反应、心动过速、急性荨麻疹、过敏性药疹等。

(4) 介绍药品用法用量　可以根据药品包装和说明书上的提示向顾客说明推荐药物的用法用量。

① 阿司匹林　肠溶片:0.3g,25mg,50mg,75mg;缓释片:0.162g(按含阿司匹林计);肠溶微粒胶囊:0.1g。口服,每次2～3片,一日3次。

② 对乙酰氨基酚　片剂:0.3g,口服,每次0.3～0.6g,根据需要一日3～4次,一日用量不宜超过2g。

滴剂:10ml:1g,3～5岁1.6～2.0ml,6～12岁2.4ml,12岁以上3～6ml,每4～8小时1次,每24小时不超过5次。

咀嚼片:80mg,成人每次0.3～0.6g,一日0.6～1.8g;儿童每千克体重每次10～15mg,一日3～4次,疗程不超过5天。

口服液：10ml：250mg，儿童每千克体重每次10～15mg，一日3～4次，12岁以下儿童一日不超过5次剂量，疗程不超过5天。

③ 布洛芬　片剂：0.1g，0.2g；缓释胶囊剂：0.3g。口服，成人及12岁以上儿童每次0.3～0.6g，一日2次。

缓释混悬剂：100ml：3g，口服，成人及12岁以上儿童推荐剂量为每次0.3～0.6g（10～20ml），一日2次；1～12岁儿童患者用于发热，推荐剂量为每千克体重每日20mg（0.66ml），分2次服用。

颗粒剂：0.2g，口服，小儿每千克体重每日20mg，分2次服用。

凝胶剂：15g：0.75g，外用，用适量布洛芬凝胶剂轻轻揉搓，一日3～4次。

④ 吲哚美辛　片剂或胶囊剂：25mg，口服。抗风湿：首剂量25～50mg，一日2～3次，一日最大量不应超过150mg。镇痛：首剂量25～50mg，继之25mg，一日3次，直到疼痛缓解，可停药。退热：每次6.25～12.5mg，一日不超过3次。

缓释片：75mg，口服，每次75mg，一日1～2次。

乳膏：1%，外用，每次用1.5～2g涂于痛处，用手揉搓按摩，使药物渗入皮内，一日用药2～3次。

（5）健康生活指导

① 发热时需注意控制饮食，多喝水或淡果汁，补充蛋白质和电解质，对高热者适当用冰袋和凉毛巾冷敷，或用50%的酒精擦身以帮助退热。发热期要戒酒、戒烟，保持乐观情绪，工作有劳有逸，夏季注意调节室温，注意休息，保证充足睡眠。多吃水果、蔬菜。

② 阅读药品说明书。非处方药说明书是患者自我选药、自我药疗最好的依据与指导。

③ 如出现下列情况，应去就医。

▲ 发热持续日不退，或伴有寒战、胸痛、咳嗽。

▲ 儿童发热至39℃以上。

▲ 严重头痛，频繁呕吐。

▲ 不明原因的发烧。

④ 测量体温方法。

▲ 测量体温前，应仔细检查体温计有无破损之处。

▲ 在测体温前应将体温表水银刻度甩至35℃以下，甩表时注意避免撞碎。

▲ 如孩子发生呼吸困难、严重鼻塞时则不应采用测口温的方法。

▲ 如孩子患腹泻或有肛门直肠疾患时均不宜测直肠温度。

▲ 进食或饮水后马上测口温是不准确的，必须等几分钟以后再测。

▲ 家庭体温计使用前后用酒精擦拭、消毒即可，切忌用热水清洗。

⑤ 服用解热中成药时，忌烟、酒及辛辣、生冷、油腻食物；不宜在服药期间同时服用滋补性中成药。

（六）补益类非处方药的销售

顾客（患者）主诉的相关症状有：经常感到身心疲惫、四肢乏力、无精打采、体质柔弱。经医院检查，没有器质性的病变，医生无法给一个明确的诊断。

1. 当患者主诉为面色苍白、心悸怔忡、肢体麻木、眩晕耳鸣、两目干涩时，可初步判定为血虚、气虚症状

药品销售员接待步骤如下。

（1）排除警告信号，判断给药安全性　经过询问，如病人存在下列警告信号，药房不能擅自处理，要劝说其去医院就诊。

① 询问患者是否有痰或体内是否有淤血，如有则为其他疾病，不应建议其使用补血类中成药。

② 患者为孕妇时，需咨询医生后用药。

③ 询问病人是否有出血症状，如有，应劝其立即到医院就诊。

(2) 药品介绍

① 人参归脾丸　由人参、薏苡仁、酸枣仁、远志、甘草等组成。用于治疗心脾两虚、气短心悸、贫血头晕、肢倦乏力、食欲不振、崩漏便血的症状，具有益气健脾、养血安神的功效。

② 人参养荣丸　由人参、白术、茯苓、甘草、当归等组成。用于补气补血、宁心安神之剂，多用于气虚血亏、失眠怔忡、面色苍白、疮口久久不敛等病。

③ 乌鸡白凤丸　由乌鸡（去毛爪肠）、鹿角胶、人参、鳖甲（制）、牡蛎（煅）等组成。具有补气养血、调经止带的功效。用于气血两虚所致病证。

④ 十全大补丸　由党参、白术、茯苓、甘草、当归等组成。具有益气养血、温中补阳、通利血脉、健脾补肾的作用。用于治疗凡属气血两虚引起的病证。

(3) 药品不良反应和用药注意事项提示

① 忌食寒凉、生冷食物。

② 孕妇、糖尿病患者服用请向医师咨询。

③ 感冒时不宜服用治疗血虚类药。

④ 月经过多者不宜服用本类药。

⑤ 服药 2 周症状无改善，应去医院就诊。

⑥ 对本品过敏者禁用，过敏体质者慎用。

(4) 介绍药品用法用量　可以根据药品包装和说明书上的提示向顾客说明推荐药物的用法用量。

① 人参归脾丸　大蜜丸：每次 1 丸；小蜜丸：每次 9g；水蜜丸：每次 6g，每日 3 次；片剂：每次 4 片，每日 2 次，用温开水或生姜汤送服。

② 人参养荣丸　口服。成人每次 1 丸，每日 2 次。温开水送下。

③ 乌鸡白凤丸　口服。每次 1 丸，每日 2 次，温开水送服。

④ 十全大补丸　口服。成人每日 3 次，每次 1 丸或 10ml。

2. 当患者主诉为倦怠无力、面色苍白、少气懒言、头晕自汗、食欲不振、便溏脱肛、或子宫脱垂、舌质淡、脉细弱等，为气虚症状

药品销售员接待步骤如下。

(1) 排除警告信号，判断给药安全性　经过询问，如病人存在下列警告信号，药房不能擅自处理，要劝说其去医院就诊。

① 询问病人是否手心脚心发热，心头烦热，盗汗，低热，如有，则为假虚证，应咨询医生用药。

② 询问病人是不是晚上发热而早晨凉，口燥咽干，舌红少苔，如是，则应咨询医生后用药。

③ 询问病人是否有吐血、出鼻血、五更泄泻的症状，如有且情况较严重，应建议其到医院就诊。

(2) 药品介绍

① 四君子丸　由党参、白术（炒）、茯苓、甘草（炙）组成。能益气补中、健脾养胃。用于脾胃气虚、运化乏力。

② 补中益气丸　由黄芪（蜜炙）、党参、甘草（蜜炙）、白术（炒）等组成。能健脾益胃、补气养血，主治气血虚弱、中气不足引起的气短烦闷、咳嗽喘息、畏风自汗、头晕耳鸣、脾虚之泻、脱肛、妇女子宫下垂等症。

③ 生脉饮　由人参、麦冬、五味子组成。能益气复脉、养阴生津，用于气阴两虚、心悸气短、脉微自汗。用于治疗休克、心脏病、肺炎等。

(3) 药品不良反应和用药注意事项提示

① 阴虚内热、火旺者慎用。

② 高血压、感冒热症患者和孕妇慎用。

(4) 介绍药品用法用量　可以根据药品包装和说明书上的提示向顾客说明推荐药物的用法用量。

① 四君子丸　口服。水丸剂，成人，每次3～6g，每日3次；合剂，每次15～20ml，每日3次，温开水送服。小儿酌情减量。

② 补中益气丸　口服。每次6g，每日2次。

③ 生脉饮　肌注：每次4ml；静脉点滴一般为20～30ml。口服：胶囊，每次3～4粒，每日2～3次；口服液，每次10ml，每日3次。冲剂，每次1袋，每日2～3次。

3. 当患者主诉为形体消瘦、面容憔悴、口干咽燥、虚烦不眠、头晕目眩、小便短赤等

药品销售员接待步骤如下。

(1) 排除警告信号，判断给药安全性　经过询问，如病人存在下列警告信号，药房不能擅自处理，要劝说其去医院就诊。

① 询问病人病情是否比较严重，如症状严重且病程较长，伴随有其他病症的，应建议其尽快到医院就诊。

② 询问病人是否饮食比较少，如较正常情况下食量下降，应到医院进行检查。

③ 询问病人的大便是否稀溏，如是，则应咨询医生用药。

(2) 药品介绍　六味地黄丸，由熟地黄、山茱萸（制）、牡丹皮、山药、茯苓、泽泻组成。能滋阴补肾、兼益肝脾，用于肝肾阴虚所致的腰膝酸软、头晕目眩、耳聋耳鸣、骨蒸潮热、盗汗遗精、口干口渴、失眠健忘、小便频数、经少经闭、舌红少苔、脉虚细数；或见小儿五迟五软、囟门不闭等症。

(3) 药品不良反应和用药注意事项提示　不良反应有胸膈痞闷、脘腹胀满、食欲下降、大便溏泄等，其原因是方中的熟地黄性质过于滋腻，若同时服用香砂枳术丸或香砂养胃丸，可以减轻或消除上述不良反应。禁忌症主要有：感冒发烧、腹痛腹泻者，有肾阴虚之证也不宜服用；痰多咳嗽、腹满便溏、舌苔白腻者不可服用，因为这类病人属痰湿内盛，服用后会加重病情；肾阳虚腰膝酸软、小便频、大便溏、肢冷畏寒者不宜服用。

(4) 介绍药品用法用量　可以根据药品包装和说明书上的提示向顾客说明推荐药物的用法用量。

大蜜丸每次1丸，每日2次。

4. 当患者主诉为形寒肢冷、面色苍白、腰膝酸软、神疲乏力、小便频数、下利清谷、阳痿早泄、舌苔淡白、脉沉迟等，初步判定为阳虚症

药品销售员接待步骤如下。

(1) 排除警告信号，判断给药安全性　经过询问，如病人存在下列警告信号，药房不能擅自处理，要劝说其去医院就诊。

① 询问病人是否午后潮热或夜间发热，如发热症状比较明显，且手足心发热，则为热证，不应推荐其使用补阳类药物。

② 询问病人是否有心情烦躁、睡眠不足、多梦、出大汗、口干咽燥。有，则为实证，不应推荐其使用补阳类药物。

③ 病人是否大便干结，尿少色黄，舌有裂纹、无苔或少苔。有，则应咨询医生后用药。

（2）药品介绍　龟鹿补肾丸（液、胶囊），由菟丝子、仙灵脾、续断、锁阳、狗脊等组成。能温肾益精、补气养血、固涩止遗。主治肝肾不足、精液不固之遗精滑泄，妇女带下，崩漏之病症。可见头晕耳鸣、四肢发软、腰膝酸疼、夜尿多等。

（3）药品不良反应和用药注意事项提示

① 忌不易消化食物。

② 感冒发热病人不宜服用。

③ 有高血压、心脏病、肝病、糖尿病、肾病等慢性病严重者应在医师指导下服用。

④ 儿童、孕妇、哺乳期妇女应在医师指导下服用。

⑤ 服药 4 周症状无缓解，应去医院就诊。

⑥ 对本品过敏者禁用，过敏体质者慎用。

（4）介绍药品用法用量　可以根据药品包装和说明书上的提示向顾客说明推荐药物的用法用量。

龟鹿补肾丸（液、胶囊）口服，每次 1 丸，每日 2~3 次，饭后温水送服。

（5）健康生活指导

① 树立营养意识，充分认识合理营养的重要性，主动学习营养知识，用科学的饮食营养知识指导自己的饮食行为。

② 培养良好的饮食习惯，做到不挑食、不偏食、不滥吃零食，合理安排膳食制度。

③ 治疗导致营养不良的相关疾病，如胃肠道疾病、结核病、肝炎病、龋齿、蛔虫病等。

④ 饮食营养疗法，即通过加强合理营养和平衡膳食提高营养水平，做到合理安排膳食结构和增加进食量，重在"荤素搭配，粗细搭配"，提高动物性和大豆制品等优质蛋白质摄入量。

⑤ 自我监测及时诊治，当发现自己食欲较差、体重增长过慢、外形较瘦等时应主动测量身高、体重，以判断自身的营养状况，同时监测有无营养不良及相应营养素缺乏的临床症状，以便及时采取相应的防治措施，严重或不明病因的营养不良者应去医院内科进一步诊治。

（七）维生素和矿物质类缺乏患者的接待和药品销售

1. 当患者主诉是眼角膜干燥、皮肤干燥，经常感冒时

药品销售员接待步骤如下。

（1）排除警告信号，判断给药安全性　经过询问，如病人存在下列警告信号，药房不能擅自处理，要劝说其去医院就诊。

① 眼睛干涩酸痛，视力下降比较严重，可判断为干眼症。

② 四肢伸侧或躯干部干燥、粗糙和瘙痒症状，严重者也会出现皮肤裂口、出血等症状，可判断为鱼鳞病。

③ 感冒时出现呼吸道感染，可能为免疫功能低下的原因。

④ 有无其他慢性疾病，如冠心病、高血压、哮喘患者发生感冒。如有，患者可能正在服用其他药物，为避免药物不利的相互作用，不能轻易介绍药物。

排除了上述警告信号后，可以判断病人为普通维生素和矿物质类缺乏症。

（2）药品介绍

① 维生素 A　每粒含维生素 A 5000U，可增强视网膜感光力，维持上皮组织的完整性。

② 维生素 AD 胶丸　维生素 A 3000U，维生素 D 300U。

③ 维生素 AD（鱼肝油）　滴剂：每克含维生素 A 5000IU，维生素 D 500IU。

(3) 药品不良反应和用药注意事项提示　过量服用可产生慢性中毒，早期表现为骨关节疼痛、肿胀、皮肤瘙痒、口唇干裂、软弱、发热、头痛、便秘、腹泻、恶心呕吐等，应及时就医；大量应用可致急性中毒，甚至死亡。

(4) 介绍药品用法用量

① 维生素 A　胶丸，口服。成人 1 次 1 粒，1 日 1 次，连续服用，不超过 10 日。

② 维生素 AD 胶丸　口服。成人，一次 1 丸，一日 3～4 次；儿童用量请咨询医生。

③ 维生素 AD（鱼肝油）　口服。每次 2 滴，每日 1～3 次。

2. 当患者主诉为牙龈发肿、流血，牙齿松动时

药品销售员接待步骤如下。

(1) 排除警告信号，判断给药安全性　经过询问，如病人存在下列警告信号，药房不能擅自处理，要劝说其去医院就诊或服用其他药物。

① 当牙龈肿痛同时伴有高烧，可能是智齿生长不出。

② 牙龈经常肿痛，可能是牙根发炎或牙周炎症。

③ 牙龈经常性流血，伴有其他部位流血，且不易止住，可能为血液系统的疾病，如白血病、血友病、血小板减少性紫癜、再生障碍性贫血等。

(2) 药品介绍

① 维生素 C 片　具有抗氧化、解毒的作用，能促进组织中胶原蛋白的合成，增强免疫力，预防疾病，预防坏血病。

② 红葡萄籽片　抗氧化，清除自由基，保护心脏，减少组织发炎。每片含原花青素（OPC）120mg。

(3) 药品不良反应和用药注意事项提示　过量服用维生素 C 可引起不良反应。每日服 1～4g，可引起腹泻、皮疹、胃酸增多、胃液反流，有时尚可见泌尿系结石、尿内草酸盐与尿酸盐排出增多、深静脉血栓形成、血管内溶血或凝血等，有时可导致白细胞吞噬能力降低；每日用量超过 5g 时，可导致溶血，重者可致命；孕妇服用大剂量时，可能产生婴儿坏血病。

下列情况应慎用：半胱氨酸尿症，痛风，高草酸盐尿症，草酸盐沉积症，尿酸盐性肾结石，糖尿病（因维生素 C 可能干扰血糖定量），葡萄糖-6-磷酸脱氢酶缺乏症（可引起溶血性贫血），血色病，铁粒幼细胞性贫血或地中海贫血（可致铁吸收增加），镰形红细胞贫血（可致溶血危象）。

本品大量长期服用后，宜逐渐减量停药。

(4) 介绍药品用法用量

① 维生素 C　口服。成人如为饮食补充，一日 50～100mg；如为慢性透析病人，一日 100～200mg；如为维生素 C 缺乏，一次 100～200mg，一日 3 次，至少服 2 周。小儿每日 100～300mg，至少服 2 周。如为酸化尿，一日口服 4～12g，分次服用，每 4 小时 1 次；如为特发性高铁血红蛋白血症，每日 300～600mg，分次服用。

② 红葡萄籽片　口服。每日 2 片，睡前食用。

3. 当患者主诉为经常感到疲乏，精力不好时

药品销售员接待步骤如下。

(1) 排除警告信号，判断给药安全性　经过询问，如病人存在下列警告信号，药房不能擅自处理，要劝说其去医院就诊或服用其他药物。

① 是否有其他不适，如有其他明显疾病症状，判断由其他疾病引起的并发反应。

② 除正常睡眠之外还有经常性的瞌睡，依然感觉很疲惫，精神状态一直比较低沉，可能为抑郁症的表现。

③ 如正在服用治疗高血压的利尿剂，为药物引起的疲倦，可要求医生试用另种药物。

④ 如伴有嗜睡、体重增加、怕冷、精神呆滞，为甲状腺机能减退。

(2) 药品介绍

① 复方维生素　含维生素 B_1、维生素 B_6、烟酰胺、泛酸钙。片剂，成人口服每次 2~4 片，一日 3 次。

② 多种维生素及矿物质制剂　含维生素 A、维生素 E、维生素 K、维生素 C、维生素 B_1、维生素 B_2、维生素 B_6、维生素 B_{12}、烟酰胺、叶酸、生物素、泛酸、钙、磷、氯、钾、镁、硼、铜、钒、碘、铁、锌、铬、硒、锰、钼、镍、锡、硅、赖氨酸、β-胡萝卜素等。因此，此类制剂可用于体内需要增加、食物中摄入不足或吸收不良所致的维生素、矿物质缺乏而引起的代谢紊乱。其剂型有片剂、颗粒剂、口服溶液剂、滴剂等。常用的有善存，善存银，小儿善存液，维多宝人参多维片，西福多维，爱得力-M-500，玛特娜，克补片，小儿维生素咀嚼片，小施尔康，施尔康，金施尔康，含铁多维片，十维锌、铁、钙胶囊，乐力等。

③ 碳酸钙复方制剂　本类制剂以碳酸钙为主，并含维生素、氨基酸，用于补钙及骨质疏松。其剂型有片剂、咀嚼片、泡腾片、胶囊剂、颗粒剂等。其常用的制剂商品有钙尔奇 D300 咀嚼片、钙尔奇 D600 咀嚼片、钙维力 D 等。

(3) 药品不良反应和用药注意事项提示　尽管非处方药物不良反应一般比较轻微，但是为提高用药安全性，有必要做出适当的提示。

长期过量服用含有维生素 D 的补钙制剂，可能引起维生素 D 中毒伴高钙血症。如出现便秘、腹泻、持续性头痛、食欲减退、金属味觉、恶心、呕吐、乏力等，应告诫病人立即停服。其成人一次服用预防量不应超过 200~400IU。

(4) 介绍药品用法用量　可以根据药品包装和说明书上的提示向顾客说明推荐药物的用法用量。

对于视力不佳或年纪较大的患者，还可以将用法用量写在粘贴纸上，贴在药盒上，注意不要遮挡重要信息，做好服务工作。

(5) 健康生活指导　同"补益类非处方药的销售"中的同类内容。

四、结束过程

(一) 计价收费

顾客决定购买后，药品销售员要进行计价。当药品销售员兼任收款员时还要负责收费。收费过程必须唱收唱付，清楚准确，防止差错，以免双方不愉快。

收款时要做到如下几点。

① 让顾客知道药品的价格。

② 收到货款后，把金额大声说出来。

③ 在将钱放进收款箱之前，再数点一遍。

④ 找零钱时，要把数目告知顾客。

⑤ 将找零交给顾客时，要再确认一遍。

当商场内设有专门收款台时，药品销售员在成交后需开具销货传票。销货传票要求依次填写商品编号、品名、数量、单位、单价、合计金额。要用黑色水笔填写，字迹端正，不能

药店零售技术

涂改。

将填好的销货传票（一式三联）交给顾客，顾客持此票到收款台交款。收款台收款后，在传票的第一、二联盖"现金收讫"章，收款台自留第三联后，将其余两联交回给顾客。

顾客将两联销货传票带回柜台，销售员验看收款章，确认已经付款后，才能将药品和发票提交顾客。

（二）包装发药

包装药品时要注意如下几点。

① 包装之前要特别注意检查药品有没有破损脏污。
② 包装时要注意外用药必须和内服药物分开包装，分别放进袋子里。
③ 包装时要快捷稳妥，不要拖沓。
④ 包装力求牢固、安全、整齐、美观。
⑤ 发药时要注意当面核对药单和药品实物，亲手提交到顾客手上。

（三）必要提示

药品成交以后，顾客离开前，药品销售员需要向顾客进行必要的关照。

① 告诉患者药名、剂量、使用方法、最佳服用时间等。
② 如果经用药一段时间（腹泻已经用了2天药、发热3天、疼痛5天）后，症状仍然未见好转者，应及时就医。
③ 告诉患者用药后可能出现的副作用。

（四）送客

将包装完毕的药品双手递给顾客（液体药品注意上下方向），并微笑着向顾客表示谢意，祝愿患者早日康复。如果是手脚残疾人士，应该热情帮助其上下台阶和开门送客。另外要留意顾客是否有遗漏的物品，如有，要及时提醒。

（五）柜台和环境整理

顾客离开后，及时将顾客挑剩下的药品放回原陈列柜内，顺便整理一下陈列的药品，使其码放整齐。如有顾客试用设备，要及时恢复初始状态。如有杂物垃圾，要将柜台抹干净，准备接待下一位顾客。

五、质量控制点

要做好药店销售工作，就必须认真学习《药品经营质量管理规范》（GSP）对药品经营企业和从业人员的各项要求，紧紧围绕药品质量和服务质量这两个核心，踏踏实实地将GSP精神逐条落实在工作中，才能确保提高工作质量，杜绝工作差错。

非处方药品的零售是药店各项工作中对药品专业知识要求最高的岗位，必须具备更加扎实的医药专业知识，并能将这些知识用于对顾客的咨询接待、药品的推介，以指导销售过程中。

质量控制的要素有很多，可以分为硬件质量、管理质量和人员素质。

对照 GSP 要求，不难评判一家药店的硬件质量和管理质量的水平高低。

这里主要谈人员素质部分。人是第一要素，人员素质是一切工作质量的核心，其对最终工作质量的影响度超过其他所有要素，也是质量控制的重中之重。

对于非处方药零售，销售人员时刻与顾客有面对面的接触机会，这就要求销售人员做到如下几点。

① 必须掌握如何使自己的仪容仪表显得端庄而富有朝气。
② 必须培训待人接物的技巧，在顾客面前礼貌、热情、大方，同时又不失灵活性，会针对不同个性的顾客，因人而异地接触，能尽快地取得顾客的信任。
③ 必须培养做事的条理性，懂得充分的准备是成功的一半，步骤清晰的操作过程是成功的另一半。
④ 非处方药品销售人员必须具备一定的医药理论水平，熟悉常见症状和其可能对应的相关疾病，能通过顾客口述和询问，了解患者的一般常见疾病。
⑤ 熟悉常用药品的用途、不良反应和注意事项，保证售出药品的使用安全性和有效性。
⑥ 了解中医理论对一般常见疾病的解释，能合理地推荐中成药给需要的顾客。
⑦ 要养成良好的卫生习惯和打扫收拾环境的习惯。

六、基础知识

（一）问病的方法和内容

1. 问病内容

（1）询问病症　病人感受最明显最严重的症状及其发病时间、部位、性质、持续时间。伴随症状有哪些；症状是持续性还是间歇性；是进行性加重还是逐渐减轻或持续未变；是规律性或周期性发作，还是时愈时发；哪些症状减轻或消失，又有哪些新症状出现。

（2）询问病前情况　患者到药店来之前是否进行过检查和治疗，结果怎样。若已进行过治疗，则应问明使用过的药物名称、剂量、疗效及现状。还要问患者过去的健康状况，有过何种疾病史，预防接种情况以及手术、外伤、中毒和过敏史等有哪些。

（3）询问病后情况　患者饮食、睡眠、体重、体力、大小便及精神状态有无改变等。

（4）必要时需了解患者的一般情况　如社会经历、职业及工作条件、起居与卫生习惯、饮食规律与质量、烟酒嗜好与摄取量；个人性格及有无精神创伤；婚否、对方健康状况、性生活情况、夫妻关系等；双亲与兄弟、姐妹及子女的健康与疾病状况，特别应询问是否有与患者同样的疾病，有无与遗传有关的疾病等。

（5）必要时需了解女性病人的相关情况　月经初潮年龄、月经周期和经期天数、经血的量和色、经期症状、有无白带、末次月经日期、闭经日期、绝经年龄，妊娠与生育次数和年龄，人工或自然流产的次数、有无死胎，手术产、产褥热及计划生育情况等。

通过问病，初步判断疾病的原因（如外伤、中毒、感染等）、诱因（如气候变化、环境改变、饮食起居失调）以及起病症急缓、属何种病症、有无过敏史等情况，根据问病结果合理推荐用药。

如遇无法叙述清楚病情的情况，如代人购药、患者是小儿等，则应视具体情况推荐选购安全性高的药品。

2. 问病要点

（1）态度　语言通俗，亲切和蔼，热情耐心，让病人感觉到值得信赖。

（2）用语技巧　一般应先问患者感受最明显、容易回答的问题，如"你感到哪里不舒服？"；其次询问需要经过思考才能回答的问题，如"你的疼痛在什么情况会减轻或加重？"。问病时应避免套问和暗示性诱问，如"你上腹痛时向左肩放射吗？"而应问"你腹痛时对别的部位有什么影响吗？"，如"你有夜间盗汗吗？"这样的提问往往会使病人在不甚解其意的情况下随声附和，给判断疾病和给药针对性造成困难。

（3）边问边听边思考　在问病的过程中，要边听患者的叙述，边观察病人，并随时分析病人所陈述的各种症状间的内在联系，分清主次、辨明因果、抓住重点、深入询问。在倾听

药店零售技术

病人陈述病情的时候，要根据所述事实，联想到有哪些可能的疾病，以此为指导详细询问，并逐步将一些疾病排除，将某些疾病保留。对诊断和鉴别诊断有意义的部分，要询问清楚无误。

(二) 推荐药品的方法

1. 等待

即指等待顾客进店的时间段。在这段时间里，为了让顾客在最初的观察中得出一个满意的印象，店员必须遵循以下几个原则。

（1）位置准确

① 店员应站在规定的位置上。每个店员都有一个或数个属于自己看管的柜台，店员应站在离柜台10cm远的地方，是以能够照顾到自己负责柜台最为适宜，而且最好站在容易与顾客初步接触的位置上。双手在身前轻握，或轻放在柜台上，双目注视大门方向，时刻准备迎接顾客。

② 驻店药师的位置应该是无论顾客多么拥挤也能看到整个药店的情况，以及药品的陈列情况。还要注意站在显眼并易为顾客发现的地方，以便随时准备接受顾客求助。

（2）态度良好　在天气不好或其他原因引致顾客稀少的时候，不应因无所事事而影响情绪，而应安排其他工作，如检查商品、整理与补充货架或清洁货架及柜台，一方面可以保持店员的工作情绪，另一方面可以吸引顾客的注意。严禁看报、聊天、吃零食，或无精打采、低头沉思等给顾客带来不愉快感觉的行为。

（3）顾客第一　店员应该时时把顾客放在第一位。无论正在做什么，只要顾客一进门，就应放下手头的工作，注意顾客的一举一动，随时为顾客提供服务。

2. 观察与接近

注意观察顾客，相机接近，与顾客保持适当的距离。参照本模块中"接待顾客"。

3. 推介

（1）药品推介的基本原则

① 需求第一的原则　顾客的需要和欲望是市场营销的出发点，也是推销的出发点。推销人员必须认真了解顾客的需要，让顾客明白它确实能满足其需要，顾客只有产生需求才能产生购买动机并导致购买行为。

② 推销药品使用价值的原则　推销药品的使用价值原则也是药品推销人员向顾客宣传药品的有效性，帮助顾客认识药品的真实效用的一个途径。药品的使用价值还是人们购药后评价的主要标准。但药品的使用价值观念容易受周围环境的影响，产生一定的变化。同一客户对同一药品的购买行为，因时间、环境的不同，可能会产生不同的要求，形成不同的评价。优秀的药品推销人员，就是要通过各种途径、各种方式引导客户对药品形成良好的使用价值观念，进而产生好的购药评价，吸引更多新的客户并使老客户成为回头客。

③ 诚信为本的原则　诚信的基本含义为诚实，不疑不欺，在人际交往中言而有信，言行一致，表里如一，在推介过程中不提供假劣药品，不传播虚假信息任意夸大药品的疗效，增强药店的信誉度，吸引顾客。

④ 尊重客户的原则　是指在药品推销的过程中，推销人员应坚持以客户为中心来开展各项工作。药品推销人员首先应该明确自己的工作目标是推销药品，而不是评价客户的人品、地位等。作为药品推销人员应淡化顾客的职业、地位、肤色，只要是推销对象，都应当视作"上帝"。

（2）药品推介的内容

① 将产品特征详细地介绍给顾客　要以准确的语言向顾客介绍产品的疗效、包装、工

艺、使用的方便性及经济性、外观优点及价格等。

② 充分分析产品的优点　在介绍中对不同类型、不同剂型、不同品牌的药品寻找出其特殊的作用、特征和功能。

③ 尽数产品给顾客带来的利益　在了解顾客需求的基础上，把产品能给顾客带来的利益，如产品外表的、实质上的、内在的、附加的利益，均要一一列举出来。

4. 诱导劝说

对于商品介绍后仍犹豫不决的顾客，应在细致观察顾客的感知反应后，进行诱导劝说，一般可采取以下措施。

（1）根据顾客对商品不满意的地方进行委婉的分析说服。

（2）站在顾客的立场对商品所能产生的作用进行描绘，加强顾客的购买信心。

（3）实在不能使顾客对现有产品满意，不应勉强，否则会使顾客产生抗拒购买心理；要抓住时机推介代用性或连带性商品，提示购买的方便，使其产生周到之感，满足顾客求方便、求实惠的心理。

5. 促进成交

会识别成交信号，掌握促进购买的方法。顾客通常发出的准备购买信号有如下几个。

① 顾客突然不再发问。

② 顾客话题集中在某一件货品上。

③ 顾客征求同伴的意见。

④ 顾客不断赞同地点头。

⑤ 顾客关心售后服务的问题。

⑥ 不断重复地问同一问题等。

当店员找出有成交的机会，而顾客又犹豫不决时，店员一定要坚守立场，努力说服顾客，促使其尽快下定决心。具体方法有：使用二选一法，即将介绍的药品逐渐集中在两三个品种上，而把其他的都收回去；问顾客"您需要这件还是那件？"，而不应该问"您要这件吗？"；使用感情述法，为促使顾客下定决心，以真诚、恳切的态度与顾客对话，从而打动顾客，让顾客觉得你确实是在为他着想而下定购买决心。

店员要密切注意顾客的动作，顾客对于喜欢的品种有如下的几种动作：视线焦点会集中在所喜欢的商品上，而对其他品种则一带而过；触摸次数最多；通常摆放在左边的位置，以便随手拿起或者作为与其他品种进行比较的中心。

（三）非处方药常识

1. 概念

非处方药是不需要凭医师处方即可自行判断、购买和使用的药品。英语称 nonprescription drug，在美国又称之为"可在柜台上买到的药品"（over the counter），简称 OTC，此已成为全球通用的俗称。

2. 非处方药类别

根据药品的安全性，非处方药分为甲类和乙类两类。实施药品分类管理的好处是，通过简单易识的标记，既能提高群众用药的安全性，又方便了广大群众。一些小伤小病可以就近购药，及时用药，免去请假误工，去医院排队挂号、就诊、化验、取药等费时、费钱、费力之苦。

其中乙类非处方药相对安全性更高，除可在医药专营单位（如药店）出售外，还可在超市、宾馆、百货商店等处销售。当然，这些普通商业企业需经相应药品监督管理部门批准，并配备药品专业人员，方可销售乙类非处方药。

3. 非处方药专有标识

非处方药专有标识是用于已列入《国家非处方药目录》，并通过药品监督管理部门审核的非处方药药品标签、使用说明书、内包装、外包装的专有标识，也可用作经营非处方药药品的企业指南性标识。

非处方药专有标识图案（其图案为椭圆背景下有"OTC"3个英文字母，见图3-0-1）分为红色和绿色，红色专有标识用于甲类非处方药品，绿色专有标识用于乙类非处方药品和用作指南性标识。

图 3-0-1 非处方药专有标识图案

使用非处方药专有标识时，药品的使用说明书和大包装可以单色印刷，并在非处方药专有标识下方必须标示"甲类"或"乙类"字样。其他包装应按国家食品药品监督管理局公布的色标要求印刷。

非处方药专有标识与药品标签、使用说明书、内包装、外包装一体化印刷，其大小可根据实际需要设定，但必须醒目、清晰，并按照国家食品药品监督管理局公布的坐标比例使用。非处方药药品标签、使用说明书和每个销售基本单元包装印有中文药品通用名称（商品名称）的一面（侧），其右上角是非处方药专有标识的固定位置。

4. 正确使用非处方药

俗话说"是药三分毒"，非处方药虽然已经过医药学专家的严格遴选，并经国家食品药品监督管理局批准，但它们仍然是药品，因此，在使用时同样要十分谨慎，切实注意如下几点。

① 通过各种渠道，充实、提高个人的医药学知识，作为自我药疗的基础，便于小病的自我判断。

② 正确选用有国家统一标识的非处方药。

③ 仔细阅读标签说明书，了解其适应证、注意事项及不良反应。

④ 认真检查所选药品有无批准文号。

⑤ 注意药品的有效期和内外包装是否有破损。

⑥ 严格按说明书用药，不得擅自超量、超时使用，若有疑问要向医师咨询。

⑦ 按要求贮藏药品，放置于小儿不可触及处。

七、拓展知识

（一）上呼吸道感染相关知识

1. 感冒的分类

感冒分普通感冒和流行性感冒两种。

普通感冒多源于受凉，又称"伤风"，由多种病毒引起。特点是症状轻，以鼻塞、流鼻涕、打喷嚏、咽喉发干发痒疼痛等呼吸道卡他性症状为主要表现。一般不发热，如有发热，多在38℃以内。恢复比较快，四季都可发生，不会造成流行。

流行性感冒，为时行感冒（指与季节有关的感冒），由流感病毒引起。特点是发病急，病情重，初起以畏寒、发热、头痛，伴有全身肌肉关节酸痛等毒血症状为主要表现，全身症状较重，呼吸道卡他性症状较轻。冬春季节多发，常在人群中迅速流行。

2. 感冒的病因、分类和发病机制

感冒的病因可从病原体和身体的防御能力两个方面分析。

① 病原体　各种病毒和细菌都可以引起上呼吸道感染，尤以病毒为多见，约占原发性感染的90%以上。主要有流感病毒（甲型、乙型、丙型）、副流感病毒、呼吸道合胞病毒、腺病毒等。经过病毒感染后，上呼吸道黏膜失去抵抗力，细菌可乘机侵入，并发较严重的细菌感染。

常见细菌感染以溶血性链球菌最为多见，其次为肺炎球菌、葡萄球菌、流感杆菌等。其感染的主要表现为鼻炎、咽喉炎或扁桃腺炎。

② 身体防御能力　上呼吸道感染的发生和发展与身体的防御能力也密切相关。这种防御能力在很大程度上受体育锻炼、营养状况和卫生习惯等影响，有了强大的防御能力，即使遇到病原体也不易侵入。营养不良或缺乏锻炼的人，容易感冒。在气候多变的季节如春季、秋冬之交，因多数人呼吸道适应、防御能力下降，而容易造成流行。

当受凉、淋雨、过度疲劳等诱发因素使全身或呼吸道局部防御功能降低时，原已存在于上呼吸道或从外界侵入的病毒或细菌可迅速繁殖，引起本病。

3. 感冒的危害性

因感冒属常见病、多发病，普通感冒症状又轻，故易被人们忽视，认为"伤风感冒不算病，不治也能好"。其实，对于感冒，不能小看，应及时治疗，并积极预防。它是"百病之源"，对于人的健康影响很大。特别是婴幼儿，发生上呼吸道感染后，很容易继发气管炎，乃至肺炎，甚或造成死亡。

经常患感冒的人，机体抵抗力再度下降，可继发多种疾病，如并发急性肾炎、心肌炎，或风湿病等。另外，某些急性传染病的早期表现与上呼吸道感染的症状非常相似，如麻疹、小儿麻痹症、流行性脑脊髓膜炎等，因而容易误诊。同时，小儿患感冒也容易合并一些急性传染病。因此，对于感冒绝不能轻视，必须积极预防，及时治疗，尤其对于小儿患感冒更应在及时治疗过程中细心观察，防止变生他病。

感冒对以下5种人群的危害更大，故应特别注意加以预防：①心脏病患者；②慢性阻塞性肺部疾患者，包括慢性支气管炎、阻塞性肺气肿、支气管哮喘和肺源性心脏病患者；③婴幼儿；④老年人；⑤孕产妇，尤其是妊娠3个月以内的孕妇。

4. 抗感冒复方制剂的配方原理

① 对乙酰氨基酚　为解热镇痛药，可以缓解感冒患者的发热、头痛和肌肉疼痛。

② 盐酸伪麻黄碱　有收缩黏膜血管的作用，减少毛细血管充血，可减轻患者的鼻塞症状。

③ 氢溴酸右美沙芬　为中枢镇咳药，通过抑制咳嗽中枢而产生镇咳作用。

④ 马来酸氯苯那敏　为H_1受体阻滞剂，可对抗组胺引起的微血管扩张和毛细血管通透性增加，减轻流泪、打喷嚏、流涕等过敏症状。

⑤ 金刚烷胺　抗病毒药物，能防止甲型流感病毒进入细胞，可以改善发病者的症状。

⑥ 人工牛黄　有清热且解毒作用。

⑦ 咖啡因　中枢兴奋药，能对抗氯苯那敏嗜睡作用，并有收缩颅血管作用而加强对乙酰氨基酚的缓解头痛作用。

（二）支气管炎症相关知识

支气管炎是一种常见病、多发病，其主要发病原因是支气管感染细菌或病毒后产生痉挛引起以咳嗽、咯痰为主要症状的一种疾病。往往上呼吸道感染是导致支气管炎急性发作的主要原因。

1. 支气管炎的病因

（1）微生物　可以由病毒、细菌直接感染，也可因急性上呼吸道感染的病毒或细菌蔓延引起本病。常见病毒为腺病毒、流感病毒（甲型、乙型）、冠状病毒、鼻病毒、单纯疱疹病毒、呼吸道合胞病毒和副流感病毒。常见细菌为流感嗜血杆菌、肺炎链球菌、卡他莫拉菌等，衣原体和支原体感染有所增加。也可在病毒感染的基础上继发细菌感染。

（2）物理、化学因素　过冷空气、粉尘、刺激性气体或烟雾（如二氧化硫、二氧化氮、氨气、氯气等）的吸入，对气管-支气管黏膜急性刺激和损伤引起。

（3）过敏反应　常见的吸入致敏原包括花粉、有机粉尘、真菌孢子等；或对细菌蛋白质过敏，引起气管-支气管炎症反应。

（4）蠕虫移行　蛔虫、钩虫等幼虫在肺脏移行时可引起本病。

2. 鉴别诊断

（1）与慢性支气管炎的区别　慢性支气管炎是指气管、支气管黏膜及周围组织的慢性非特异性炎症。临床上以咳嗽、咳痰或伴有喘息及反复发作的慢性过程为特征。病情若缓慢进展，常并发阻塞性肺气肿，甚至肺动脉高压、肺源性心脏病。

慢性支气管炎多缓慢起病，病程较长，反复急性发作而加重。主要症状有慢性咳嗽、咳痰、喘息。开始症状较微，如吸烟、接触有害气体、过度劳累、气候变化或受凉感冒后，则引起急性发作或加重。

（2）与流行性感冒的鉴别　流感起病急，有流行病史，除呼吸道症状外，全身症状如发热、头痛明显，病毒分离和补体结合试验阳性可鉴别。

（3）与上呼吸道感染（感冒）区别　上呼吸道感染以鼻塞、流涕、咽痛等症状明显，无咳嗽、咳痰，肺部无异常体征。

（4）与支气管哮喘的鉴别　急性支气管炎病人如伴有支气管痉挛时，可出现哮喘，应与支气管哮喘相鉴别，后者有发作性呼吸困难、呼气费力、喘鸣及满肺哮鸣音及端坐呼吸等症状和体征。

（三）消化性溃疡相关知识

消化性溃疡简称溃疡病，是指发生在胃与十二指肠的慢性溃疡。因溃疡的形成和胃酸、胃蛋白酶的消化作用有关，故称为消化性溃疡。

消化性溃疡发生在与胃酸接触的部位，如胃和十二指肠，也可发生于食管下段，胃空肠吻合口附近。约95%～99%的消化溃疡发生在胃或十二指肠，故又分别称为胃溃疡或十二指肠溃疡。

目前认为消化性溃疡是一种多病因疾病，是对胃、肠黏膜有损害作用的侵袭因素与黏膜自身防御-修复因素之间失去平衡的结果。不同患者之间的病因、发病机制可能并不相同，只是临床表现相似而已。

1. 病因和发病机制

（1）幽门螺旋杆菌感染　是引起消化性溃疡的主要原因。幽门螺旋杆菌感染改变了黏膜侵袭因素与防御因素之间的平衡，幽门螺旋杆菌凭借毒力因子的作用在胃黏膜定植，诱发局部炎症和免疫反应，损害黏膜的防御和修复机制；同时幽门螺旋杆菌的感染可增加促胃液素和胃酸的分泌，增强了侵袭因素。这两方面的协同作用造成了胃、十二指肠黏膜损害和溃疡形成。

（2）胃酸和胃蛋白酶　消化性溃疡的最终形成是由于胃酸及胃蛋白酶自身消化所致。主细胞分泌的胃蛋白酶原经盐酸激活转化而成胃蛋白酶，胃蛋白酶可降解蛋白质分子，对黏膜有侵袭作用。但由于胃蛋白酶原激活需要盐酸，而且胃蛋白酶活性是 pH 依赖性的，因此消化性溃疡的发病机制主要是胃酸的作用。

（3）药物因素　非甾体抗炎药、糖皮质激素等，能刺激胃肠道产生盐酸，增加侵害。

（4）应激和心理因素　可通过迷走神经机制影响胃及十二指肠分泌、运动和黏膜血流的调控。

（5）其他　遗传因素、吸烟、酒、浓茶、咖啡、高盐饮食、病毒感染等。

2. 鉴别诊断

（1）胃及十二指肠溃疡的一般鉴别

① 胃溃疡的腹痛多在饭后半小时至 2 小时出现，至下一餐前消失，午夜痛极罕见。

② 十二指肠溃疡的疼痛为空腹痛，多在晨起或早饭后 2～3 小时开始，午饭后缓解，下午 15～16 时又痛，晚饭后缓解。疼痛也可发生于睡前或午夜，称为夜间痛。

（2）与恶性溃疡（胃癌）的鉴别　胃良性溃疡与恶性溃疡的鉴别十分重要，但两者的鉴别有时比较困难。胃良性溃疡与恶性溃疡的临床表现要点见表 3-0-5。

表 3-0-5　胃良性溃疡与恶性溃疡的临床表现要点

患者情况	良性溃疡	恶性溃疡
年龄	青中年居多	多见于中年以上
病史	周期性间歇发作	进行性持续性发展
病程	较长，多以年计	较短，多以月计
全身表现	轻	多明显，消瘦显著
制酸药	可缓解腹痛	效果不佳

以下情况应当特别重视：①中老年人近期内出现中上腹痛，出血或贫血；②胃溃疡患者的临床表现发生明显变化或抗溃疡药物治疗无效；③胃溃疡活检病理有肠化生或不典型增生者。临床上，对胃溃疡患者应在内科积极治疗下，定期进行内镜检查随访，密切观察，直到溃疡愈合。

（3）与慢性胃炎的鉴别　慢性胃炎亦有慢性上腹部不适或疼痛，其症状可类似消化性溃疡。但发作的周期性与节律性一般不典型。胃镜检查是主要的鉴别方法。

（4）与胃神经官能症的鉴别　胃神经官能症可有上腹部不适，恶心呕吐，或者酷似消化性溃疡。但常伴有明显的全身神经官能症状，情绪波动与发病有密切关系，内镜检查与 X 线检查未发现明显异常。

（5）与胆囊炎胆石病的鉴别　胆囊炎胆石病多见于中年女性，常呈间隙性、发作性右上腹痛。常放射到右肩胛区，可有胆绞痛、发热、黄疸。进食油腻食物常可诱发。B 超检查可以做出诊断。

（6）与胃泌素瘤的鉴别　胃泌素瘤（又称 Zollinger-Ellison 综合征），有顽固性多发性溃疡，或有异位性溃疡。胃全切除术后容易复发，多伴有腹泻和明显消瘦，患者胰腺有非 β 细胞瘤或胃窦 G 细胞增生。血清胃泌素水平增高，胃液和胃酸分泌显著增多。

（四）皮肤疾病相关知识

1. 常见皮肤病的种类

① 斑　患处皮肤色素改变导致的颜色异常。常见的有白斑、黄褐斑（肝斑）、外阴白斑。

② 疮　疮是多种原因引起的化脓性皮肤病，表现为皮肤红肿、溃烂、流脓等。常见的

有疥疮、褥疮（压迫性溃疡）、寻常痤疮（青春痘）、系统性红斑狼疮。

③ 瘤　瘤是异常增生的细胞形成的病理性组织。近皮肤的有血管瘤、脂肪瘤等。

④ 癣　癣是由真菌（即霉菌）引起的皮肤病。癣分为头癣、体癣、手癣、脚癣、甲癣、股癣。

⑤ 疣　疣是由人类乳头瘤病毒（HPV）所引起的表皮良性赘生物。常见的有寻常疣、传染性软疣、扁平疣。

⑥ 炎　常见的皮炎有接触性皮炎、神经性皮炎、急性蜂窝组织炎、急性淋巴管炎。

⑦ 疹　由自身免疫因素或由病毒引起的皮肤炎性损害。常见的有荨麻疹、湿疹、带状疱疹、多型性日光疹、玫瑰糠疹、固定药疹。

⑧ 肿　脓肿、皮肤囊肿、血管性水肿。

⑨ 其他　痱子、脓疱病、鸡眼、银屑病、白癜风、疖与疖病、色素痣、皮肤癌、丹毒、斑秃。

2. 癣症简介

癣是由真菌（即霉菌）引起的皮肤病。致病的真菌分为两类：一是浅部真菌，主要侵犯毛发、皮肤、指甲，俗称癣病，如头癣、体癣、股癣、手足癣、花斑癣等；二是侵犯皮下组织及内脏的真菌，所引起的疾病称为深部真菌病。癣病好发于夏季，接触患癣的人或动物及公用生活用具，均可发生传染，而且与人体的抵抗力有较密切的关系。

（1）体癣　除头皮、手足外，皮肤上的癣皆称为体癣。发生于大腿根部的癣则称为股癣。体癣表现为红斑丘疹、水疱，呈环状或钱币状。边缘鲜明，略微高出皮肤表面，有中心愈合面向外扩张的倾向，有瘙痒感。

保持皮肤清洁干燥，是防治癣病的基本要求。尽量分开生活用具是预防癣病传染的重要措施。治疗体癣时，若有手足癣、指甲癣，必须同时治疗，否则不能根除。内衣煮沸消毒也是治疗体癣的重要措施。一般不需要服药。若体癣广泛者，可服灰黄霉素或酮康唑，3～4周为一疗程。外搽复方雷琐辛液、复方苯甲酸液，或外搽咪康唑软膏、克霉唑软膏，皆有较好的疗效。

（2）手足癣　最为常见。手癣俗称"鹅掌疯"，足癣又称"香港脚"。手足癣的发病与手足多汗、鞋不透气等有关。主要表现为水疱、糜烂、脱皮，局部有剧烈瘙痒。皮肤破后可引起细菌继发感染及淋巴管炎、丹毒等。

预防手足癣，应严格注意个人卫生，保持手足清洁干燥。尽量不用公用的浴盆、毛巾、拖鞋等。治疗手足癣，通常以外用药为主，可用水杨酸、鞣酸各2g，溶解在水内，浸泡手足部，每天1次，每次15分钟，5～10次为一疗程；或用10％冰醋酸浸泡手足，然后擦干。外搽复方苯甲酸软膏或咪康唑软膏也有一定效果。如果已发生细菌继发感染，可用抗生素治疗。为了消灭鞋内的真菌，可用40％福尔马林棉球1～2个，用塑料纸包好放在鞋内过夜。

（3）指甲癣、趾甲癣　多继发于手足癣，所以要与手足癣同时治疗。治疗方法是将病指（趾）甲削除后，外搽35％冰醋酸溶液。因指（趾）甲生长缓慢，故治疗甲癣需持之以恒，至少要用药3个月以上才能有效。

（4）花斑癣　又称汗斑。是由花斑癣菌引起的。表现为黄豆大小的圆形斑疹，略带灰色，好发于颈、胸、背部，其病情夏天重、冬天轻。

防治花斑癣要注意个人卫生，病人的衬衫、裤子、被单等都要煮沸消毒。可用复方雷琐辛溶液，或40％硫代硫酸钠溶液外搽。

3. 皮疹简介

皮疹是一种皮肤病变。从单纯的皮肤颜色改变到皮肤表面隆起或发生水疱等有多种多样的表现形式。皮疹的种类包括斑和丘疹。

（1）斑　皮肤上不隆起的，叫做斑。斑有多种表现，由于血管扩张而发红的红斑（猩红热、麻疹、药疹等）、发生皮下出血的紫斑等。紫斑又分为小型的直径在5mm以下的点状出血或称淤点，直径在5mm以上的淤血斑或称紫癜。这些斑疹，常由红色或紫色再变为褐色、黄色，直至最后消失。从发疹到消失，有的要2周，有的只要2~3天。

皮肤色素增多改变颜色者，叫做色素斑。和色素斑相反，皮肤变白者叫做白斑，其代表是白癜风（寻常性白斑）。

（2）丘疹　皮肤表面隆起的，一般叫做丘疹，粗大的叫做结节，皮肤中有透明液体的叫做水疱，液体黄浊者叫做脓疱。

皮疹是各类皮肤损害的统称，大致包括以下几种。

① 斑疹　是与皮肤齐平、具有界限性的皮肤色泽改变。如斑疹的发生是由于发炎充血，则呈红色，压之退色，见于伤寒、麻疹、药疹等；如由于出血所引起，虽也为红色，但压之不退色，见于斑疹伤寒、流行性脑脊髓膜炎、细菌性心内膜炎、流行性出血热、白血病等。

② 丘疹　是高于皮肤的界限性隆起。丘疹的大小、形状、颜色、硬度均不一致，其顶面或平、或尖、或呈脐形。丘疹可发展为水疱、脓疱或溃疡，见于天花、水痘发展的一个阶段或多种皮肤病。

③ 水疱　是高于皮面，内有空隙，具有界限性的隆起，内含清晰或浑浊的浆液，见于水痘、冻伤、烧伤或某些皮肤病。

④ 脓疱　是含有脓液的水疱，多由水疱并发感染所致。

⑤ 荨麻疹（风团）　是暂时性水肿性皮肤隆起，顶面齐同，常伴有瘙痒和灼热感。通常突然发生，经过数十分钟或数小时后即迅速消失。可见于荨麻疹、急性血吸虫病及其他过敏反应。

⑥ 结节　结节是位于皮下组织的硬结性损害。初起时仅能触及，而未能看见。在发展过程中逐渐高于皮面，小如黄豆，大可如胡桃，其颜色、硬度、形态也不完全一致，可以发展为溃疡，也可完全吸收不留痕迹。可以为炎症性（如梅毒瘤、结节性红斑），也可为非炎症性（如亚性网状细胞病）。

（五）五官科疾病相关知识

1．睑腺炎

又称麦粒肿，系指睑腺急性化脓性炎症，临床以疼痛、肿胀、多泪为其特点。

按其发病部位分外睑腺炎与内睑腺炎，中医称针眼、土疖。睑腺炎是常见的眼睑腺体的细菌性感染。如果是睫毛毛囊或其附属的皮脂腺或变态汗腺感染，称为外睑腺炎，以往称为麦粒肿；如果是睑板腺感染，称为内睑腺炎。

在儿童、老年人或患有糖尿病等慢性消耗性疾病的体弱、抵抗力差的患者中，睑腺炎可在眼睑皮下组织扩散，发展为眼睑蜂窝织炎。此时整个眼睑红肿，可波及同侧面部。眼睑不能睁开，触之坚硬，压痛明显，球结膜反应性水肿剧烈，可暴露于睑裂之外。可伴有发热、寒战、头痛等全身症状。

预防和保养：①建议补充维生素A和维生素C。②进食清淡饮食，多吃新鲜水果、蔬菜，保持大便通畅。③避免眼睛接触化妆品、脏毛巾或污染的手是非常重要的。④为防止污染在家庭成员中传播，保证使用清洁加压处置的衣服，不共用浴衣和毛巾，注意眼部卫生，增强体质。

2．"红眼病"

是传染性结膜炎的俗称，又叫暴发火眼，是一种急性传染性眼炎。根据不同的致病原因，可分为细菌性结膜炎和病毒性结膜炎两类，其临床症状相似。本病全年均可发生，以春夏季节多见。

红眼病是通过接触传染的眼病，如接触患者用过的毛巾、洗脸用具、水龙头、门把、游泳池的水、公用的玩具等。因此，本病常在幼儿园、学校、医院、工厂等集体单位广泛传播，造成暴发流行。

（1）"红眼病"症状　多是双眼先后发病。患病早期，病人感到双眼发烫、烧灼、畏光、眼红，自觉眼睛磨痛，像进入沙子般地滚痛难忍，紧接着眼皮红肿、眼眵多、怕光、流泪，早晨起床时，眼皮常被分泌物粘住，不易睁开。有的病人结膜上出现小出血点或出血斑，分泌物呈黏液脓性，有时在睑结膜表面形成一层灰白色假膜，角膜边缘可有灰白色浸润点，严重的可伴有头痛、发热、疲劳、耳前淋巴结肿大等全身症状。要积极治疗，一般要求及时、彻底、坚持，一经发现，立即治疗，不要中断，症状完全消失后仍要继续治疗1周时间，以防复发。

（2）"红眼病"治疗　可冲洗眼睛，在患眼分泌物较多时，宜用适当的冲洗剂如生理盐水或2%硼酸水冲洗结膜囊，每日2～3次，并用消毒棉签擦净睑缘。也可对患眼点眼药水或涂眼药膏。如为细菌性感染，可根据检查出的菌种选择最有效的抗生素眼药水滴眼，根据病情轻重，每2～3小时或每小时点眼药1次。常用眼药水有10%～20%磺胺醋酰钠、0.3%诺氟沙星、0.25%氯霉素眼药水等，晚上睡前可涂抗生素眼膏，如环丙沙星、金霉素或四环素眼药膏。每次点药前需将分泌物擦洗干净，以提高疗效。

3. 慢性鼻炎

黏膜和黏膜下层的慢性炎症。表现为鼻黏膜的慢性充血肿胀，称慢性单纯性鼻炎。若发展为鼻黏膜和鼻甲骨的增生肥厚，称慢性肥厚性鼻炎。

（1）局部病因

① 急性鼻炎反复发作或治疗不彻底而演变成慢性鼻炎。

② 由于邻近的慢性炎症长期刺激或畸形，致鼻发生通气不畅或引流阻塞，如慢性鼻窦炎、鼻中隔偏曲、慢性扁桃体炎或腺样体肥大等。

③ 鼻腔用药不当或过量过久，形成药物性鼻炎，常见于久用滴鼻净之后。

（2）全身病因

① 长期慢性疾病，如内分泌失调、长期便秘、肾脏病和心血管疾病等，而致鼻黏膜长期或屡发性充血或瘀血。

② 维生素缺乏，如维生素A或维生素C。

③ 烟酒过度可影响鼻黏膜血管收缩而发生障碍。

④ 长期服用利舍平等降压药物，可引起鼻腔血管扩张而产生似鼻炎的症状。

（3）环境因素　在有水泥、烟草、煤尘、面粉或化学物质等环境中的工作者，鼻黏膜受到物理和化学因子的刺激与损害，可造成慢性鼻炎。温度和湿度急剧变化的环境，如炼钢、冷冻、烘熔等车间工人，也较易发生此病。

治疗原则是消炎消肿，通气引流和尽量维护鼻黏膜的生理功能，同时要注意对病因的处理。

4. 中耳炎

是孩子发生耳痛的一种常见病因，常发生于8岁以下儿童。它经常是普通感冒或咽喉感染等上呼吸道感染所引发的疼痛并发症。急性中耳炎是中耳黏膜的急性化脓性炎症，由咽鼓管途径感染最多见。感冒后咽部、鼻部的炎症向咽鼓管蔓延，咽鼓管咽口及管腔黏膜出现充血、肿胀，纤毛运动发生障碍，致病菌乘虚侵入中耳，引起中耳炎。常见的致病菌主要是肺炎球菌、流感嗜血杆菌等，因此预防感冒就能减少中耳炎发病的机会。

5. 慢性咽炎

是指咽部黏膜、黏膜下及淋巴组织的弥漫性炎症。病程较长，症状顽固而不易治愈，主要病变多发生于中年人。发生原因是急性喉炎治疗不够彻底而反复发作转为慢性，或因慢性鼻炎、鼻窦炎，以及物理、化学等因素经常刺激咽部所致。全身性各种疾病，如贫血、呼吸道慢性炎症、心血管病等也可继发本病。主要表现为咽部有异物感，分泌物增多且黏稠，说话过多或天气变化，或因过食烟酒酸辣刺激性食物而加重。

6. 口腔溃疡

俗称"口疮"，是发生在口腔黏膜上的表浅性溃疡，大小可从米粒至黄豆大小，呈圆形或卵圆形，溃疡面为凹，周围充血，可因刺激性食物引发疼痛。一般1～2周可以自愈。口腔溃疡成周期性反复发生，医学上称"复发性口腔溃疡"。可一年发病数次，也可以一个月发病几次，甚至新旧病变交替出现。

（六）解热镇痛类药物使用常识

发热是人体的一种保护性反应，当体温升高时，人体内的吞噬细胞活性增强，抗体的产生增多，有利于炎症的修复，并使大部分致病菌失去了最佳生长温度，有利于预防进一步感染。但另一方面，发热会使体力消耗，感觉不适，影响休息甚至可引起惊厥等并发症。解热镇痛药是一类具有解热镇痛作用，而且大多具有抗炎、抗风湿作用的药物。药物种类及复方较多。临床上一般用于以下几个方面。

（1）**解热** 解热镇痛药用于感冒或其他因素引起的发热的对症治疗。但年老体弱者在高热骤然降下时，有可能出汗过多引起虚脱，故应严格掌握用量，避免滥用。

（2）**镇痛** 用于头痛、神经痛、牙痛、关节痛、肌肉痛、月经痛等慢性钝痛。

（3）**抗炎、抗风湿** 除苯胺类以外，其他解热镇痛类药物均有抗炎、抗风湿作用，主要用于炎症性疼痛及风湿热、急性风湿性关节炎和类风湿性关节炎等。

（4）**较小剂量的阿司匹林** 临床用以预防和减轻动脉粥样硬化，预防心肌梗死和手术后血栓形成等。

（七）补益类非处方药相关知识

1. 营养缺乏症的相关概念

营养缺乏症的病因有原发性和继发性两类。原发性病因指单纯摄入不足，可以是综合性的各种营养素摄入不足，也可以是个别营养素摄入不足，而以前者为多见。继发性病因指由于其他疾病过程而引起的营养素不足，除摄入不足外，还包括消化、吸收、利用、需要等因素的影响。营养缺乏包括维生素缺乏、蛋白质缺乏、微量元素缺乏等。

营养不良主要是指蛋白质-能量营养不良。以能量不足为主者常表现为皮下脂肪菲薄、骨骼肌和内脏器官显著萎缩；以蛋白质缺乏为主而能量尚能适当机体需要者则以水肿为主。两者兼有则为混合型。

食物供应不足的情况，我国已显著改善，故现今营养不良和消瘦多为继发性。厌食症属于精神性疾病，其中一大部分为减肥欲求苗条者，由于方法不当及观念上的偏差，对进食产生厌恶，久之变为无食欲或食欲显著减退。

引起营养不良及消瘦的原因颇多，从进食、消化吸收不良、丢失过多致分解代谢加速等均可引起。在生长发育期、妊娠期、哺乳期和老年期易发。

2. 营养不良与消瘦的防治要点

（1）要有正确的摄食观，减肥的方法、目标需得当。

（2）进食要讲究科学，饮食结构要合理、全面和比例得当。营养的概念是全面、均衡和适当，偏食也引起某些营养成分的不良。

（3）老年期、妊娠期、哺乳期和生长发育期应适当加强营养，以求供求平衡。

（4）纠正影响营养不良的疾病，如消化吸收不良、分解代谢加速和蛋白质丢失性疾病。

（5）无器质性原因的神经性厌食是造成营养不良和消瘦的重要和常见原因，需要积极预防和治疗。神经性厌食多见于有神经质倾向的女性，以中青年为主，大多为了追求"苗条"而不适当地限制饮食，久而久之，遂引起食欲明显减退，进而造成营养不良及消瘦。应对广大群众进行合理营养的教育，保证每天必需的营养成分摄入。有心理障碍者可通过心理咨询予以解决。食欲过度低下者可在医生指导下进行适量胰岛素注射以提高其食欲。

3. 几种常见营养保健品

① 脑白金口服液　称褪黑激素，是人体不可缺少的一种激素，能摄取补充足够的黑激素，可以改善内分泌系统的功能，提高免疫能力；增强人体组织抗紧张、抗氧化的功能；改善失眠，减缓人体老化的速度。

② 太太美容口服液　祛黄褐斑，改善皮肤水分。

③ 汇仁肾宝（肾宝合剂）调和阴阳，温阳补肾，安神固精，扶正固本。用于阳痿、遗精、腰腿酸痛、精神不振、夜尿频多、畏寒怕冷，妇女月经过多、白带清稀诸症。

④ 黄金搭档　能使人体内维生素和矿物质充足、平衡，能改善人体代谢和免疫功能；保障儿童青少年体格和智力正常发育；维持成年女性皮肤及生理健康；增进中老年人对疾病的抵抗力。

⑤ 大豆卵磷脂软胶囊　用于高血脂、高血压、高胆固醇等心脑血管疾病的预防治疗；并能改善记忆力，预防老年痴呆、神经衰弱；活化肌肤细胞，预防老年斑，改善更年期综合征；保护肝脏，排毒，预防胆结石；延缓衰老，减肥美容。

其主要成分是卵磷脂，卵磷脂被誉为与蛋白质、维生素并列的"第三营养素"，人类生命自始至终都离不开它的滋养和保护。它存在于每个细胞中，更多的是集中在脑及神经系统、血液循环系统、免疫系统以及肝、心、肾等重要器官。所以卵磷脂早已被欧美科学家誉为"血管的清道夫"、"肝脏的保护神"、"脑的食物"。

⑥ 安神补脑口服液　可生精补髓，益气养心，健脑安神。可用于思虑过度、劳伤心脾，见心悸怔忡、失眠多梦、健忘、头晕、乏力等症者。

⑦ 冬虫夏草胶囊　增强机体的免疫力，平喘及祛痰作用，防治心脑血管疾病、降血糖、降血压、改善心肌缺血、抗心律失常作用，缓解阳痿、早泄、腰膝酸软、盗汗、乏力等症，强身延年，延缓衰老。

其主要成分是冬虫夏草，又称冬虫草、虫草，它是麦角菌科真菌冬虫夏草的全株，为寄生在幼虫蛾科昆虫幼虫上的子座及幼虫尸体的复合体。冬虫夏草主要生长于高海拔的森林草甸或草原上，由于土质的缘故，森林草甸上的冬虫夏草颜色以暗黄棕色为主，草原上的冬虫夏草则以黄棕色为主。前者以四川、云南、甘肃产为多，后者以西藏、青海产为多。

冬虫夏草是一种传统的名贵滋补中药材，与天然人参、鹿茸并列为三大滋补品。它药性温和，一年四季均可食用，老、少、病、弱、虚者皆宜，比其他种类的滋补品有更广泛的药用价值。

⑧ 螺旋藻胶囊　降低胆固醇和血脂，抗癌，减肥，养胃护胃，治疗贫血及微量元素缺乏，护肝，增进免疫，调整代谢机能。

其主要成分螺旋藻含有大量的 γ-亚麻酸，这是一种人体必需的不饱和脂肪酸，是健脑益智、清除血脂、调节血压、降低胆固醇的理想物质。螺旋藻中的螺旋藻多糖具有抗辐射损伤和改善放疗、化疗引起的副反应作用，因此对肿瘤患者是食疗佳品。螺旋藻中叶绿素含量极为丰富，是普通蔬菜含量的10倍以上，对促进人体消化、中和血液中毒素及改善过敏体质、消除内脏炎症等都有积极作用。螺旋藻中脂肪含量只有5%，且不含胆固醇，可使人体在补充必要蛋白时避免摄入过多热量。

经国内外大量科研试验证明，螺旋藻在降低胆固醇和血脂、抗癌、减肥、养胃护胃、治疗贫血及微量元素缺乏、护肝、增进免疫、调整代谢机能等方面都有积极作用，被联合国粮食与农业组织和联合国世界食品协会推荐为"二十一世纪最理想的食品"。

⑨ 西洋参软胶囊　抗疲劳，抗缺氧，可强化中枢神经，安定身心，消除疲劳，增加耐力，提高运动员成绩，抗心肌缺血，抗心律失常，强化心脏，增强心脏活动功能，抗氧化，延缓衰老。

⑩ 海狗油　壮阳滋阴，补肾益肝，补血益气，养颜美肤，强筋壮骨。

（八）维生素及矿物质相关知识

1. 维生素及矿物质缺乏症的概念

维生素与矿物质是人类维持生命与健康、促进生长发育所必需的微量元素，它们是组成人体的重要物质，如缺乏或不足，则可产生一系列疾病。

2. 维生素、矿物质缺乏有哪些症状

常见的症状是维生素A、维生素D、维生素E、维生素K、维生素B_1、维生素B_2、维生素B_6、维生素B_{12}、烟酸、烟酰胺、叶酸等缺乏而引发的疾病，如夜盲、舌炎、口腔炎、阴囊炎、周围神经炎、脚气病、食欲不振、消化不良、坏血病、佝偻病，甚至影响生长发育。

矿物质是维持人体正常生命活动所必需的物质，有些矿物质为酶的组成部分，能调节多种生理功能。人体中钙、磷、钾、镁、硫、氯化物等含量较大，称常量元素；铜、氟、碘、铁、锌、铬、硒、锰、钼、镍、钴、锡、铅、硅等含量甚微，称微量元素。常量元素是构成人体骨骼和牙齿的重要成分，可维持体液平衡、细胞正常活动和神经肌肉兴奋性，如缺乏钙则易引起老年人和妇女骨质疏松，腰、腿、膝酸痛；微量元素对激素、细胞膜起激活和稳定作用，如锌缺乏可引起味觉、嗅觉失常，食欲不振和儿童生长发育不良等，碘缺乏可引起甲状腺肿大，铁缺乏可引起缺铁性贫血。维生素与矿物质的生理作用及缺乏症汇总见表3-0-6。

表3-0-6　维生素与矿物质的生理作用及缺乏症汇总

名　称	作　用	缺乏后果
维生素A	(1) 防止眼睛疲劳，视力下降，保持眼睛健康； (2) 使头发、皮肤和指甲保持健康状态； (3) 对于癌症有预防作用； (4) 促进动物生长与骨骼发育； (5) 维持正常免疫、抗氧化功能	可引起皮肤干燥、毛囊角化、呼吸道感染、眼睛畏光、多泪、视物模糊，以及生长停滞、夜盲症、眼干等
维生素D	(1) 骨骼正常发育的重要物质； (2) 调节钙磷代谢； (3) 调节免疫功能	多汗，儿童可患佝偻病，成人易发生骨质软化或骨质疏松症
维生素E（生育酚）	(1) 有预防凝血、抗癌功效； (2) 降低患Ⅱ型糖尿病的危险性； (3) 有较强抗氧化能力，防止衰老； (4) 能使末梢神经的毛细血管充分扩张，使胃寒证和肩酸患者的症状有极大改善； (5) 与精子生成和生殖功能有关； (6) 保护皮肤，增强肝的解毒功能	可出现四肢乏力、易出汗、皮肤干燥、头发分叉、妇女痛经等症状；可能导致红血球破坏的溶血现象和贫血；缺乏活力，可因氧化而提早衰老

续表

名称	作用	缺乏后果
维生素 B_1（硫胺素）	(1) 防止铅中毒，维生素 B_1 可和铅形成维生素 B_1-铅复合物而排出体外； (2) 可以消除疲劳，能加速分解"乳酸"之类的致疲劳物质； (3) 可以防止老年痴呆症，可使脑内神经传递物质保持正常功能	脚气病
维生素 B_2（核黄素）	(1) 减轻眼睛的疲劳，与维生素 C 和维生素 E 合用，防止及治疗白内障； (2) 维持皮肤的健康，被称为"美容维生素"，同样对指甲、头发的健康也起作用； (3) 参与能量代谢，具有"辅酶"功能，保证糖类、脂肪、蛋白质等所有能量代谢能顺利进行、促进生长； (4) 与机体的抗氧化防御体系密切相关，因此有抗氧化作用、防止动脉硬化	可引起口腔溃疡、溢脂性皮炎和眼睛不适；可引起贫血，并影响生长发育
维生素 B_3（烟酸）	帮助碳水化合物、脂肪和蛋白质释放能量，维持皮肤健康，参与血糖控制	癞皮病、皮肤炎、腹泻与痴呆症
维生素 B_5（泛酸）	(1) 参与脂肪、糖类、蛋白质转化为能量的过程，还是维生素 A 形成所必需的物质； (2) 参与制造神经传递物质，增强记忆； (3) 具有调整胆固醇的作用； (4) 与叶酸和维生素 B_6 一起产生抗体，能与感冒及流行性感冒等病原体作战	新陈代谢异常，消化道功能障碍，疲劳、软弱，运动功能失调等
维生素 C	(1) 防止坏血症； (2) 形成胶原蛋白的重要成分； (3) 增强免疫力，防癌； (4) 使皮肤有美白效果； (5) 预防白内障，提高男性生殖力，利尿	坏血病，骨质脆弱
叶酸	维持细胞的遗传基因，调节细胞的分裂	贫血、舌炎，胃肠功能紊乱，生长发育不良等
钙	(1) 形成强壮的骨骼和牙齿； (2) 减少铝在体内积聚； (3) 有助于神经系统正常运作及受伤后血液凝固； (4) 有助于肌肉收缩与扩张，并帮助调节心跳	婴幼儿缺钙会导致佝偻病；青年人及中老年人缺钙容易患上骨质疏松症
铁	(1) 参与血红蛋白、肌红蛋白、细胞色素及许多酶的合成； (2) 参与新陈代谢，提高抵抗力	导致贫血，特别是婴幼儿、孕妇及乳母，容易出现疲劳、烦躁、抵抗力低下
锌	(1) 维持皮肤、骨骼和性器官的正常发育； (2) 维持维生素 A 的正常代谢； (3) 维持正常味觉功能； (4) 促进伤口愈合，维护免疫功能	食欲不振、生长停滞、味觉减退、性发育受阻、创伤愈合不良及皮炎
硒	(1) 抗氧化能力； (2) 抗金属毒能力； (3) 促进免疫球蛋白及抗体生成	免疫功能退化、衰老

3. 各类维生素和矿物质在食物中的分布（见表 3-0-7）

表 3-0-7 各类维生素和矿物质在食物中分布一览表

种类	主要食物来源
维生素 A（视黄醇）	胡萝卜、绿叶蔬菜、蛋黄及肝
维生素 B_1（硫胺素）	糙米、豆类、牛奶、家禽
维生素 B_2（核黄素）	动物肝脏、瘦肉、酵母、大豆、米糠及绿叶蔬菜
维生素 B_3（烟酸）	绿叶蔬菜、肾、肝、蛋等
维生素 B_5（泛酸）	糙米、肝、蛋、肉
维生素 B_6	瘦肉、果仁、糙米、绿叶蔬菜、香蕉
维生素 B_{12}（钴胺素）	肝、肉、蛋、鱼、奶
维生素 C（抗坏血酸）	水果（特别是橙类）、绿色蔬菜、番茄、马铃薯

4. 中国居民膳食指南

（1）食物多样，谷类为主。

（2）多吃蔬菜、水果和薯类。

（3）常吃奶类、豆类及其制品。

（4）经常吃适量鱼、禽、蛋、瘦肉，少吃肥肉和荤油。

（5）吃清淡少盐的膳食。

（6）饮酒应限量。

（7）注意饮食卫生，不吃变质的食物。

八、相关法规和制度

1. 中华人民共和国药品管理法

第五十一条　药品生产企业、药品经营企业和医疗机构直接接触药品的工作人员，必须每年进行健康检查。患有传染病或者其他可能污染药品的疾病的，不得从事直接接触药品的工作。

第六十条　药品广告须以企业所在地省、自治区、直辖市人民政府药品监督管理部门批准，并发给药品广告批准文号；未取得药品广告批准文号的，不得发布。

处方药可以在国务院卫生行政部门和国务院药品监督管理部门共同指定的医学、药学专业刊物上介绍，但不得在大众传播媒介发布广告或者以其他方式进行以公众为对象的广告宣传。

第六十一条　药品广告的内容必须真实、合法，以国务院药品监督管理部门批准的说明书为准，不得含有虚假的内容。

药品广告不得含有不科学的表示功效的断言或者保证；不得利用国家机关、医药科研单位、学术机构或者专家、学者、医师、患者的名义和形象作证明。

非药品广告不得有涉及药品的宣传。

2. 药品经营质量管理规范实施细则

第五十五条　药品零售企业从事质量管理和药品检验工作的人员，应具有药师（含药师和中药师）以上的技术职称，或者具有中专（含）以上药学或相关专业的学历。

药品零售企业从事药品验收工作的人员以及营业员应具有高中（含）以上文化程度。如为初中文化程度，需具有 5 年以上从事药品经营工作的经历。

第五十六条　药品零售企业从事质量管理、药品检验和验收工作的人员以及营业员应经专业或岗位培训，并经地市级（含）以上药品监督管理部门考试合格，发给岗位合格证书后方可上岗。

第七十条　药品零售企业贮存药品，应按本细则第三十八条、三十九条、四十条、四十二条、四十五条进行。

对贮存中发现的有质量疑问的药品，不得摆上柜台销售，应及时通知质量管理机构或质量管理人员进行处理。

第七十一条　药品零售企业和药品零售连锁门店在营业店堂陈列药品时，除按《规范》第七十七条的要求外，还应做到：（一）陈列药品的货柜及橱窗应保持清洁和卫生，防止人为污染药品。（二）陈列药品应按品种、规格、剂型或用途分类整齐摆放，类别标签应放置准确、字迹清晰。（三）对陈列的药品应按月进行检查，发现质量问题要及时处理。

第七十二条　药品零售企业和药品零售连锁门店应按国家药品分类管理的有关规定销售

药品。

（一）营业时间内，应有执业药师或药师在岗，并佩戴标明姓名、执业药师或其技术职称等内容的胸卡。

（二）销售药品时应由执业药师或药师对处方进行审核并签字后，方可依据处方调配、销售药品。无医师开具的处方不得销售处方药。

（三）处方药不应采用开架自选的销售方式。

（四）非处方药可不凭处方出售。但如顾客要求，执业药师或药师应负责对药品的购买和使用进行指导。

（五）药品销售不得采用有奖销售、附赠药品或礼品销售等方式。

3. 非处方药与处方药的警示语

（1）非处方药：请仔细阅读药品使用说明书并按说明使用或在药师指导下购买和使用。

（2）处方药：凭处方销售、购买和使用。

4. 非处方药管理要求

（1）经营非处方药的批发企业及经营甲类非处方药的零售企业必须具有《药品经营许可证》。经省级药品监督管理部门或其授权的药品监督管理部门批准的其他商业企业可以零售乙类非处方药。

（2）普通企业销售乙类非处方药时，销售人员或有关管理人员必须经过当地地级、市级以上药品监督管理部门适当的药品管理法律、法规和专业知识培训、考核并持证上岗。

（3）普通企业销售乙类非处方药时，应设立专门货架或专柜。

（4）普通企业必须从合法的药品批发企业、药品生产企业采购乙类非处方药，并保存采购记录备查。

（5）销售乙类非处方药的普通商业连锁超市，其连锁总部必须具有与所经营药品和经营规模相适应的仓储条件，并配备一名以上药师以上技术职称的药学技术人员负责质量验收和日常质量管理工作。

（6）执业药师或药师应对病患者选购非处方药提供用药指导。

九、实训

（一）实训目标

（1）掌握药房常见症状的问病方法和技巧。

（2）掌握非处方药销售的基本程序和注意事项。

（二）实训准备

（1）模拟药房含药房必要设备。

（2）药品包装多种。

（3）同学做好必要的角色扮演（模拟药店营业员、患者）准备。

（三）实训内容（情景模拟）

1. 聆听患者主诉

有顾客（患者）前来咨询买药，主动招呼，热情大方接待，聆听患者主诉。

2. 患者主诉

可以抽选一个病例进行模拟售药。

① 患者为司机，最近工作紧张，过度疲劳，昨天又淋雨，现头痛、嗓子干、全身不舒服，前来咨询买药。

② 患者为学生，13岁，前几天患感冒，现感冒已基本好转，但出现频繁咳嗽，有痰。

③ 患者男性，45岁，经常出现胃部不舒服，上腹疼痛，还有些恶心、吐酸水，没有胃口，欲买胃药。

④ 患者女性，16岁，自觉双眼奇痒、畏光、流泪、有异物感，想买对症眼药水。

⑤ 患者男性，55岁，脚趾间糜烂、流黄水、刺痒难忍，怀疑是癣。

⑥ 患者男性，28岁，经常感到咽部干、疼、有异物感，多痰，热饮时咽疼，怀疑是咽炎，拟选消炎药。

⑦ 患者男性，24岁，全身风疹块，瘙痒难耐，自觉过敏，要求买一种抗过敏药。

⑧ 患者女性，27岁，最近反复出现打喷嚏、流清鼻涕、严重鼻痒、伴随眼睛发痒，请问是什么病，应吃什么药。

⑨ 患者女性，26岁，最近几天来自觉发热、周身无力，试体温常在37.5℃左右，希望买一种退烧药。

⑩ 患者男性，54岁，日常食欲不好、偏食、体质虚弱、不耐小劳，希望购买一些营养保健药品。

⑪ 患者男性，5岁，最近反复出现情绪变化、行为反常，请问是什么病，应吃什么药。

3. 根据抽签情景认真准备

① 疾病定义。

② 主要症状。

③ 问病要点。

④ 常用药品和拟推荐药品品种，推荐理由。

⑤ 拟推荐药品的不良反应和注意事项

⑥ 健康生活建议，提示就医。

4. 熟悉药品在柜台的位置

5. 操作

（1）每3人为一组，进行角色扮演。3人中，一人扮演顾客，另一人扮演门店员工负责推介，还有一人扮演导购。实训中3人的角色抽签决定实行轮换。

（2）抽签选情景，准备3分钟后进行演绎。具体过程详见非处方药的销售操作流程部分。

（3）表演时其余同学注意观察，表演完后讨论，指出其成功和不足之处，教师当场点评，打分，然后再进入下一组的表演。

（四）评分标准

（1）接待礼仪　迎接顾客时仪表端庄，仪态大方。10分。

（2）服务意识　问病时态度和蔼亲切，语言通俗，气氛融洽。10分。

（3）问病能力　问病要点清楚、全面。20分。

（4）疾病知识　疾病判断准确。10分。

（5）推荐药品　能准确说出所推荐西药非处方药和中成药非处方药的依据、不良反应和注意事项等。30分。

（6）售后　健康生活建议，提示就医。10分。

（7）过程质量　10分。

凡疾病判断错误、推荐药错误、推荐药之间有配伍禁忌等严重情况，均不评分，允许重新准备，最后表演。

（五）实训考核

非处方药销售实训考核表见表 3-0-8。

表 3-0-8　非处方药销售实训考核表

班级：　　　　　准考证号：　　　　　日期：　　　　　　　　　　　　　　总分：

考核项目	考核内容	满分	考核要点	评分标准	得分
接待礼仪	服装仪容仪表	10	（1）仪容整洁。要勤梳头，勤洗手，男员工要及时修面，保持脸部干净，清除体臭	4	
			（2）着装。营业时必须穿戴工作服，穿着整齐，服帖，并佩戴工牌，以利于顾客监督	3	
			（3）化妆清新，女性可适当淡妆（杜绝浓妆），店主管要注意自己的发型	3	
服务意识	态度语言	10	（1）态度和蔼亲切，给人以信任感	4	
			（2）迎候语： (例)"您好！您想看点什么？" "您好！欢迎您光临！"	2	
			（3）服务用语： (例)"这是您要的东西，请看一下。" "找零＊＊，请您点一下。"	2	
			（4）结束道别语： (例)"请多多关照。" "您慢走，祝您健康！"	2	
问病能力	根据症状，询问顾客，排除警告信号	20	问病内容恰当，没有多余的话	10	
			警告信号了解全面，提示正确	10	
疾病知识	疾病判断	10	疾病判断正确	10	
推荐药品	药品的介绍	30	熟悉药品类别	10	
			推荐药品正确，理由充分	10	
			正确提示推荐药品的不良反应	10	
			正确提示用药注意事项	10	
售后	售后提示	10	健康生活建议	4	
			提示正确的用法	3	
			提示就医	3	
过程质量	流畅性和灵活性	10	过程自然流畅，有一定的应变力	10	

（六）注意事项

（1）分组人数不宜太多。

（2）推介应由学生自行查阅相关资料或自找药品说明书以了解药品性能，组织恰当的推介词。教师应在查找资料的途径与方法、推介词的组织与编写、提问技巧等方面予以指导。

十、思考与练习

（一）接待顾客部分

1. 填空题

（1）医药商品是用于＿＿＿＿＿＿、＿＿＿＿＿＿特殊商品。

（2）销售药品的人员每天上岗前必须＿＿＿＿＿＿＿。

（3）引路时应注意走在客人左前方的＿＿＿＿＿＿至＿＿＿＿＿＿米处，并与客人的步伐＿＿＿＿＿＿。

2. 单项选择题

（1）开店时检查商品的重点为（　　）。
A. 全面盘点　　B. 检查商品的价格　　C. 检查商品的质量　　D. 检查清点，补货上架

（2）女性医药商品购销员为了表示对顾客的尊重可以（　　）。
A. 高浓度香水以吸引顾客　　　　B. 适度淡妆
C. 可以佩戴首饰和太阳眼镜　　　D. 不应有任何化妆

（3）已经有明确购买目标的顾客，适宜的接待方法是（　　）。
A. 马上接近，迅速成交　　　　　B. 任由其随意观赏
C. 不急于接触，随时准备接受招呼　D. 他一定会买，可以不加关注

（4）营业员需与其他顾客商量，让他们优先购买的顾客是（　　）。
A. 老顾客　　B. 急顾客　　C. "精"顾客　　D. 老人、孕妇等

（5）接待经验丰富、已有主张的顾客，可以（　　）。
A. 特别突出介绍药品应用注意事项
B. 热情使顾客接受你的建议
C. 让其自由挑选，不必多介绍
D. 认真负责帮助他们挑选，钱、货一一交代清楚

3. 多项选择题

（1）整理商品的同时，必须逐个检查标价签，要求做到（　　）。
A. 货价相符　　B. 标签齐全　　C. 上签下货　　D. 货签对位
E. 一签一价

（2）接待怀孕的顾客，要注意问清楚的是（　　）。
A. 药品是否本人服用　　　　B. 突出介绍对孕妇的影响
C. 突出介绍注意事项　　　　D. 怀孕多久了
E. 有无慢性疾病

4. 判断题

（1）因为GSP规范没有明确禁止，所以中药调剂、代客煎药等岗位工作人员可以佩戴饰物。（　　）
（2）当货架柜台陈列的商品出现缺档时应及时补货。（　　）
（3）对来随意看看的顾客因为他们肯定无购买意图，营业员不必要与其接触。（　　）
（4）接待急性子的顾客，营业员不能跟其着急，怕出错，应该从容地拿递药品，慢慢结账。（　　）
（5）小孩子来买药品，营业员要无微不至的关怀，满足其所有买药要求。（　　）
（6）销售非处方药前，必须对患者的疾病经过必要的询问和了解。（　　）

5. 问答题

（1）销售非处方药前必须做好哪些必要的准备工作？
（2）谈谈接待好光看不买药的顾客的意义。

（二）呼吸系统疾病药品销售部分

1. 填空题

（1）普通感冒的基本症状有_____、_____、_____、_____、_____。
（2）标本兼顾型抗感冒药物如感康，其主要特点是含有抗病毒药_____。
（3）对无明显的发热咳嗽的感冒患者，可以推荐_____、_____。

(4) 抗感冒复方化学药物中，能引起嗜睡副作用的是_____。
(5) 中医认为感冒的致病因素有风寒、风热、_____、_____。
(6) 风热感冒可以选用的中成药有：_____、_____、_____及桑菊感冒片等。
(7) 服用以双黄连口服液为代表的辛凉解表中成药，饮食中应该忌烟酒、生冷、_____、_____和油腻食物。
(8) 肺炎的症状特征是：_____、_____、体重有明显减轻。

2. 单项选择题
(1) 当鼻腔分泌物呈黏稠，黄绿色或有异味时，怀疑可能是（　　）。
A. 鼻腔有其他病变　　B. 流行性感冒　　C. 鼻窦炎　　D. 都不是
(2) 鼻塞流涕、发烧超过38℃，伴有肌肉酸痛则多属于（　　）。
A. 咽喉炎症　　B. 鼻窦炎　　C. 普通感冒　　D. 流行性感冒
(3) 伴有脓涕、颌面部胀痛、头痛或有高烧、衰弱等说明患者最可能的疾病是（　　）。
A. 咽喉炎症　　B. 普通感冒　　C. 鼻窦炎　　D. 流行性感冒
(4) 药房不宜直接将普通感冒药物推荐给年龄在（　　）岁以下的儿童患者。
A. 4岁　　B. 7岁　　C. 10岁　　D. 14岁
(5) 药房不宜向慢性疾病患者直接推荐感冒复方制剂，原因是（　　）。
A. 慢性疾病会影响感冒的愈合　　B. 慢性病人年龄偏大
C. 患者可能正在服用其他药物　　D. 感冒复方制剂会影响慢性疾病的愈合
(6) 如遇到驾驶员或登高作业者买感冒药，可以推荐（　　）。
A. 美息伪麻片（白加黑）　　B. 复方氨酚烷胺片（金刚胺酚片）
C. 复方盐酸伪麻黄碱缓释胶囊（新康泰克）　　D. 泰诺酚麻美敏片（泰诺）
(7) 中医认为风热感冒易发生在（　　）。
A. 冬季　　B. 春季　　C. 秋季　　D. 夏季
(8) 发热重、有汗、咽喉红肿疼痛、痰黏或黄、鼻塞黄涕属于（　　）。
A. 风寒感冒　　B. 暑湿感冒　　C. 秋燥感冒　　D. 风热感冒
(9) 下列（　　）药物可以用于暑湿感冒。
A. 感冒清热冲剂　　B. 午时茶颗粒　　C. 藿香正气丸　　D. 桑菊感冒片
(10) 当得知患者严重阵发性咳嗽或痰咳已持续（　　）天以上，必须劝其就医。
A. 5天　　B. 3天　　C. 7天　　D. 10天
(11) 病人稍有鼻塞，咳嗽厉害，痰量多，为黏液脓痰，胸骨后有灼痛，发热38℃，此人可能得了（　　）。
A. 流行性感冒　　B. 感冒
C. 肺炎球菌性肺炎　　D. 急性气管炎、支气管炎
(12) 病人咳嗽咳痰3个月，痰为白色黏痰，听诊正常，每年冬天病症加重，该病人可能得了（　　）病。
A. 风寒感冒　　B. 风热感冒　　C. 慢性支气管炎　　D. 急性支气管炎
(13) 支气管炎的一般治疗方法之一为（　　）。
A. 吃清淡的食物　　B. 注意个人清洁卫生
C. 防止寒冷空气吸入　　D. 按时吃饭
(14) 剧烈干咳可选用（　　）。
A. 喷托维林（咳必清）　　B. 溴己新

C. 乙酰半胱氨酸（痰易净） D. 氨茶碱

(15) 呼吸道炎症脓性黏痰不易咳出可选用（　　）。

A. 喷托维林（咳必清） B. 溴己新　　C. 乙酰半胱氨酸　　D. 沙丁胺醇

(16) 下列祛痰药的叙述错误项是（　　）。

A. 裂解痰中的黏多糖，使痰液变稀

B. 增加呼吸道分泌，稀释痰液

C. 部分从呼吸道黏膜排出形成高渗，使痰液变稀

D. 扩张支气管，使痰易咳出

(17) 溴己新可用于（　　）。

A. 治疗干咳 B. 白色黏痰不易咳出患者

C. 脓性黏痰不易咳出患者 D. 平喘

(18) 氨溴索（沐舒坦）等祛痰药可以增加阿莫西林治疗肺炎的疗效，原因是（　　）。

A. 增加阿莫西林在肺部的分布浓度 B. 增加阿莫西林的抗菌活性

C. 减少阿莫西林的分解破坏 D. 减少细菌对阿莫西林的耐药性

(19) 兼有中枢性和外周性双重镇咳作用的药品是（　　）。

A. 喷托维林（咳必清） B. 依普拉酮（易咳嗪）

C. 复方甘草合剂 D. 磷酸可待因

(20) 服药时必须整片吞下，不能嚼碎的药物是（　　）。

A. 氧氟沙星胶囊　　B. 喷托维林片　　C. 氨溴索　　D. 依普拉酮

3. 多项选择题

(1) 属于全能对症型药的药物是（　　）。

A. 氨酚伪麻美芬片（日片）/氨麻美敏片（夜片）（日夜百服宁）

B. 复方盐酸伪麻黄碱缓释胶囊（新康泰克）

C. 泰诺酚麻美敏片（泰诺）

D. 酚麻美敏片（新帕尔克）

E. 复方氨酚烷胺片（金刚胺酚片）

(2) 属于风寒感冒的症状是（　　）。

A. 头昏胀痛，鼻流浊涕 B. 无汗，鼻塞流清涕

C. 咳嗽，痰稀白 D. 口不渴，苔薄白

E. 头胀痛，有汗

(3) 不宜与泰诺合用的药物有（　　）。

A. 祛痰药　　B. 镇静、催眠药　　C. 抗感染药物　　D. 解热镇痛药

E. 抗组胺药

(4) 属于非成瘾性镇咳药的是（　　）。

A. 溴己新（必嗽平） B. 羧甲司坦

C. 依普拉酮（易咳嗪） D. 喷托维林（咳必清）

E. 磷酸可待因

(5) 接待以咳嗽多痰为主呼吸道感染症状的患者应该排除的警告信号是（　　）。

A. 严重阵发性咳嗽持续 5 天以上

B. 痰咳，有无如发热、咯血、呼吸困难、喘息等严重症状

C. 病人是否有如哮喘、高血压、心脏病等慢性病

D. 患者有常年吸烟的历史

E. 患者体重近期有明显的减轻

4. 判断题

（1）日夜区分型抗感冒药物，日（白）片的对症治疗作用不如夜（黑）片。（　　）

（2）感冒服药期间增加服用滋补性中成药，有利于疾病的加快恢复。（　　）

（3）服用双黄连口服液等中成药应该忌酒、烟及生冷、油腻食物。（　　）

（4）缓解有痰的咳嗽必须先化痰后止咳。（　　）

（5）复方甘草合剂等中成药复方制剂一般不会产生对药物的依赖性。（　　）

（6）咳嗽症状较重可以直接推荐抗感染药。（　　）

（7）细菌性急性支气管炎以咳嗽、多痰色白质清稀等症状为主要表现。（　　）

（8）泰诺（酚麻美敏片）适合于驾车或操作机器者使用。（　　）

（9）祛痰药能稀释痰液或使痰液裂解的方式使痰液黏性下降，易于咳出。（　　）

（10）氨溴索（沐舒坦）主要裂解黏蛋白为主，更加适应于裂解黄色脓性痰液。（　　）

（11）联邦止咳露仅作处方销售是因为含有具有成瘾性可待因。（　　）

（12）复方甘草合剂、急支糖浆等成药宜与抗胆碱药合用，可以防便秘、尿潴留等不良反应。（　　）

5. 问答题

（1）什么是警告信号？为什么药品销售前要先排除警告信号？

（2）如何区分普通感冒和流行性感冒，风热感冒和风寒感冒？

（3）谈谈急性支气管炎症的健康生活建议。

6. 分析题

患者：患者为司机，最近工作紧张，过度疲劳，昨天又淋雨，现头痛、嗓子干、全身不舒服，前来咨询买药。

店员：当购药者来到柜台前购买药时，首先应确认患者是谁？性别？年龄？职业？然后进一步询问。您有无发热？您的温度是多少度？若发热是否伴有头痛，嗓子干吗？什么原因导致出现病症等？

请分析这位患者患了什么病，可以用什么药物进行治疗。

（三）消化系统疾病药品销售部分

1. 填空题

（1）对急性胃肠炎的诊断首先需要的是＿＿＿＿＿＿。

（2）急性胃肠炎伴有的脱水症状表现为＿＿＿＿＿＿、＿＿＿＿＿＿、＿＿＿＿＿＿、＿＿＿＿＿＿等。

（3）服用广谱抗生素引起的肠道菌群失调也称＿＿＿＿＿＿。

（4）小檗碱（黄连素）对细菌具有弱的＿＿＿＿＿＿作用，对胃肠道又有＿＿＿＿＿＿、＿＿＿＿＿＿的作用。

（5）针对呕吐可以用的药物有＿＿＿＿＿＿、＿＿＿＿＿＿等，能促进胃排空，抑制恶心、呕吐，并能防止＿＿＿＿＿＿。

（6）典型的＿＿＿＿＿＿、＿＿＿＿＿＿上腹部疼痛是判断消化性溃疡的主要线索。

（7）三代 H_2 受体阻滞剂常用药物分别是＿＿＿＿＿＿、＿＿＿＿＿＿、＿＿＿＿＿＿。

（8）保护胃黏膜的药物能在胃内酸性环境中形成＿＿＿＿＿＿。

（9）根除＿＿＿＿＿＿是防止消化性溃疡复发的重要手段。

（10）复方氢氧化铝等铝盐和镁盐不宜与＿＿＿＿＿＿类药物合用。

（11）消化性溃疡的三联疗法指的药物是＿＿＿＿＿＿、＿＿＿＿＿＿、＿＿＿＿＿＿。

2. 单项选择题

(1) 成人连续腹泻持续（　　）小时以上，有脱水风险，应该尽快去医院。
A. 48　　　　　　B. 24　　　　　　C. 36　　　　　　D. 12

(2) 患者大便中带有脓血是（　　）的信号。
A. 急性肠炎　　　B. 菌痢　　　　　C. 胃出血　　　　D. 肠梗阻

(3) 外乡人来本地发生的腹泻俗称"水土不服"，是由于（　　）造成的。
A. 水质不卫生　　B. 气候不适应　　C. 胃肠道过敏　　D. 旅途劳顿

(4) 有缓解肠道痉挛作用药物是（　　）。
A. 铝碳酸镁　　　　　　　　　　　B. 氢溴酸山莨菪碱片
C. 蒙脱石散剂（肯特令）　　　　　D. 小檗碱（黄连素）

(5) 消化性溃疡患者面色苍白、头晕、疲乏无力说明伴有（　　）。
A. 中毒　　　　　B. 出血　　　　　C. 感染　　　　　D. 腹泻

(6) 不属于胃酸中和药的是（　　）。
A. 碳酸氢钠（小苏打）　　　　　　B. 碳酸钙
C. 氧化镁　　　　　　　　　　　　D. 奥美拉唑

(7) 可能导致便秘的药物有（　　）。
A. 氢氧化铝　　　B. 三硅酸镁　　　C. 氧化镁　　　　D. 碳酸氢钠

(8) 对于（　　）药物的片剂，建议嚼碎后温开水吞下。
A. 胃酸中和药　　B. H₂受体拮抗剂　C. 质子泵抑制剂　D. 保护胃黏膜药物

(9) 能促进胃壁黏液细胞产生黏液，具有主动防护作用的药物是（　　）。
A. 法莫替丁　　　B. 枸橼酸铋钾　　C. 米索前列醇　　D. 硫糖铝

(10) 枸橼酸铋钾颗粒的服用时间一般在（　　）。
A. 于三餐饭前半小时　　　　　　　B. 于三餐饭后半小时
C. 和饭同时　　　　　　　　　　　D. 饭后三刻钟

3. 多项选择题

(1) 消化道细菌感染可以服用的抗菌药有（　　）。
A. 盐酸小檗碱　　B. 环丙沙星　　　C. 诺氟沙星　　　D. 阿莫西林
E. 庆大霉素口服制剂

(2) 属于吸附性止泻药的有（　　）。
A. 诺氟沙星　　　B. 盐酸小檗碱　　C. 药用炭片　　　D. 洛哌丁胺
E. 蒙脱石散剂

(3) 属于庆大霉素口服制剂不良反应的有（　　）。
A. 耳鸣、听力减退　B. 肾损害　　　C. 食欲减退、口渴　D. 过敏
E. 眩晕

(4) 氢溴酸山莨菪碱片禁用或慎用于（　　）。
A. 严重心脏病　　B. 青光眼　　　　C. 支气管哮喘　　D. 前列腺炎症
E. 胆囊绞痛

(5) 能引起急性、重症腹痛的疾病是（　　）。
A. 胆囊炎症　　　B. 胰腺炎症　　　C. 肠道梗阻　　　D. 消化性溃疡
E. 阑尾炎

(6) 能中和胃酸又兼有保护胃黏膜作用的药是（　　）。
A. 氢氧化铝　　　B. 三硅酸镁　　　C. 氧化镁　　　　D. 碳酸氢钠

E. 碳酸钙

（7）质子泵抑制剂奥美拉唑的特点是（　　）。
A. 抑酸作用强大可靠　　　　　　B. 容易有耐受性
C. 维持时间长　　　　　　　　　D. 价格稍贵
E. 可以杀灭幽门螺旋杆菌

（8）消化性溃疡患者不适的食物有（　　）。
A. 大量洋葱　　B. 油炸食品　　C. 咖啡　　D. 浓茶

4. 判断题

（1）急性胃肠炎不论病情轻重，病人都需要进行药物治疗。（　　）

（2）腹泻和便秘交替出现，则是胃肠道功能紊乱或菌群失调症的表现。（　　）

（3）吸附性止泻药和盐酸小檗碱（黄连素）口服后易被胃肠道吸收，不良反应多见。（　　）

（4）环丙沙星不宜用于18岁以下青少年是因为会影响未成年人软骨发育。（　　）

（5）小檗碱（黄连素）对于非感染性腹泻或胃肠功能紊乱等与细菌无关的腹泻，也很有效。（　　）

（6）药物的副作用一般危害都不大。（　　）

（7）处方药应该按照说明书的要求来说明用法用量。（　　）

（8）急性胃肠炎症应多喝汽水或含较高糖分的饮料，以大量补充丢失的体液。（　　）

（9）雷尼替丁的作用是法莫替丁的6～10倍。（　　）

（10）精神紧张将会导致胃酸分泌减少。（　　）

5. 问答题

（1）请分析一下急性胃肠炎发生的原因。常用的药物有哪些？

（2）请分析一下消化性溃疡发生的原因。可推荐哪些药物？

（四）皮肤疾病药品销售部分

1. 填空题

（1）对皮肤病患者在听清楚其陈述后，方便的话必须_____。

（2）皮肤癣症患处的鳞屑易被刮除，称为"_____"，还可见筛状露水珠样的出血，称为"_____"。

（3）皮肤癣在用药方法上必须注意的是：_____、_____。

（4）曲安奈德是肾上腺素皮质激素类药，具有_____、_____作用。

（5）皮质功能亢进症，表现为_____、_____、_____、_____等症状。

（6）皮炎可选择的药物根据作用主要有3类：_____、_____、_____等。

2. 单项选择题

（1）麻疹的特点是（　　）。
A. 皮损呈对称性，常因搔抓而导致糜烂、渗出
B. 多发生在皮肤黏膜交界处，有局限性簇集性小疱
C. 疹块发作突然，并无一定位置
D. 皮损表面被覆多层银白色鳞屑，周围有轻度红晕

（2）湿疹的特点是（　　）。
A. 皮损呈对称性，常因搔抓而导致糜烂、渗出

B. 多发生在皮肤黏膜交界处，有局限性簇集性小疱

C. 疹块发作突然，并无一定位置

D. 皮损表面被覆多层银白色鳞屑，周围有轻度红晕

（3）单纯疱疹的特点是（　　）。

A. 皮损呈对称性，常因搔抓而导致糜烂、渗出

B. 多发生在皮肤黏膜交界处，有局限性簇集性小疱

C. 疹块发作突然，并无一定位置

D. 皮损表面被覆多层银白色鳞屑，周围有轻度红晕

（4）抗真菌霜剂是治疗皮肤癣症的主要外用药物，常和其配伍的药物是（　　）。

　　A. 抗细菌药　　　　B. 皮质激素类药物　　C. 止痒药　　　　D. 防腐促愈药

（5）复方土槿皮酊中的土槿皮具有（　　）。

　　A. 杀真菌作用　　　B. 抑制细菌作用　　　C. 止痒作用　　　D. 消毒防腐作用

（6）曲安奈德益康唑乳膏（派瑞松）禁用于（　　）。

　　A. 皮癣　　　　　　B. 湿疹　　　　　　　C. 水痘　　　　　D. 儿童

（7）盐酸特比萘芬搽剂疗程不得超过（　　）。

　　A. 1周　　　　　　B. 2周　　　　　　　C. 3周　　　　　D. 4周

（8）过敏性皮炎的特征是（　　）。

A. 好发四肢屈侧，扁平丘疹有瘙痒，表面干燥有鳞屑

B. 圆形或不定形的密集扁平丘疹，皮肤增厚边界清晰，无渗出倾向

C. 发生于头部、胸前、腋窝等部位，主要表现为黄红色或鲜红色斑

D. 有红斑、丘疹、水疱等，弥漫性潮红，渗出倾向，对称分布

（9）神经性皮炎的特征是（　　）。

A. 好发四肢屈侧，扁平丘疹有瘙痒，表面干燥有鳞屑

B. 圆形或不定形的密集扁平丘疹，皮肤增厚边界清晰，无渗出倾向

C. 发生于头部、胸前、腋窝等部位，主要表现为黄红色或鲜红色斑

D. 有红斑、丘疹、水疱等，弥漫性潮红，渗出倾向，对称分布

（10）脂溢性皮炎的特征是（　　）。

A. 好发四肢屈侧，扁平丘疹有瘙痒，表面干燥有鳞屑

B. 圆形或不定形的密集扁平丘疹，皮肤增厚边界清晰，无渗出倾向

C. 发生于头部、胸前、腋窝等部位，主要表现为黄红色或鲜红色斑

D. 有红斑、丘疹、水疱等，弥漫性潮红，渗出倾向，对称分布

（11）急性湿疹的特征是（　　）。

A. 好发四肢屈侧，扁平丘疹有瘙痒，表面干燥有鳞屑

B. 圆形或不定形的密集扁平丘疹，皮肤增厚边界清晰，无渗出倾向

C. 发生于头部、胸前、腋窝等部位，主要表现为黄红色或鲜红色斑

D. 有红斑、丘疹、水疱等，弥漫性潮红，渗出倾向，对称分布

3. 多项选择题

（1）属于烯丙胺类新型广谱抗真菌药的药物是（　　）。

　　A. 咪康唑霜（达克宁霜）　　　　　　B. 联苯苄唑霜

　　C. 盐酸特比萘芬乳膏　　　　　　　　D. 酮康唑霜

　　E. 盐酸萘替芬溶液

（2）属于角质剥脱剂的药物是（　　）。

A. 复方土槿皮酊　　B. 水杨酸苯甲酸酊　　C. 复方苯甲酸搽剂　　D. 复方苯甲酸软膏

（3）曲咪新乳膏所含的成分有（　　）。

A. 硝酸咪康唑　　B. 醋酸曲安奈德　　C. 硫酸新霉素　　D. 酮康唑

E. 萘替芬

（4）皮炎的警告信号是（　　）。

A. 化妆品所引起　　　　　　　　B. 有破损、溃烂、出血

C. 有大量皮屑　　　　　　　　　D. 伴有真菌感染

E. 严重瘙痒

（5）皮炎的全身治疗用药包括（　　）。

A. 抗组织类药物　　B. 维生素　　C. 钙剂　　D. 皮质激素

E. 消炎药

4. 判断题

（1）皮肤炎和皮肤癣最明显的不同，就是前者是由于受到真菌感染而引发。（　　）

（2）皮肤癣的主要致病菌是癣菌，属于细菌类，比较顽固。（　　）

（3）克霉唑、咪康唑、酮康唑等抗真菌药能抑制真菌细胞膜成分的合成。（　　）

（4）角质剥脱剂的作用是软化角质促进抗真菌药物的渗透。（　　）

（5）长期使用含有皮质激素的外用药可能引起皮质功能减退症。（　　）

（6）脚癣患者，宜穿棉纱袜。（　　）

（7）对有皮肤浸润、肥厚、干燥、脱屑的皮炎患者，可介绍糊剂。（　　）

（8）对急性的患处无渗液的皮炎患者，不可以介绍炉甘石洗剂。（　　）

（9）维生素C可促进人体组织修补，有利促进皮损部位的愈合。（　　）

（10）激素类外用药物不宜大面积、长期大量使用。（　　）

（11）局部收敛止痒药避免接触眼睛和其他黏膜，可以用于有渗液的皮肤。（　　）

5. 问答题

（1）谈谈如何区分皮肤癣和过敏性皮炎。

（2）请列出皮肤病常用外用药的种类和代表性药物名称。

（五）五官科疾病药品销售部分

1. 填空题

（1）五官科疾病常见的症状有_____、_____、_____、_____等。

（2）五官科可分为_____、_____、_____、_____。

（3）常用于治疗过敏性结膜炎的眼科药物有_____、_____、_____。

（4）治疗过敏性鼻炎的常用西药非处方药有_____和_____。

（5）藿胆片的主要成分是_____、_____，能芳香化浊、_____、_____。

2. 单项选择题

（1）下列哪种眼科非处方药没有抗炎作用（　　）。

A. 盐酸金霉素眼膏　　　　　　　B. 醋酸泼尼松眼膏

C. 谷胱甘肽滴眼液　　　　　　　D. 地塞米松滴眼液

（2）问病的内容不包括（　　）。

A. 问病症　　　　　B. 问病前　　　　　C. 问病后　　　　　D. 问隐私

（3）（　　）又叫暴发火眼，症状包括双眼发烫、烧灼、眼红等。

A. 睑腺炎　　　　　B. 传染性结膜炎　　C. 慢性鼻炎　　　　D. 沙眼

（4）主要成分为熟地黄、山茱萸、牡丹皮、山药、茯苓、泽泻的治疗喉科疾病的非处方药是（　　）。

A. 六味地黄丸　　　B. 千柏鼻炎片　　　C. 养阴清肺膏　　　D. 清咽丸

（5）非处方药药品标签、使用说明书和每个销售基本单元包装印有中文药品通用名称（商品名称）的一面（侧），其（　　）是非处方药专有标识的固定位置。

A. 左上角　　　　　B. 右上角　　　　　C. 左下角　　　　　D. 右下角

（6）（　　）长期含服可导致舌苔染色，停药后可消退。

A. 富马酸酮替芬滴鼻液　　　　　　　　B. 度米芬

C. 西地碘片　　　　　　　　　　　　　D. 甲硝唑口腔粘贴片

（7）如果经用药3天后，症状仍然未见好转或持续（　　）以上者，应及时就医。

A. 一周　　　　　　B. 一月　　　　　　C. 半个月　　　　　D. 三个月

（8）下列（　　）为错误的服务人员仪态。

A. 面带微笑　　　　B. 大方亲切　　　　C. 文明用语　　　　D. 倚靠柜台

（9）中耳炎常发生于（　　）。

A. 女性　　　　　　B. 成年人　　　　　C. 8岁以上儿童　　D. 8岁以下儿童

（10）口腔黏膜溃疡应特别注意少吃（　　）的食物。

A. 生冷　　　　　　B. 辛辣刺激　　　　C. 油腻　　　　　　D. 饭

3. 多项选择题

（1）常用的眼科非处方药有（　　）。

A. 醋酸泼尼松眼膏　　　　　　　　　　B. 醋酸氢化可的松滴眼液

C. 盐酸金霉素眼膏　　　　　　　　　　D. 红霉素眼膏

E. 4%硼酸甘油

（2）常用的鼻科非处方药有（　　）。

A. 千柏鼻炎片　　　B. 西地碘片　　　　C. 藿胆片　　　　　D. 六味地黄丸

E. 羟甲唑啉滴鼻液

（3）喉科用药的不良反应有（　　）。

A. 头痛、头晕、心率加快　　　　　　　B. 嗜睡、倦怠

C. 恶心、胃部不适　　　　　　　　　　D. 皮疹、皮肤瘙痒

E. 充血、眼痒

（4）预防五官科疾病的健康生活建议有（　　）。

A. 随心所欲　　　　　　　　　　　　　B. 尽量少去不正规场所游泳

C. 保持心情舒畅　　　　　　　　　　　D. 注意锻炼身体

E. 避免呼吸道感染

（5）慢性鼻炎的病因包括（　　）。

A. 急性鼻炎反复发作　　　　　　　　　B. 非感染性发热

C. 长期慢性疾病　　　　　　　　　　　D. 维生素缺乏

E. 鼻黏膜受到物理和化学因子的刺激与损害

4. 判断题

（1）使用甲硝唑口腔粘贴片时，只需直接将贴片黏附于患处。（　　）

(2) 羟甲唑啉滴鼻液连续使用不得超过 7 日。（　　）
(3) 1%～2% 水杨酸酒精具有止痒、防腐、抑制真菌作用，主要用于内耳道真菌病。（　　）
(4) 地喹氯铵商品名为利林，本品为阳离子表面活性剂。（　　）
(5) 细菌性结膜炎患者应经常游泳以增强体质。（　　）
(6) 问病后是问患者饮食、睡眠、体重、体力、大小便及精神状态有无改变等。（　　）
(7) 红眼病是通过接触传染的眼病。（　　）
(8) 急性咽炎的发生原因是急性喉炎治疗不够彻底。（　　）
(9) 与正常黏膜表面齐平的充血和糜烂，并无凹陷的是口腔溃疡。（　　）
(10) 西地碘片的商品名为华素片。（　　）

5. 问答题

(1) 列举 3 种常用的耳科非处方药及其作用。
(2) 怎样识别口腔黏膜溃疡，如何指导用药？

6. 分析题

患者：近日耳朵跳动性疼痛，张口咀嚼时疼痛加剧，睡眠不好，还有些偏头痛，这是什么病？买什么药好？

店员：当购药者来到柜台前购药物时，首先应确认患者的性别、年龄、职业，然后进一步询问。您耳痛是在右耳吗（看见患者右耳红肿）？您感觉到全身不适吗？发热吗？您耳朵痛前是否受过外伤？还是抓破的？右侧头部疼痛吗？您经常游泳吗？

患者：17 岁，男，学生，右耳疼痛且肿大，全身略有不适、发热，有偏头痛，右耳没有外伤，平时喜欢游泳。

请分析这位患者患了什么病，可以用什么药物进行治疗。

（六）疼痛发热症状药品销售部分

1. 填空题

(1) 社会药房中＿＿＿＿＿与＿＿＿＿＿同时存在，处方药与＿＿＿＿＿分开陈列。
(2) 解热镇痛药是一类具有＿＿＿＿＿作用，而且大多具有＿＿＿＿＿、＿＿＿＿＿作用的药物。
(3) 问病给药要询问＿＿＿＿＿、询问＿＿＿＿＿、询问＿＿＿＿＿、必要时需了解患者的一般情况、＿＿＿＿＿。
(4) 阿司匹林导致的不良反应中会引起＿＿＿＿＿和诱发＿＿＿＿＿。
(5) 解热镇痛类非处方药销售流程是＿＿＿＿＿、＿＿＿＿＿、＿＿＿＿＿、＿＿＿＿＿、＿＿＿＿＿、＿＿＿＿＿。

2. 单项选择题

(1) 理货商品的先后次序一般是（　　）。
A. 促销商品→主力商品→易混乱商品→一般商品
B. 一般商品→主力商品→易混乱商品→促销商品
C. 一般商品→易混乱商品→主力商品→促销商品
D. 促销商品→一般商品→易混乱商品→主力商品

(2) 理货是按（　　）顺序。
A. 从右到左，从上到下　　　　　　B. 从左到右，从下到上

C. 从左到右，从上到下　　　　　　　　D. 从右到左，从下到上

(3) 推介药品不要掌握的原则是(　　)。
A. 需求第一的原则　　　　　　　　　B. 诚信为本的原则
C. 推销药品经济价值的原则　　　　　D. 尊重顾客的原则

(4) 甲类非处方药专有标识的颜色是(　　)。
A. 黄色　　　　B. 绿色　　　　C. 红色　　　　D. 紫色

(5) 解热镇痛药不具备的作用是(　　)。
A. 解热　　　　B. 镇痛　　　　C. 抗风湿　　　D. 活血化瘀

(6) 解热镇痛药常作为(　　)。
A. 抗心绞痛药　　B. 抗感冒药　　C. 抗血栓形成药　　D. 降血脂药

(7) 乙类非处方药不可在(　　)地方销售。
A. 药店　　　　B. 超市　　　　C. 百货大楼　　D. 杂货店

(8) 如孩子发生呼吸困难、严重鼻塞时则不应采用(　　)的方法。
A. 测腋下温度　　B. 测口腔温度　　C. 测直肠温度　　D. 测肛门温度

(9) 发热时应注意少吃(　　)。
A. 水　　　　　B. 果汁　　　　C. 维生素 C　　D. 饭

3. 多项选择题

(1) 阿司匹林的不良反应存在有(　　)。
A. 消化系统　　B. 过敏反应　　C. 中枢神经　　D. 肝肾功能损害
E. 口腔

(2) 布洛芬的不良反应有(　　)。
A. 消化系统　　B. 过敏反应　　C. 神经系统　　D. 肝肾功能损害
E. 口腔

(3) 吲哚美辛的不良反应有(　　)。
A. 消化系统　　B. 过敏反应　　C. 神经系统　　D. 肝肾功能损害
E. 造血系统

(4) 以下(　　)是必要时需了解的一般内容。
A. 社会经历、职业及工作条件　　　B. 起居与卫生习惯、饮食规律与质量
C. 烟酒嗜好与摄取量　　　　　　　D. 个人性格及有无精神创伤
E. 有无子女

(5) 发热的原因是(　　)。
A. 感染性发热　　B. 非感染性发热　　C. 感冒　　　D. 流感
E. 肺炎

4. 判断题

(1) 一经发现发热，应立即服用退烧药。(　　)
(2) 服用退烧药2天后不见好转，应立即去医院治疗。(　　)
(3) 芬必得是布洛芬的商品名。(　　)
(4) 对乙酰氨基酚在临床上有至少4种剂型。(　　)
(5) 客人走时，应对其礼貌地说："请走好，欢迎下次光临！"(　　)
(6) 口腔温度超过37℃，即可判断为发热。(　　)
(7) 所有的解热镇痛药均会带来胃肠道副反应，要特别注意。(　　)
(8) 服用解热镇痛药时不能同时饮酒或饮用含酒精的饮料。(　　)

(9) 为了增加治疗效果，可同时选用两种解热镇痛药。（　　）

(10) 阿司匹林应在有"活动性溃疡病或其他原因引起的消化道出血"的病人中禁用。（　　）

5. 问答题

(1) 使用解热镇痛药的注意事项？

(2) 阿司匹林的商品名是什么？适应证？制剂规格？用法用量及不良反应是什么？

6. 分析题

患者：最近几天来自觉发热、周身无力，试体温常在37.5℃左右，希望买一种退烧药。

店员：当购药者来到柜台前购买退烧药时，首先应确认患者的性别、年龄、职业，然后进一步查询。您发热有几天了？您的温度是多少度？您测量的是口腔温度、腋下温度还是直肠温度？您是否去过医院检查血常规？白细胞高不高？您发热伴有头痛、鼻塞、流涕、咽干吗？

患者：23岁，女，服务员，发烧2天，口腔温度是38℃，白细胞高，并伴有头痛、鼻塞、流涕、关节痛等症状。

请分析这位患者患了什么病，可以用什么药物进行治疗。

（七）补益类药品销售部分

1. 填空题

(1) 营养缺乏症适用的药物可分为_____、_____、_____等。

(2) 接待顾客的过程包括_____、_____、_____三个步骤。

(3) 大豆卵磷脂软胶囊有_____、_____、_____、_____、_____、_____等作用。

(4) 预防营养缺乏性疾病应培养良好的饮食习惯，做到_____、_____、_____，合理安排膳食制度。

(5) 在服用绝大多数补益类中成药时应注意问病要点，包括_____、_____、_____、_____。

2. 单项选择题

(1) 药品销售员接待营养缺乏症患者时，出现（　　）警告信号要劝说其去医院就诊。
   A. 极度虚弱，有生命危险　　　　B. 面色苍白
   C. 消瘦　　　　　　　　　　　　D. 失眠健忘

(2) 乌鸡白凤丸的功效是（　　）。
   A. 益气养血，温中补阳　　　　　B. 滋阴补肾，兼益肝脾
   C. 补气养血，调经止带　　　　　D. 温肾益精，补气养血

(3) 六味地黄丸的功效是（　　）。
   A. 益气养血，温中补阳　　　　　B. 滋阴补肾，兼益肝脾
   C. 补气养血，调经止带　　　　　D. 温肾益精，补气养血

(4) 下列（　　）不属于中成药类非处方药。
   A. 四君子丸　　B. 千柏鼻炎片　　C. 人参归脾丸　　D. 生脉饮

(5) 下列不属于保健品类营养补充剂的是（　　）。
   A. 十全大补丸　　B. 脑白金口服液　　C. 太太美容口服液　　D. 海狗油

(6) （　　）孕妇忌服，湿热内盛者慎用。
   A. 乌鸡白凤丸　　B. 补中益气丸　　C. 人参归脾丸　　D. 生脉饮

(7) （　　）是不需要凭医师处方即可自行判断、购买和使用的药品。
   A. FDA　　B. OTC　　C. GMP　　D. GSP

(8) 若儿童忧心忡忡、惊恐不安、失眠健忘，表示（　　）。
A. 体内缺乏蛋白质与铁　　　　　　　B. 甜食过多
C. 体内 B 族维生素不足　　　　　　　D. 体内缺乏维生素 C
(9) 药品推介的基本原则是（　　）第一的原则。
A. 经济　　　　B. 盈利　　　　C. 公开　　　　D. 需求

3. 多项选择题
(1) 常用的中成药类补益类药物有（　　）。
A. 人参归脾丸　　B. 生脉饮　　C. 四君子丸　　D. 补中益气丸
E. 十全大补丸
(2) 常用的补益类保健品有（　　）。
A. 汇仁肾宝　　　　　　　　　　　B. 脑白金口服液
C. 大豆卵磷脂软胶囊　　　　　　　D. 黄金搭档
E. 冬虫夏草胶囊
(3) 汇仁肾宝（肾宝合剂）的功效有（　　）。
A. 调和阴阳　　B. 温阳补肾　　C. 预防胆结石　　D. 安神固精
E. 扶正固本
(4) 预防营养性疾病的健康生活建议有（　　）。
A. 树立营养意识　　　　　　　　　B. 尽量少去不正规场所游泳
C. 培养良好的饮食习惯　　　　　　D. 注意锻炼身体
E. 自我监测及时诊治
(5) 推荐药品的方法包括（　　）。
A. 等待　　　　　　　　　　　　　B. 观察与接近
C. 推介、展示和说明　　　　　　　D. 诱导劝说
E. 促进成交

4. 判断题
(1) 女性医药商品购销员为了表示对顾客的尊重应适度淡妆，也可以留长指甲和涂彩色指甲油。（　　）
(2) 当患者面色苍白，同时伴有出血症状，可以推荐他使用补益类药物，不需到医院就诊。（　　）
(3) 补中益气丸有健脾益胃，补气养血的作用。（　　）
(4) 脑白金口服液又称褪黑激素，可以美白皮肤。（　　）
(5) 保障儿童青少年体格和智力正常发育可以选用黄金搭档。（　　）
(6) 太太美容口服液有祛黄褐斑、改善皮肤水分的作用。（　　）
(7) 用于高血脂、高血压、高胆固醇等心脑血管疾病的预防治疗可选用卵磷脂补充剂。（　　）
(8) 孕妇忌服，湿热内盛者慎用的是乌鸡白凤丸。（　　）
(9) 因心火亢盛、灼伤阴液所致的心悸失眠等忌用人参养荣丸。（　　）
(10) 药品成交以后，顾客离开前，药品销售员需要告诉患者药名、剂量、使用方法。（　　）

5. 问答题
(1) 列举 3 种常用的补益类中成药类及其作用。
(2) 结合日常生活谈谈如何预防营养性疾病。

6. 分析题

患者：近日面色萎黄，皮肤较粗糙，乏力，月经不调，这是什么病？买什么药好？

店员：当购药者来到柜台前购药物时，首先应确认患者的性别、年龄、职业，然后进一步询问。您这些症状有多长时间了？您还有其他不适吗？您最近睡眠是否充足？

患者：22岁，女，公司职员，以上症状出现半个月左右，全身略有不适，最近工作负担重，精神压力较大，睡眠不足。

请分析这位患者患了什么病，可以用什么药物进行治疗。

（八）维生素与矿物质缺乏症药品销售部分

1. 填空题

（1）经营非处方药的批发企业及经营甲类非处方药的零售企业必须具有_____。

（2）药品零售企业从事质量管理和药品检验工作的人员，应具有_____以上的技术职称，或者具有_____的学历。

（3）问病给药要问_____、问_____、问_____、必要时需了解的内容、_____。

（4）缺乏维生素E会出现_____、_____、_____等症状。

（5）对人有益的维生素与矿物质包括_____、_____、_____、_____、_____、_____、_____、_____、_____。

2. 单项选择题

（1）顾客眼角膜干燥、皮肤干燥、经常感冒可能是缺乏（　　）。
　　A. 维生素A　　　　B. 维生素B　　　　C. 维生素C　　　　D. 维生素E

（2）下列（　　）不是维生素D的生理作用。
　　A. 骨骼正常发育的重要物质　　　　B. 调节钙磷代谢
　　C. 调节免疫功能　　　　　　　　　D. 抗氧化

（3）具有防止坏血病作用的营养素是（　　）。
　　A. 维生素A　　　　B. 钙　　　　C. 维生素C　　　　D. 维生素B_2

（4）乙类非处方药专有标识的颜色是（　　）。
　　A. 黄色　　　　B. 绿色　　　　C. 红色　　　　D. 紫色

（5）（　　）两种营养素搭配能较好地补充人体的钙质。
　　A. 维生素D和钙　　B. 维生素E和钙　　C. 维生素C和铁　　D. 维生素E和锌

（6）下列（　　）不属于多种维生素及矿物质制剂。
　　A. 善存　　　　　　　　　　　B. 钙尔奇D300咀嚼片
　　C. 小儿维生素咀嚼片　　　　　D. 金施尔康

（7）缺乏（　　）会导致新陈代谢异常、消化道功能障碍、疲劳、软弱、运动功能失调等。
　　A. 维生素B_1　　B. 维生素B_2　　C. 维生素B_{12}　　D. 维生素B_5

（8）当孕妇进店购药时，应推荐其购买（　　）制剂以防止胎儿神经管畸形和发育不良。
　　A. 维生素E　　　　B. 叶酸　　　　C. 钙　　　　D. 锌

（9）服用（　　）可引起食欲不振、恶心、腹泻、嗜睡，慢性中毒表现为疲乏无力、低热多汗、消化功能紊乱等。
　　A. 维生素A　　　　B. 维生素D　　　　C. 维生素E　　　　D. 硒

（10）（　　）缺乏可引起甲状腺肿大。

A. 钙   B. 硒   C. 碘   D. 钠

3. 多项选择题

(1) 维生素 C 的生理作用有(　　)。

A. 防止坏血症   B. 形成胶原蛋白的重要成分
C. 使皮肤有美白效果   D. 肝肾功能损害
E. 形成强壮的骨骼和牙齿

(2) 维生素 D 的不良反应有(　　)。

A. 便秘   B. 高钙血症   C. 腹泻   D. 持续性头痛
E. 金属味觉

(3) 常量元素包括(　　)。

A. 镁   B. 钙   C. 锌   D. 磷
E. 硫

(4) 非处方药的包装中需要一体印刷的是(　　)。

A. 专有标识   B. 使用说明书   C. 内包装   D. 外包装
E. 纸箱

(5) 产生维生素与矿物质缺乏症的原因是(　　)。

A. 摄入不足   B. 吸收不好   C. 利用不充分   D. 消耗过大
E. 病理原因

4. 判断题

(1) 维生素与矿物质应尽量多补充。(　　)

(2) 非处方药药品标签、使用说明书和每个销售基本单元包装印有中文药品通用名称。(　　)

(3) 维生素 B_2 可以预防脚气病。(　　)

(4) 缺乏维生素 C 可出现四肢乏力、易出汗、头发分叉、妇女痛经等症状。(　　)

(5) 客人来时，应对其礼貌地说："您好，欢迎光临！"(　　)

(6) 对陈列的药品应按月进行检查，发现质量问题要及时处理。(　　)

(7) 对于维生素与矿物质缺乏症的患者应建议他食物多样。(　　)

(8) 维生素 A 一日服用预防量不应超过 4000～6000U。(　　)

(9) 为了增加治疗效果，可同时选用两种维生素与矿物质补充剂。(　　)

(10) 在营业场所内走动时需保持稳健的步伐，走路时应目光平视，头正且微抬。(　　)

5. 问答题

(1) 推荐药品的主要步骤。

(2) 列举 3 种人体所必需的维生素和矿物质的生理作用及其缺乏症。

6. 分析题

患者：最近一段时间来感觉全身乏力、精神不振、皮肤暗沉干燥，希望买一些营养补充剂。

店员：当购药者来到柜台前购买营养补充剂时，首先应确认患者的性别、年龄、职业，然后进一步询问。您还有其他不适的症状吗？平时饮食是否注意？有没有服用维生素与矿物质的经历？

患者：28 岁，女，公司职员，无其他不适的症状，因工作较忙，平时饮食无规律，没有服用维生素与矿物质，经济情况较好。

请分析这位患者缺乏哪些维生素与矿物质，应推荐其购买哪些产品。分析理由，并给出合理的饮食建议。

项目四 顾客服务

学习目标

1. 熟悉处理顾客投诉的工作流程
2. 知道顾客投诉的类型及注意事项
3. 知道如何妥善处理顾客退货要求
4. 了解药品不良反应报告程序
5. 了解相关的服务规程与基础知识

模块一 处理顾客投诉

一、工作流程

（一）工作前准备

同项目二处方药零售模块一西药处方药零售"西药处方药零售前准备工作"。

（二）处理顾客投诉的操作过程

（1）保持心情平静　就事论事，对事不对人，心平气和地保持沉默，用微笑和善的态度请顾客说明事项的原委。

（2）有效倾听　诚恳地倾听顾客的诉说，并表示你完全相信顾客所说的一切，要让顾客发泄完不满的情绪，使心情得到平静，不要试图辩解。

（3）运用同情心　要不带任何偏见，站在顾客的立场来回应顾客的问题。

（4）表示道歉　不论顾客提出什么样的意见，其责任在谁，都要诚心地向顾客表示歉意，并感谢顾客提出的问题，这是顾客衡量企业对自己是否尊重的重要因素。

（5）记录顾客投诉内容　无论是通过电话、书信还是直接上门投诉都要填写"顾客投诉记录表"（见表 4-1-1），按 5W1H（who、when、where、what、why、how）原则记载清楚，并向顾客复述一遍，请顾客确认。

（6）分析顾客投诉的原因　仔细分析该投诉事件的严重性，有意识地了解顾客的期望，抓住顾客的投诉重点，确定责任归属。

顾客投诉既是药店经营不良的直接反应，同时又是改善药店销售服务十分重要的信息来源之一。通常顾客投诉主要表现在以下几个方面。

① 对商品的投诉　顾客对商品的投诉主要集中在如下几点。

a. 价格过高　目前各个药店出售的药品大多相似，而顾客对药品价格较为敏感，因此顾客往往会因为药品的定价较商圈内其他药店的定价高而向药店提出意见，要求改进。

b. 商品质量差　商品质量问题往往成为顾客异议和抱怨最集中的反映，主要集中在产品过保质期、品质差、包装破损等方面。

c. 标示不符　药品包装标示不符往往成为顾客购物的障碍，因此也成为顾客产生投诉

表 4-1-1　顾客投诉记录表

顾客		订单编号		制造部门		运输日期编号		
品名及规格			单位	交货数量			金额	
投诉内容	投诉理由：						投诉者情况	
	顾客要求	赔款/元	折价/%	退货	数量：金额：	其他		
	经办人意见：						签字	
营销部门意见：				采购意见：				
营销人员意见：								
质检部门意见：								
财务部门意见：								
副总经理批示：								
总经理批示：								

说明：1. 此表由药店负责售后服务的营业员填写。
2. 顾客投诉的函电、来访，必须登记备案，及时回复，并将投诉的时间、问题、内容等记录在案。
3. 填写完毕后交给质检部门处理。

的原因。

　　d. 药品缺货　顾客对药店药品缺货的投诉，一般集中在热销药品和特价药品上，或是药店内没有销售而顾客想要购买的药品，这往往导致顾客空手而归。更有甚者有些药店常因为热销药品和特价药品售完而不及时补货，从而造成经常性的药品缺货，致使顾客心怀疑虑，有被欺骗感，造成顾客对该药店失去信心。这样不仅流失了顾客，而且损害了药店形象。

　　② 对服务的投诉　营业员为顾客提供服务，缺乏正确的推荐技巧和工作态度都将导致顾客的不满，产生投诉。

　　③ 对安全和环境的投诉

　　a. 意外事件的发生　因为药店在安全管理上的不当，造成顾客受到意外伤害而引起顾客投诉。

　　b. 环境的影响　药店卸货时影响行人的交通；药店内音响声太大；药店内温度不适宜；照明设备的亮度不够或亮度太强；店铺的地面太滑；药店外的公共卫生状态不佳；药店建筑及设计影响周围居民的正常生活等。

　　(7) 提出解决方案　对所有投诉都应有处理意见，都必须填写"顾客投诉受理卡"（见表 4-1-2），向对方提出解决问题的方案，并尽量让顾客了解店方对解决这个问题所付出的诚心和努力，找出折中的方式来满足顾客的要求。

　　(8) 执行解决方案　填写"顾客投诉处理表"（见表 4-1-3），对双方都同意的解决方案应立即执行，让顾客满意。不能当场解决的，应告诉顾客原委，特别要详细说明处理的过程和手续，双方约定其他时间再做出处理，并将经办人姓名、电话告知顾客，以便事后追踪处理。

表 4-1-2　顾客投诉受理卡

编号：　　　　　　　　　　　　　　　　　　　　　　　　　被投诉单位：

投诉者姓名		性别		年龄		联系电话	
工作单位或家庭住址							
投诉内容：							
受理投诉人：						受理日期：　年　月　日	
处理情况	处理意见及措施：						
	质量管理部意见： 负责人签字：　年　月　日				主管领导意见： 负责人签字：　年　月　日		
处理结果						执行人：　年　月　日	
备注							

说明：1. 受理顾客投诉的主管部门为质量管理部。

2. 投诉处理完毕后本卡质量管理部、人力资源部各执一份。

表 4-1-3　顾客投诉处理表

日　　期	编　　号	营销主管	负责人	承办人	填表人

投诉者	公司名称		姓名	
	地址		电话	
投诉目的	品名		金额	
	项目		其他	
对方意见	对方意见			
	本方意见			
调查	调查项目及结果			
	调查判定			
暂定对策				
最后对策				
发生的原因	(1) 开发的错误 (2) 设计的错误 (3) 材料的错误 (4) 原料的错误 (5) 作业的错误	(6) 检查的错误 (7) 使用已久 (8) 处理时不小心 (9) 使用不慎 (10) 其他	情节程度	重大 中等 轻微	备注：

说明：1. 此表由药店售后负责人填写，对投诉的内容和问题进行分析，提出明确的反馈意见及有效的处理措施。

2. 处理完毕后，此表售后部门一份，质量部门一份，要利用客户投诉，充分检讨与改善自己的不足之处，化危机为提升药店形象的最佳时机。

（9）检讨　检讨处理得失，将处理过程仔细记录在案，分析检查产生投诉的原因，从而加以修正，并及时以各种固定的方式向员工通报投诉产生的原因、处理结果、处理后顾客的满意情况以及今后的改进方法。

总之，处理顾客投诉的总体要求是妥善处理好每一位顾客的不满意与投诉，尊重顾客，并尽可能满足顾客。

（三）处理顾客投诉的操作要点

（1）有章可循　药店应当建立健全的相关规章制度，对于顾客投诉的接受、登记、处理、反馈等各个环节都要有明确的责任制度和操作规范，避免推诿扯皮，要指定专人负责顾客投诉的处理和各部门的协调工作，加强药店内外部的信息交流，做好各项预防工作。全体员工应不断提高素质，增强业务能力，树立全员服务的意识。

（2）处理及时　对于顾客投诉，应给予高度重视，各部门要通力合作，力争在最短时间内全面解决问题，给顾客一个满意的答复。避免因拖延处理时间或互相推卸责任而导致进一步激怒投诉者，使问题复杂化。

（3）职责分明　对于顾客的投诉，不仅要查清造成顾客投诉的责任部门和责任人，而且要明确应由哪个部门、哪个人来具体负责处理，以及处理不当时所应该承担的责任等，以确保顾客投诉的妥善解决。

（4）建档留存　对于每一起顾客投诉及其处理过程都要详细记录在案，通过记录，吸取教训，总结经验，并为以后更好地处理客户投诉提供参考。

（四）结束过程

根据不同原因处理顾客投诉有不同的方法。

（1）因药品质量问题造成的抱怨，处理时应向顾客诚恳道歉；替顾客退货或换货，并奉送一份礼物；如果因药物质量造成顾客的物质损失、人身伤害或精神损失，店方应给予赔偿和安慰；仔细调查发生药品质量问题的原因，并杜绝该类事故的再度发生。

（2）因顾客使用药品不当造成的抱怨，处理时因未向顾客交代清楚而造成顾客损失的，店方首先应该诚恳地向顾客道歉；如果药品因店方的责任受损，应予以退换；如果顾客不接受退换，店方应给予一定的赔偿和安慰；药品营业员应多方掌握相关的药品知识，以便在以后的销售过程中向顾客做详细的交代；如果确由顾客使用药品不当而造成损失的，切忌"得理不让人"。

（3）因营业员服务态度不佳产生的抱怨，处理时应向顾客保证今后一定加强对营业员的教育，杜绝类似情形再度发生；陪同当事人向顾客赔礼道歉，以期获得谅解；加强对营业员优质服务的教育，并建立相应的监督机制。

（4）填写好相应表格，即表4-1-1顾客投诉记录表，表4-1-2顾客投诉受理卡，表4-1-3顾客投诉处理表。

二、基础知识

（一）顾客投诉的类型

1. 对医药商品的投诉

①商品的质量有问题；②商品的标示不清；③价格过高；④商品缺货。

2. 对服务的投诉

（1）医药商品购销员的服务方式落后、粗暴，冷落了顾客，或答话方式令人难以接受，或根本就无法回答顾客的提问，或者不遵守约定等。

(2) 收银作业不当，或者是在收款时弄错了钱物。
(3) 现有服务作业不当。
(4) 服务项目不足，或原有的服务项目取消。

(二) 与顾客交谈时注意事项

1. 接受顾客投诉时与顾客交谈的原则

(1) 谈话距离在 1m。
(2) 看顾客的眼睛。
(3) 有意了解顾客的兴趣和关心的问题。
(4) 问顾客"您怎么看"。
(5) 在适当的时候详细询问事实情况。
(6) 发挥幽默。
(7) 使顾客知道谈话的全貌及背景。
(8) 准备好劝顾客的最佳理由。

2. 服务禁语

(1) 这问题连孩子都会。
(2) 你要知道一分钱一分货。
(3) 绝对不可能有这种事发生。
(4) 请你找厂家，这不关我们的事。
(5) 嗯……我不大清楚。
(6) 我绝对没说过这种话。
(7) 这不知道怎么处理。
(8) 公司的规定就是这样。
(9) 你不识字吗？
(10) 改天再通知你。

三、拓展知识

顾客购买心理过程分析如下。

1. 观察阶段

顾客跨入店门前及进入药店后，通常都有意或无意地环视一下药店的门面、橱窗、货架陈列、营业厅装饰、环境卫生、秩序以及店员的仪表等，初步获得对店容店貌的感受，这个阶段为观察阶段。

顾客进店的意图一般可分为四类。

(1) 有明确购买目标的全确定型顾客，即有备而来者。这类顾客进店迅速，进店后一般目光集中，脚步轻快，迅速靠近货架或药品柜台，向店员开门见山地索取货样，急切地询问药品价格，如果满意，会毫不迟疑地提出购买要求。

(2) 有一定购买目标的半确定型顾客，即小心谨慎者。这类顾客有购买某种药品的目标，但具体选购什么类型，以及对药品的功效不是很清楚。进店后一般认真巡视，主动向店员询问各种药品的功效及用途。

(3) 难为情者。这类顾客通常有着某种特殊购买目的，但对应该买什么药品却没有主意，又羞于启齿询问。这类顾客通常四周巡视，在店内滞留良久而又不提出任何购买要求或进行咨询。

(4) 以闲逛为目的的随意型顾客。这类顾客进店没有固定目标，甚至原先就没有购买药品的打算，进店主要是参观、浏览，以闲逛为主。

2. 兴趣阶段

有些顾客在观察药品的过程中，如果发现目标药品，便会对它产生兴趣，此时，他会注意到药品的质量、产地、功效、包装、价格等因素。

当顾客对某一产品产生兴趣之后，他不仅会以自己主观的感情去判断这种药品，而且还会加上客观的条件，以做出合理的评判。

3. 联想阶段

顾客在对感兴趣的药品进行研究的过程中，自然而然地产生有关药品的功效以及可能满足自己需要的联想。顾客因对药品有兴趣而引起的联想能够使顾客更加深入地认识药品。

4. 欲望阶段

当顾客对某种药品产生了联想之后，他就开始想购买这种药品了。但是这个时候他会产生一种疑虑："这种药品的功效到底如何呢？还有没有更好的呢？"这种疑虑和愿望会对顾客产生微妙的影响，而使得他虽然有很强烈的购买欲望，但却不会立即决定购买这种药品。

5. 评估阶段

顾客形成关于药品的初步概念以后，主要进行的是产品质量、功效、价格的评估，他会对同类药品进行比较，此时营业员的意见至关重要。

6. 信心阶段

顾客做了各种比较之后，可能决定购买，也可能失去购买信心。失去信心的可能原因是：店内药品的陈列或营业员售货方法不当，使得顾客觉得无论是怎样挑选也无法挑到满意的药品；营业员药品知识不够，总是以"不知道"、"不清楚"回答顾客，使得顾客对药品的质量、功效不能肯定；顾客对药店缺乏信心，对售后服务没有信心。

7. 行动阶段

当顾客决定购买，并对营业员说"我要买这个"，同时付清货款，这种行为叫做成交。成交的关键在于能不能巧妙地抓住顾客的购买时机。

8. 感受阶段

购后感受既是顾客本次购买的结果，也是下次购买的开始。如果顾客对本次结果满意，他就有可能进行下一次的购买。

由上述过程可知，营业员在顾客决定购买的过程中起着十分重要的作用，营业员能够实事求是地介绍、推荐药品，并且能够中肯、准确地回答顾客的疑问，将使顾客对营业员产生信赖和信任的感觉，从而形成对营业员及药店的良好印象。

四、相关法规和制度

《药品经营质量管理规范》第五十六条规定：对质量查询、投诉、抽查和销售过程中发现的质量问题要查明原因，分清责任，采取有效的处理措施，并做好记录。

《药品经营质量管理规范实施细则》第七十六条规定：药品零售企业和零售连锁门店应在营业店堂明示服务公约，公布监督电话和设置顾客意见簿。对顾客反映的药品质量问题，应认真对待、详细记录、及时处理。

五、实训

实训题目：投诉处理。

（一）实训目的

(1) 树立"售后服务是营销之本"的经营理念。

(2) 运用专业技巧找出顾客投诉的原因，并进行妥善处理。

(3) 掌握 GSP 对药品顾客投诉及处理的规定。

（二）实训内容

新河药店新近销售了一部分芦荟胶囊（具有排毒养颜的功效），销路很好。但在销售过程中，收到一些顾客投诉，投诉该产品存在质量问题，并要求退货。经抽查发现该产品确实存在质量问题。假设你是"新河"负责售后服务的营业员，在售后服务过程中，面对顾客投诉，完成以下工作。

(1) 请你就此案例拟定一份顾客投诉处理方案。

(2) 制作顾客投诉记录表、顾客意见及投诉受理卡、顾客投诉处理表。

（三）实训要求

(1) 在教师指导下，学生自由组合为5~8人的实训小组，并确定负责人。依据GSP对药品零售连锁企业的售后服务要求，结合处理顾客投诉的技巧，共同制定本实训方案。

(2) 实训方案内容应包括：对该产品的质量投诉问题进行处理的措施，对已经售出的产品进行处理的措施，对顾客的退货要求进行处理的措施。

(3) 实训方案中应详细说明处理顾客投诉的方法和步骤，具有可操作性。

(4) 每一小组均在规定的时间内完成实训项目，写出实训报告，教师统一点评。

（四）考核标准与方法

(1) 实训方案能依照GSP对药店的售后服务要求制定（10分）。

(2) 实训方案中处理顾客投诉的方法得当，具有新意（20分）。

(3) 实训方案中实施步骤详尽，条理清晰，具有较强的可操作性（20分）。

(4) 能制作较为规范的顾客投诉记录表（10分）。

(5) 能制作较为规范的顾客意见及投诉受理卡（10分）。

(6) 能制作较为规范的顾客投诉处理表（10分）。

(7) 能在规定的时间内完成实训项目，实训报告规范（20分）。

六、思考与练习

（一）填空题

1. 处理顾客投诉的操作要点是_____、_____、_____、_____。

2. 顾客投诉的类型中，对医药商品的投诉是_____、_____、_____、_____。

3. 顾客购买心理过程分为_____、_____、_____、_____、_____、_____、_____。

（二）单项选择题

1. 下面（　　）不属于5W1H原则。

A. who　　　　　B. what　　　　　C. where　　　　　D. here

2. 顾客常四周巡视，在店内滞留良久而又不提出任何购买要求或进行咨询，这类顾客属于（　　）。

A. 全确定型顾客　　B. 半确定型顾客　　C. 难为情者　　D. 随意型顾客

3. 以下不属于顾客对商品投诉的选项是(　　)。
   A. 价格过高　　　B. 商品质量差　　　C. 药品缺货　　　D. 不实行售后服务
4. 处理顾客投诉时，以下说法不正确的是(　　)。
   A. 就事论事，对事不对人
   B. 要不带任何偏见，站在顾客的立场来回应顾客的问题
   C. 当顾客投诉时，都要诚心地向顾客表示歉意，但同时向顾客说明责任归属问题
   D. 妥善处理好每一位顾客的不满意与投诉，尊重顾客，并尽可能满足顾客
5. 以下属于顾客对服务的投诉的是(　　)。
   A. 标示不符　　　　　　　　　　　B. 顾客发生人身伤害
   C. 店面不整洁　　　　　　　　　　D. 营业员态度恶劣
6. 下列属于处理顾客对商品投诉的方法的选项是(　　)。
   A. 提高营业员的服务态度　　　　　B. 建立相应的监督机制
   C. 向顾客诚恳地道歉　　　　　　　D. 增加营业员的医药知识水平
7. 下列不属于与顾客交谈的注意事项的是(　　)。
   A. 谈话距离在1m　　　　　　　　 B. 使顾客知道谈话的全貌及背景
   C. 有意了解顾客的兴趣和关心的问题　D. 打听顾客的收入，推荐合适药品
8. 如果顾客注意到药品的质量、产地、功效、包装、价格等因素，那他是属于哪个阶段(　　)。
   A. 观察阶段　　　B. 兴趣阶段　　　C. 评估阶段　　　D. 信心阶段

(三) 多项选择题

1. 以下(　　)是属于药店营业员要掌握的文明用语。
   A. 谢谢　　　　　B. 欢迎再来　　　C. 您好　　　　　D. 对不起
2. 顾客对药店的投诉主要集中在哪几个方面(　　)。
   A. 对商品的投诉　　　　　　　　　B. 对服务的投诉
   C. 对安全和环境的投诉　　　　　　D. 对信誉的投诉
3. 处理客户投诉的操作要点是(　　)。
   A. 有章可循　　　B. 处理及时　　　C. 职责分明　　　D. 建档留存
4. 顾客对药品产生评估，主要是评估药品的(　　)。
   A. 质量　　　　　B. 功效　　　　　C. 价格　　　　　D. 品牌

(四) 判断题

1. 如果顾客拿着药品来投诉，营业员无法处理时，可以让顾客直接找生产厂家洽谈。(　　)
2. 凡是走进药店的顾客肯定都会买药，所以营业员必须态度热情。(　　)
3. 当顾客的购买心理达到欲望阶段时，就会立即购买。(　　)
4. 成交的关键在于能不能巧妙地抓住顾客的购买时机。(　　)
5. 顾客对药品失去购买信心可能是由于店内药品的陈列或营业员售货方法不当。(　　)
6. "对不起，我不大清楚"这句话，可以用在药店服务过程中。(　　)
7. 在介绍药品时，不要盯着顾客的眼睛，以免顾客不自在。(　　)
8. 顾客发现自己想买的药该药店没有，这种情况不应该向药店投诉。(　　)

(五) 简答题

1. 处理顾客投诉的步骤是什么？

2. 顾客投诉的原因有哪些？
3. 处理顾客投诉的方法是什么？
4. 与顾客交谈时要注意哪些问题？

模块二　退换货处理

药品的退换常伴随着顾客投诉或抱怨而发生，也是售后服务的重要内容。正确处理售后商品的退换，有助于商业服务质量的提高，有利于顾客对药店的信任。

一、工作流程

（一）工作前准备

同项目二处方药零售模块一西药处方药零售"西药处方药零售前准备工作"。

（二）退换货的操作过程

（1）倾听　以诚恳和蔼的态度认真听取顾客要求退换的原因。

（2）检查　仔细检查要求退换的医药商品的包装、批号、外观质量、购货小票，确认是本公司所售。

（3）记录　将情况记录在销货退回商品台账（表 4-2-1）或售后服务记录（表 4-2-2）上。

表 4-2-1　销货退回商品台账

序号	日期	退货单位	品名规格	单位	数量	批号	生产企业	退货原因	质量验收	验收员	处理结果	经办人	备注

表 4-2-2　售后服务记录

序号	日期	服务内容	服务原因	顾客姓名	联系住址及电话	处理结果	经办人	备注

（4）道歉　对顾客购买商品所带来的烦恼表示诚恳的道歉。

（5）征询　征询顾客意见，看是否同意以货换货，或退货。

（6）处理　双方协商意见一致后，办理退货手续，开出红票，顾客签名。

（7）后处理　将退回商品进行质量验收。质量合格可以继续销售的，做必要账务处理后入库或陈列柜台；质量不合格者则进入不合格区，等级不合格商品处理记录，做进一步处理。

（8）通报　将商品退换原因、处理结果向有关部门及员工通报，以期引起重视，并在服务工作中加以改善。

（三）退换货的操作要点

1. 处理药品退换的原则

因为药品是特殊的商品，一旦拆封后药品就有可能被污染，不能再出售，因此退换时要求遵循一定的原则：包装没有拆封时，只要确认是本店出售的就可以退换；如果包装已被拆封，且确实是药品质量的问题，则可以考虑退换；非质量因素则一般不予退换。

2. 处理退换货的注意事项

（1）端正认识，深刻体会处理好顾客商品退换业务是体现药店诚意的最好的途径。要意识到，顾客的信赖是千金不换的财富。

（2）要以爱心去对待顾客，面对顾客的退换，不能怕麻烦，不能推诿，要急顾客之所急，迅速帮顾客处理好医药商品退换。

（3）在退换过程中，要向顾客诚心道歉，并保证再不发生类似事件。

（4）要对其他顾客负责。如果在一段时间内，同一药品有数起退换事件发生，那就证明药品质量明显有问题，营业员必须停止销售，并通知顾客退换。

二、基础知识

退换药品无疑会给营业员的正常工作增添麻烦，但营业员应该认识到，药品退换工作是售后服务的一个重要方面，对这类顾客接待的好坏，处理问题是否恰当，直接关系到药店的信誉。因此，营业员必须认真对待，妥善处理。

（1）态度诚恳、热情接待　接待退换药品的顾客时，营业员的态度必须比接待购买药品的顾客还要热情诚恳，倾听顾客退货的原因，只有这样，才能使顾客感到营业员的亲切和对自己的尊重，从而增强对营业员处理退换货的信任感。

（2）区别情况、妥善处理　营业员应该本着负责的精神，区别退换情况，做出处理。

① 退换的一般药品，经检查只要没有污染，没有超过有效期，不影响其他顾客的利益和再次出售，都要主动给予退货。

② 对本店出售的过期失效、残损变质、称量不足的药品，不但应退换，而且要主动道歉，如果顾客因此而受损失、酿成事故，还应给予赔偿或按国家有关规定处理。

③ 如果因顾客使用不当，保管不善而造成的残损变质或买后超过有效期的，一律不予退换，但要用礼貌而委婉的语言，耐心讲清道理，说明不能退换的原因。

三、拓展知识

顾客未服完的近效期药品要求退货怎么办？

一般情况下，把距离药品有效期不足6个月的药品称作近效期药品。客观地讲，药店无法回避近效期药品，每个药店都存在近效期药品的处理问题。正因为近效期药品的特殊性，GSP认证标准中特别要求药店重视近效期药品的销售和管理。妥善处理近效期药品，不仅可以降低药品损耗，还可以减少药品资源的浪费。在实际工作中，一般对近效期药品处理采取以下两种方式。

一是退回生产厂家。针对近效期药品，药店可以提前与生产厂家联系协商，争取将近效期药品退回并更换同类同种药品，由于药品系同一厂家的产品，生产厂家一般都给予退换支持。

二是催销近效期药品。药店对近效期药品安排专门的药师做好跟进工作，并在催销、促销的同时，向顾客解释有效期内药品的药理作用，在尊重顾客知情权和选择权的前提下，由顾客自主决定是否购买。但必须明确的是，在销售近效期药品时，必须及时履行告知义务，说明催销或促销的原因，并在药师指导下确保顾客安全用药，坚决杜绝伤害顾客健康的情况发生。否则，通过隐瞒事实真相诱导顾客购买近效期药品，转移经济损失，致使顾客服用过期药品，就违背了诚信经营原则，不但极易造成顾客反感，损害药店形象和声誉，而且可能因此带来相应的赔偿与补偿，可谓得不偿失。

四、相关法规和制度

卫生部 2002 年下发的《医疗机构药事管理办法》第二十八条规定：为保证患者用药安全，药品一经发出，除医方责任外，不得退换。目前尚无针对药店能否退药的规定，各药店都自行制定自己的退药规定。

五、实训

实训题目：退货处理。

（一）实训目的

（1）树立售后服务是营销之本的经营理念。
（2）妥善处理顾客退货。

（二）实训内容

某某药店新近销售了一种美容口服液，销路很好。但张女士买了这药后，没有立即服用，而是过了 3 个月后准备服用时，发现内有沉淀物，立即来到药店要求退货。作为这个药店的接待人员，请做出以下处理。

（1）请你就此案例判断能否退换药品，从哪些方面判断。
（2）如若能退换，应履行什么手续？
（3）制作销货退回商品台账和售后服务记录表。

（三）实训要求

（1）在教师指导下，学生自由组合为 5~8 人的实训小组，并确定负责人。从原则方面判断能否退货。
（2）实训中应详细说明处理退货的方法和步骤，具有可操作性。
（3）每一小组均在规定的时间内完成实训项目，写出实训报告，教师统一点评。

（四）考核标准与方法

（1）能根据退货原则做出正确的判断（20 分）。
（2）退货原则阐述详细、准确（20 分）。
（3）退货手续实施步骤详尽、条理清晰，具有较强的可操作性（20 分）。
（4）能制作较为规范的销货退回商品台账和售后服务记录表（20 分）。
（5）能在规定的时间内完成实训项目，实训报告规范（20 分）。

六、思考与练习

（一）填空题

1. 检查退换药品是要求＿＿＿＿＿＿＿＿、＿＿＿＿＿＿＿＿、＿＿＿＿＿＿＿＿、＿＿＿＿＿＿＿＿，确认是本公司所售。
2. 退换药品情况可记录在＿＿＿＿＿＿＿＿、＿＿＿＿＿＿＿＿表格上。
3. 对本店出售的＿＿＿＿＿＿＿＿、＿＿＿＿＿＿＿＿、＿＿＿＿＿＿＿＿，营业员不但应退换，而且要主动道歉。
4. 对于未服完近效期药品要求退货，一般有＿＿＿＿＿＿＿＿和＿＿＿＿＿＿＿＿两种处理方法。

(二) 单项选择题

1. 下列情况的药品，（　　）不可退换。
   A. 称量不足　　　　　　　　　　B. 没有污染
   C. 没过有效期　　　　　　　　　D. 顾客保管不善变质的
2. 以下不属于退换货处理步骤的是（　　）。
   A. 记录　　　B. 赔偿　　　C. 道歉　　　D. 通报
3. 下面在顾客要求退换药品时不正确的反应是（　　）。
   A. 热情　　　B. 认真　　　C. 道歉　　　D. 拒绝
4. 距离药品有效期不足（　　）的药品称作近效期药品。
   A. 6个月　　　B. 3个月　　　C. 一年　　　D. 1个月
5. 催销近效期药品时，不可（　　）。
   A. 履行告知义务　　　　　　　　B. 隐瞒再次销售真相，以免顾客介意
   C. 说明催销或促销的原因　　　　D. 在药师指导下确保顾客安全用药
6. 体现药店诚意的最好途径是（　　）。
   A. 促销　　　B. 让利　　　C. 退换业务　　　D. 导购
7. （　　）是药店千金不换的财富。
   A. 品牌　　　B. 口碑　　　C. 地理优势　　　D. 顾客的信赖
8. 如果发生同一药品有数起退换事件，药店应该做到（　　）。
   A. 隐瞒事实，防止发生恐慌　　　B. 低调处理，尽量降低损失
   C. 尽量通知所有顾客退换　　　　D. 上报部门，等候处理

(三) 多项选择题

1. 退回的药品，可做（　　）处理。
   A. 直接扔掉　　　　　　　　　　B. 质量合格可以继续销售
   C. 进行质量验收　　　　　　　　D. 直接上架销售
2. 退换货过程中，营业员正确的反应是（　　）。
   A. 态度诚恳、热情接待　　　　　B. 冷静对待，寻找原因
   C. 区别情况、妥善处理　　　　　D. 避免损失，推脱责任
3. 接待退换药品的顾客，营业员的态度必须比接待购买药品的顾客还要热情诚恳，是因为（　　）。
   A. 使顾客感到亲切　　　　　　　B. 是对自己的尊重
   C. 增强顾客对营业员的信任　　　D. 因为责任在药店
4. 如果隐瞒事实真相诱导顾客购买近效期药品，会导致（　　）。
   A. 造成顾客反感　　　　　　　　B. 损害药店形象和声誉
   C. 转移经济损失　　　　　　　　D. 带来赔偿与补偿

(四) 判断题

1. 以诚恳和蔼的态度认真听取顾客要求退换的原因，并完全答应。（　　）
2. 只要包装拆封了的药品坚决不予以退换。（　　）
3. 退换货会给营业员增添麻烦，但营业员必须认真对待，妥善处理。（　　）
4. 非质量因素要求退换药品则一般不予退换。（　　）
5. 退换药品的后处理阶段是指双方协商意见一致后，办理退货手续，开出红票，顾客

签名。（　　）

6. 将商品退换原因、处理结果向有关部门及员工通报，以期引起重视，并在服务工作中加以改善，这是退换药品的最后一道程序。（　　）

7. 在退换过程中，要向顾客诚心道歉，并保证再不发生类似事件。（　　）

8. 对药店能否退药的规定，国家至今没有统一的硬性规定。（　　）

（五）简答题

1. 退换货的操作流程具体分为哪几个步骤？
2. 哪些情况下的药品可退换？
3. 在药品退换过程中，营业员要注意什么问题？
4. 处理药品退换货的原则是什么？

（六）分析题

顾客王小姐在药店理肤泉专柜买了几瓶护肤品，没用多久就过敏了，而且很严重。王小姐到药店要求退货，但药店营业员说必须要有医院开具的证明才可退货，王小姐感觉非常生气和麻烦，你认为药店营业员的做法正确吗？

模块三　药品不良反应报告

一、工作流程

（一）工作前准备

同项目二模块一中"（一）西药处方药零售前准备工作"。

（二）药品不良反应报告操作过程

国家实行药品不良反应报告制度，所有的药品生产经营企业和医疗预防保健机构都应按规定报告所发现的药品不良反应。

药店应按照国家有关药品不良反应报告制度的规定和药店相关制度，注意收集由本药店售出药品的不良反应情况，如果发现不良反应情况，应及时采取措施，同时按规定上报有关部门并填写"药品不良反应/事件报告表"（见表4-3-1）。

1. 药品不良反应报告操作要点

（1）药品不良反应（ADR）主要是指药品在正常用法和用量下出现的与用药目的无关的或意外的有害反应。

（2）"药品不良反应/事件报告表"是药品安全性监测工作的重要档案资料，需要永久保存，务必要用钢笔填写。填写的内容和字迹要清楚、整洁；不用不规范的符号、代号，不通用的缩写和草体签名。

（3）不良反应名称应填写不良反应中最主要的表现。

（4）不良反应的表现，要求摘要描述，与可疑不良反应有关的临床检查结果要尽可能明确填写。

（5）如有两种怀疑引起不良反应的药品，可同时填上。药品名称要填写完整，不可用简称。

（6）紧急情况，包括严重的，特别是致死的不良反应，应以最快捷的通信方式（包括电话、传真、特快专递、电子邮件等）将情况报告国家药品不良反应监测中心。

表 4-3-1　药品不良反应/事件报告表

新的□　严重□　一般□　　　医疗卫生机构□　生产企业□　经营企业□　个人□　　　编码□□□□□□□□

单位名称：　　　　　部门：　　　　电话：　　　　　　报告日期：　　年　　月　　日

患者姓名	性别:男□女□	出生日期: 年 月 日	民族	体重/kg	联系方式
家族药品不良反应/事件：有□ 无□ 不详□			既往药品不良反应/事件情况：有□ 无□ 不详□		
不良反应/事件名称：	不良反应/事件发生时间：　年　月　日	病历号/门诊号(企业填写医院名称)：			

不良反应/事件过程描述(包括症状、体征、临床检验等)及处理情况：

	商品名称	通用名称(含剂型、检测期内品种用*注明)	生产厂家	批号	用法用量	用药起止时间	用药原因
怀疑药品							
并用药品							

不良反应/事件的结果：治愈□　好转□　有后遗症□　表现：死亡□　直接死因：　　　死亡时间：　年　月　日
原患疾病：
对原患疾病的影响：不明显□　病程延长□　病情加重□　导致后遗症□　表现：导致死亡□
国内外有无类似不良反应(包括文献报道)：有□ 无□ 不详□

关联性评价	报告人：	肯定□ 很可能□ 可能□ 可能无关□ 待评价□ 无法评价□ 签名：
	报告单位：	肯定□ 很可能□ 可能□ 可能无关□ 待评价□ 无法评价□ 签名：
	省级药品不良反应监测机构：	肯定□ 很可能□ 可能□ 可能无关□ 待评价□ 无法评价□ 签名：
	国家药品不良反应监测机构：	肯定□ 很可能□ 可能□ 可能无关□ 待评价□ 无法评价□ 签名：

报告人职业：医生□　药师□　护士□　其他　　　报告人职务职称：　　　报告人签名：

2. 药品不良反应/事件分析

（1）用药与不良反应/事件的出现有无合理的时间关系？　　　　　　　有□　无□

（2）反应是否符合该药已知的不良反应类型？　　　　　　　　　　　是□　否□　不明□

（3）停药或减量后，反应/事件是否消失或减轻？

是□　否□　不明□　未停药或未减量□

（4）再次使用可疑药品后是否再次出现同样反应/事件？

是□　否□　不明□　未再使用□

（5）反应/事件是否可用并用药的作用、患者病情的进展、其他治疗的影响来解释？

是□　否□　不明□

3. 严重药品不良反应/事件

严重药品不良反应/事件是指有下列情形之一者：

（1）因服用药品引起死亡。

（2）因服用药品致畸、致癌或出生缺陷。

（3）因服用药品损害了重要生命器官，对生命有危险并能够导致人体永久的或显著的伤残。

（4）因服用药品引起神经损害，对器官功能产生永久损伤。

（5）因服用药品导致住院或住院时间延长。

二、基础知识

（一）我国要求报告的药品不良反应范围

① 所有危及生命、致残直至丧失劳动能力或残疾的不良反应。
② 新药投产使用后发生的各种不良反应。
③ 疑为药品所致的病变、癌变、畸形。
④ 各种类型的过敏反应。
⑤ 非麻醉药品产生的药物依赖性。
⑥ 疑为药品间相互作用导致的不良反应。
⑦ 其他一切意外的不良反应。

（二）药品不良反应的种类

（1）副作用　是指治疗剂量下出现的与治疗目的无关的作用。产生副作用的原因是药物作用选择性低、作用范围广，当治疗利用其中的一个药理作用时，其他作用就成了副作用。随着治疗目的的不同，副作用也可以转化为治疗作用。

（2）毒性作用　由于病人的个体差异、病理状态或合用其他药物引起敏感性增加，在治疗量时造成某种功能或器质性损害。一般是药理作用的增强，如氨基糖苷类抗生素链霉素、庆大霉素等具有的耳毒性。

（3）过度作用（excessive effect）　指使用推荐剂量时出现过强的药理作用，在定义上与毒性作用相符。

（4）后遗效应　是指停药后血药浓度已降至最低有效浓度以下时残存的生物效应。遗留时间可长可短，危害轻重不一，例如，服用巴比妥类催眠药后次晨的宿醉现象。

（5）变态反应　药品作为半抗原或全抗原刺激机体而发生的非正常的免疫反应。这种反应的发生与药品剂量无关或关系甚少，治疗量或极小量都可发生。临床主要表现为皮疹、血管神经性水肿、过敏性休克、血清病综合征、哮喘等。

（6）继发反应　是由于药品的治疗作用所引起的不良后果，又称治疗矛盾。不是药物本身的效应，而是药品主要作用的间接结果。如广谱抗生素长期应用可改变正常肠道菌群的关系，使肠道菌群失调导致二重感染（superinfection）。

（7）特异质反应　因先天性遗传异常，少数病人用药后发生与药物本身药理作用无关的有害反应。该反应和遗传有关，与药理作用无关；大多是由于肌体缺乏某种酶，是药物在体内代谢受阻所致的反应。

（8）药物依赖性　药物依赖性是反复地（周期性或连续性）用药所引起的人体心理上或生理上或兼有两者的对药物的依赖状态，表现出一种强迫性的要连续或定期用药的行为和其他反应。

① 精神依赖性　凡能引起令人愉快意识状态的任何药物即可引起精神依赖性，精神依赖者为得到欣快感而不得不定期或连续使用某种药物。

② 身体依赖性　用药者反复应用某种药物造成一种适应状态，停药后产生戒断症状，

使人非常痛苦，甚至危及生命。

阿片类和催眠镇静药在反复用药过程中，先产生精神依赖性，后产生身体依赖性。

（9）致癌作用　化学药物诱发恶性肿瘤的作用。人类恶性肿瘤80%～85%为化学物质所致。

（10）致突变　指引起遗传物质DNA的损伤性变化。

（11）致畸作用　指药物影响胚胎发育而形成畸胎的作用。畸胎有一定的自然发生率，因此判断困难，只能估计危险度。

（12）首剂效应　系指一些病人在初服某种药物时，由于肌体对药物作用尚未适应而引起不可耐受的强烈反应。例如，哌唑嗪等按常规剂量开始治疗常可致血压骤降。

（13）停药综合征　一些药物在长期应用后，机体对这些药物产生了适应性，若突然停药或减量过快易使机体的调节机能失调而发生功能紊乱，导致病情或临床症状上的一系列反跳、回升现象和疾病加重等。例如，停用抗高血压药出现血压反跳以及心悸、出汗等症状。

三、拓展知识

（一）药品不良反应报告制度

药品不良反应报告制度是国家药政管理机构为保障公众用药安全，依据法律法规规定药品生产、经营企业，医疗机构及时上报药品不良反应的重要举措；同时鼓励社会与个人自愿报告药品不良反应。特别是后者由于覆盖面广，反馈信息量大，成效显著，已成为许多国家监测的重要手段。

事实证明，实施药品不良反应报告制度，一方面有利于提高医务人员对药品不良反应的正确认识，避免其重复发生，促进合理用药；另一方面可以警告被通报药品的生产企业，加强对其生产药品的追踪监测、改进工艺、提高质量、完善"药品说明书"；也为药品监管、卫生行政部门的监督管理提供依据。

（二）我国药品不良反应报告现状

我国政府从法规完善到监测实施，做了大量有成效的工作。1998年我国成为世界卫生组织国际药品监测合作计划的成员，并正式成立了国家药品不良反应监测中心。自2001年11月开始，国家药品监督管理局不定期向社会公开颁布"药品不良反应信息通报"。2004年3月15日卫生部和国家食品药品监督管理局联合发布了《药品不良反应报告和监测管理办法》，并建立了药品不良反应监测信息网络系统。这些对公众合理用药、保障用药安全起到了警示和指导的作用。

然而由于受到经济、社会发展水平的制约，我国药品不良反应报告的现状同先进国家相比还有较大差距。世界卫生组织要求，药品不良反应监测体系健全的国家，每年收到的病例报告数量不应该低于300份/百万人口。美国2002年收到的病例报告数量为320860份，合800份/百万人口。我国2003年全年的病例报告数量为36852份，合28份/百万人口。许多国家通过立法实施药品召回制度，有效地降低了药品不良反应造成的危害。2002年美国召回药品437种，其中非处方药达83种。我国目前已实施了食品召回，但对药品的召回目前尚属空白。

（三）药品不良反应报告的内容和途径

事实上，药品不良反应报告不仅是国家管理和监督医疗机构，药品生产、经营单位的责任，更应该视为有利于大众健康的一项公益活动，应该得到重视和参与。

根据《药品不良反应报告和监测管理办法》规定，新药需报告所有的不良反应，老药仅报告严重、罕见或新发现的（药品说明书中未记载）不良反应。报告的内容要力求真实、完整、准确。

① 用药患者的姓名、性别、出生日期、民族、体重、家族药品不良反应史、疾病情况、用药原因、联系电话。

② 药品的名称、生产厂家、批号、剂型剂量、用药途径和时间。

③ 不良反应的表现、处理情况及结果。

报告的主要途径：向所在省、自治区、直辖市药品不良反应监测专业机构或药品监督管理机构打电话或通过互联网反馈均可。

四、相关法规和制度

《药品不良反应报告和监测管理办法》（局令第7号）

第十二条　药品不良反应实行逐级、定期报告制度，必要时可以越级报告。

第十三条　药品生产、经营企业和医疗卫生机构必须指定专（兼）职人员负责本单位生产、经营、使用药品的不良反应报告和监测工作，发现可能与用药有关的不良反应，应详细记录、调查、分析、评价、处理，并填写"药品不良反应/事件报告表"，每季度集中向所在地的省、自治区、直辖市药品不良反应监测中心报告，其中新的或严重的药品不良反应应于发现之日起15日内报告，死亡病例须及时报告。

第十四条　"药品不良反应/事件报告表"的填报内容应真实、完整、准确。

第十五条　新药监测期内的药品应报告该药品发生的所有不良反应；新药监测期已满的药品，报告该药品引起的新的和严重的不良反应。

药品生产企业除按第十三条规定报告外，还应以"药品不良反应/事件定期汇总表"的形式进行年度汇总后，向所在地的省、自治区、直辖市药品不良反应监测中心报告。对新药监测期内的药品，每年汇总报告一次；对新药监测期已满的药品，在首次药品批准证明文件有效期届满当年汇总报告一次，以后每5年汇总报告一次。

第十六条　进口药品自首次获准进口之日起5年内，报告该进口药品发生的所有不良反应；满5年的，报告该进口药品发生的新的和严重的不良反应。此外，对进口药品发生的不良反应还应进行年度汇总报告，进口药品自首次获准进口之日起5年内，每年汇总报告一次；满5年的，每5年汇总报告一次。

进口药品在其他国家和地区发生新的或严重的不良反应，代理经营该进口药品的单位应于不良反应发现之日起一个月内报告国家药品不良反应监测中心。

第十七条　药品生产、经营企业和医疗卫生机构发现群体不良反应，应立即向所在地的省、自治区、直辖市（食品）药品监督管理局，卫生厅（局）以及药品不良反应监测中心报告。省、自治区、直辖市（食品）药品监督管理局应立即会同同级卫生厅（局）组织调查核实，并向国家食品药品监督管理局、卫生部和国家药品不良反应监测中心报告。

第十八条　个人发现药品引起的新的或严重的不良反应，可直接向所在地的省、自治区、直辖市药品不良反应监测中心或（食品）药品监督管理局报告。

第十九条　省、自治区、直辖市药品不良反应监测中心，应每季度向国家药品不良反应监测中心报告所收集的一般不良反应报告；对新的或严重的不良反应报告应当进行核实，并于接到报告之日起3日内报告，同时抄报本省、自治区、直辖市（食品）药品监督管理局和卫生厅（局）；每年向国家药品不良反应监测中心报告所收集的定期汇总报告。

第二十条　国家药品不良反应监测中心应每半年向国家食品药品监督管理局和卫生部报告药品不良反应监测统计资料，其中新的或严重的不良反应报告和群体不良反应报告资料应分析评价后及时报告。

第二十一条　药品不良反应监测中心应对报告药品不良反应的单位或个人反馈相关信息。

五、实训

实训题目：不良反应事件处理。

（一）实训目的
(1) 熟悉我国要求报告不良反应药品的种类。
(2) 掌握我国要求报告的药品不良反应的范围。
(3) 及时进行药品不良反应的报告。
(4) 妥善处理药品不良反应的事件。

（二）实训内容
某药店销售一种预防和治疗心脑血管疾病的新药——某胶囊。其主要功能是：疏通血管，调整心律，活血止痛，镇心安神。适应证：冠心病及冠心病的预防，心绞痛，心肌炎，动脉硬化。林先生，61岁，近半年经常心痛，平均每日发作1~2次，每次持续5~10分钟。遂于2004年4月7日到该药店购买了6盒某胶囊。但服药1盒后，心痛平均每日发作2~4次，每次持续10~15分钟，还伴有胸闷、气短、乏力、心悸等不良反应。于是，林先生到该药店咨询。假设你是这家药店的营销主管，负责处理这一事件。
(1) 判定以上现象是否属于药品不良反应报告的范围。
(2) 制定一份处理该事件的方案。
(3) 给林先生一个满意的答复。
(4) 制作一份"药品不良反应/事件报告表"并进行填写。

（三）实训要求
(1) 在教师指导下，学生自由组合为4~6人的实训小组，并确定负责人。小组成员共同研讨、制定本实训方案，形成实训报告。
(2) 方案应遵守GSP关于药品不良反应报告的制度。
(3) 方案要结合处理客户异议的技巧。
(4) 模拟与林先生交涉过程，体现处理实际问题的能力。

（四）考核标准与方法
考核标准与方法见表4-3-2。

表 4-3-2　考核标准与方法

序号	评估项目	评估标准	很好 (7分)	较好 (5分)	一般 (3分)	较差 (1分)	教师审核评定意见
1	课程出勤情况						
2	课堂纪律执行情况						
3	作业准时完成情况						
4	熟知药品不良反应的内涵及种类						
5	能正确判定是否属于药品不良反应报告的范围						
6	处理药品不良反应事件的方案，符合GSP要求，具有较强的可行性						

续表

序号	评估项目	评估标准	很好(7分)	较好(5分)	一般(3分)	较差(1分)	教师审核评定意见
7	在与林先生交涉的过程中,体现出较强的协调能力						
8	熟悉药品不良反应报告的内容,能准确填写						
9	课外参考资料阅读						
10	克服学习困难表现						
	1~10项自评成绩(70分)						同意
11	在本单元学习中判断分析能力表现如何?对这一能力的培养有何建议?						
12	在本单元学习中应变能力表现如何?对这一能力的培养有何建议?						
	11项、12项考评成绩(30分)						同意
	通用能力总评成绩(100分)						同意

六、思考与练习

(一)填空题

1. 《药品不良反应报告和监测管理办法》规定发现可能与用药有关的不良反应应详细_____、_____、_____、_____、_____,并填写_____。

2. 对新药监测期内的药品,_____汇总报告一次;对新药监测期已满的药品,在首次药品批准证明文件有效期届满_____汇总报告一次,以后每_____年汇总报告一次。

3. 药品生产、经营企业和医疗卫生机构发现群体不良反应,应立即向所在地的_____、_____、_____、_____报告。

(二)单项选择题

1. 药品作为半抗原或全抗原刺激机体而发生的非正常的免疫反应是(　　)发应。
   A. 毒性作用　　B. 变态反应　　C. 继发反应　　D. 特异性反应

2. 下列不属于我国要求报告的药品不良反应范围的是(　　)。
   A. 疑为药品所致的病变、癌变、畸形　　B. 新药投产使用后发生的各种不良反应
   C. 各种类型的过敏反应　　D. 顾客自己配药服用后的不良反应

3. 不良反应的表现在报告中应(　　)描述。
   A. 摘要　　B. 具体　　C. 选择　　D. 大致

4. 紧急情况的不良反应,不应选择(　　)通讯方式报告。
   A. 电话　　B. 传真　　C. 电子邮件　　D. 新闻报道

5. 阿片类和催眠镇静药在反复用药过程中,会(　　)的反应。
   A. 先产生精神依赖性,后产生身体依赖性
   B. 先产生身体依赖性,后产生精神依赖性
   C. 同时产生精神、身体依赖性
   D. 以上都不是

6. 下列选项(　　)不是药品不良反应报告要填写的内容。
   A. 家族药品不良反应史　　B. 姓名

C. 不良反应的表现　　　　　　　　D. 收入

7. 以下属于严重药品不良反应的是(　　)。
A. 致畸　　　B. 药物依赖　　　C. 过度作用　　　D. 变态反应

8. 患者自愿报告药品不良反应具有(　　)的优势。
A. 权威性　　　B. 典型性　　　C. 时效性　　　D. 覆盖面广

（三）多项选择题

1. 下列属于不良反应的有(　　)。
A. 副作用　　　B. 毒性作用　　　C. 变态反应　　　D. 精力旺盛

2. "药品不良反应/事件报告表"的填写不允许出现(　　)情况。
A. 缩写　　　B. 草体签名　　　C. 符号不规范　　　D. 字迹清楚

3. 实施药品不良反应报告制度，有(　　)积极影响。
A. 促进合理用药　　　　　　　　B. 完善"药品说明书"
C. 避免其重复发生　　　　　　　D. 加强对生产药品的追踪监测

4. 根据《药品不良反应报告和监测管理办法》规定，老药在发生(　　)不良反应时要报告。
A. 严重　　　B. 罕见　　　C. 重复　　　D. 新发现

（四）判断题

1. 不良反应名称应填写不良反应中最主要的表现。(　　)
2. 如有两种怀疑引起不良反应的药品，可同时填上。药品名称要填写完整，可用简称。(　　)
3. 过度作用指使用推荐剂量时出现过强的药理作用，在定义上与毒性作用相符。(　　)
4. 致癌作用是指化学药物诱发恶性肿瘤的作用。(　　)
5. 药品不良反应实行逐级、定期报告制度，不允许越级报告。(　　)
6. 个人发现药品引起的新的或严重的不良反应，可直接向所在地的省、自治区、直辖市药品不良反应监测中心或（食品）药品监督管理局报告。(　　)
7. 药品不良反应监测中心没有必要对报告药品不良反应的单位或个人反馈相关信息。(　　)
8. 因服用药品引起死亡属于严重药品不良反应。(　　)

（五）简答题

1. 药品不良反应报告的操作过程是什么？
2. 我国要求报告的药品不良反应范围？
3. 药品不良反应的种类有哪些？

项目五
药品零售票据

学习目标

1. 掌握零售药品开票操作过程
2. 掌握零售药品票据的填写

模块一　销售凭据

一、工作流程

（一）工作前准备

开票是企业中的一个重要岗位，它不仅承担着实现企业收益的重任，同时还是展示企业形象的一扇窗口。

1. 职业形象准备

同项目二处方药零售模块一：西药处方药零售中"西药处方药零售前准备工作"。

2. 设施和用品准备

（1）用于药品零售的营业场所和仓库，面积不应低于以下标准：大型零售企业营业场所面积 $100m^2$，仓库 $30m^2$；中型零售企业营业场所面积 $50m^2$，仓库 $20m^2$；小型零售企业营业场所面积 $40m^2$；仓库 $20m^2$。零售连锁门店营业场所面积 $40m^2$。

（2）药品零售企业和零售连锁门店的营业场所应宽敞、整洁，营业用货架、柜台齐备，销售柜组标志醒目。

（3）药品零售企业和零售连锁门店应配备完好的衡器以及清洁卫生的药品调剂工具、包装用品，并根据需要配置低温保存药品的冷藏设备。

（4）药品零售企业和零售连锁门店销售特殊管理药品的，应配置存放药品的专柜以及保管用设备、工具等。

（5）药品零售企业的仓库应与营业场所隔离，库房内地面和墙壁平整、清洁，有调节温度和湿度的设备。

（6）药品检验室应开展化学测定、仪器分析（大中型企业还应增加卫生学检查、效价测定）等检测项目，并配备与企业规模和经营品种相适应的仪器设备。

小型企业：配置万分之一分析天平、酸度仪、电热恒温干燥箱、恒温水浴锅、片剂崩解仪、澄明度检测仪。经营中药材和中药饮片的，还应配置水分测定仪、紫外荧光灯和显微镜。

中型企业：在小型企业配置的基础上，增加自动旋光仪、紫外分光光度计、生化培养箱、高压灭菌锅、高温炉、超净工作台、高倍显微镜。经营中药材、中药饮片的还应配置生物显微镜。

大型企业：在中小型企业配置的基础上，增加片剂溶出度测定仪、真空干燥箱、恒温湿培养箱。

（7）销货清单，见表5-1-1。

表 5-1-1　某医药有限公司销售清单

商品名称	商品规格	生产企业	批号	有效期至	单位	数量	单价/元	金额/元
金额合计/元			金额合计大写					

（8）税务发票，见表5-1-2。

表 5-1-2　安徽省货物销售统一发票

皖国税(07)印字第　号　　　　　　　　发票联　　　　　　　　发票代码：

客户名称：　　　　　　　　　　　　　　　　　　　　　　　　发票号码：

品名	规格	单位	数量	单价	金额					
					千	百	十	元	角	分
合计金额（大写）				仟	佰	拾	元	角	分	￥：_____
销售单位纳税人登记号										
备注										

销售单位　　　　　　　电话：　　　　　　收款：　　　　　　　开票：
（盖章有效）　　　　　　地址：　　　　　　　　　　　　　　　　年　月　日

（9）进销存日报表，见表5-1-3。

表 5-1-3　药品进销存日报表

年　月　日

通用名称	药品商品名称	规格	生产日期	剂型	生产企业	购货企业	有效期至	批准文号	生产批号	昨日结存	今日进货	退货或调出	今日销货	今日结存	进货累计	销货累计

项目	昨日结存	增加金额	减少金额	今日结存	传票编号
现金					自　　号
银行存款					凭证　　张

负责人：　　　　　　　　　　　　　　　　　　　　　　　　填表人：

（10）支持条码枪、销货清单打印机、钱箱、客显屏等常用 POS 设备。

POS 收银机操作简单，还大大减轻了收银员的脑力负担，实现了节省人力、物力、财力和提高工作效率的目标。

POS 机外设有：客显——是给顾客看的，显示所收金额，找零金额；票据打印机——打印收款小票的打印机；刷卡器——刷磁卡的设备，主要用于会员积分与店内会员贮值；钱箱——装钱的设备，打印机打完小票后自动弹开钱箱；扫描设备——扫描商品条码的设备。

（11）验钞机。

（二）开票操作流程

① 对于处方药由执业药师审核处方或抄写处方，OTC 药品向执业药师咨询；无医师开具的处方不得销售处方药。

② 由柜台营业员开出销售清单，顾客执销售清单到收银台缴款并盖现金收讫章。

③ 营业员凭销售清单发货并审核，把药品交于顾客。

④ 顾客再拿销售清单换回正式发票。

⑤ 填制"进销存日报表"。

例：2008 年 7 月 1 日张华到药店购买 OTC 黄连上清片 5 盒，有效期 2008 年 4 月 1 日至 2010 年 4 月 1 日，单价 1 元/支；湖北成田制药有限公司生产的无极膏（10g）2 支，单价 0.8 元/支，有效期 2 年，出厂日期 2007 年 11 月 20 日。由营业员王平开销售清单和正式发票，收银员王亚收款。操作步骤如下。

（1）填写销售清单，见表 5-1-4。

表 5-1-4　某医药有限公司销售凭据

销售单位：张华　　　　　　　　　　　　　　　　　　　　　　　　　　　2008 年 7 月 1 日

商品名称	商品规格	生产企业	批号	有效期至	单位	数量	单价/元	金额/元
黄连上清片	0.33g×16×3/盒	天津医药集团	080401	2010-04-01	盒	5	1.00	5.00
无极膏	10g	湖北成田制药有限公司	071120	2009-11-20	支	2	0.80	1.60
金额合计/元	6.60		金额合计大写		陆元陆角整			

营业员：王平　　　　　　　　　　　　　　　　　　　　　　　　　　　　　　收银员：王亚

（2）换正式发票，见表 5-1-5。

表 5-1-5　安徽省货物销售统一发票

皖国税(07)印字第　号　　　　　　　　　　发票联　　　　　　　　　　　　发票代码：

客户名称：　　　　　　　　　　　　　　　　　　　　　　　　　　　　　　发票号码：

品名	规格	单位	数量	单价	金额					
					千	百	十	元	角	分
黄连上清片	0.33g×16×3/盒	盒	5	1.00				5	0	0
无极膏	10g	支	2	0.80				1	6	0
合计金额(大写)		零仟　零佰　零拾　陆元　陆角　零分			￥: 6.60					
销售单位纳税人登记号										
备注										

销售单位　　　　　　　　电话：　　　　　　　　收款：王亚　　　　　　　开票：王平
（盖章有效）　　　　　　地址：　　　　　　　　　　　　　　　　　　　　2008 年 7 月 1 日

（3）填写"药品进销存日报表"，见表5-1-6。

表5-1-6　药品进销存日报表

通用名称	药品商品名称	规格	生产日期	剂型	生产企业	购货企业	有效期至	批准文号	生产批号	昨日结存	今日进货	退货或调出	今日销货	今日结存	进货累计	销货累计
黄连上清片		0.33g×16×3/盒	2008-04-01	颗粒	天津医药集团		2010-04-01		080401	10			5	5		5
无极膏		10g	2007-11-20	膏剂	湖北成田制药有限公司		2009-11-20		071120	20			2	18		2

项目	昨日结存	增加金额	减少金额	今日结存	传票编号
现金	26		6.6	19.4	自　　号
银行存款					凭证　张

负责人：×××　　　　　　　　　　　　　　　　　　　　　　填表人：×××

二、开票操作质量控制点

① 对于非处方药必须要有执业药师审核处方或抄写的处方，方可开票填写销售清单。
② 收费时一定要进行验钞。
③ 当日销售清单，共分顾客、营业员、收银员三联。
④ 开销售清单和开正式发票时，一定要填写品名、规格、数量、单价、金额等，每张凭证应认真核对不能出现误差。

三、基础知识

（一）药品零售票据（发票）的使用

1. 发票的开具
① 凡对外发生经营业务收取款项时，应向付款方开具发票。
② 发票必须按要求填写品名、规格、数量、单价、金额等，凡是发票上设置的栏目都要逐项逐栏规范性地一次性填写。

2. 发票的保管
发票的保管具体包括以下内容。
① 发票要有专人保管，并使用专柜，建立专用账表。
② 发票保管要做到手续清、账目清、责任清。

③ 在保管发票的过程中，要注意防火、防盗、防霉烂毁损、防虫蛀鼠咬、防丢失。
④ 不准相互转借、转让发票。
⑤ 不准出现账实不符的现象。
⑥ 不准擅自处理发票中出现的空白联和其他残缺的联次。
⑦ 发生发票溢余或短缺，未经查明原因和批准，任何人不得擅自调账。
⑧ 已开具的发票存根联和发票登记簿，应当保存5年，保存期满，报经税务机关查验后销毁，任何单位和个人不准擅自销毁未满保管期限的发票。

（二）商场内部销售传票的使用

商场内部销售传票是一种自制凭证。商场内部销售传票便于购销双方能够清楚地了解商品具体的名称、数量、单价、总金额。会计根据销售发票及传票可进行账务处理。

（三）支票的使用

常见支票分为现金支票、转账支票，在支票正面上方有明确标注。现金支票只能用于支取现金；转账支票只能用于转账。
① 支票正面不能有涂改痕迹，否则本支票作废。
② 受票人如果发现支票填写不全，可以补记，但不能涂改。
③ 支票的有效期为10天，日期首尾算一天，节假日顺延。
④ 出票单位现金支票背面印章模糊的，可把模糊印章打叉，重新再盖一次或不接收。

四、拓展知识

（一）商业零售发票的管理及规定
① 根据税务局对发票的管理规定，统一印制和购买，实行统一管理。
② 使用的发票，由营业大厅到会计部门统一领取。
③ 会计部门设"发票使用登记本"，领取时要记载领用日期、数量、发票起止号、经手人。
④ 发票只限在本单位合法经营范围内使用，不准向外转让、出售。

（二）发票开具的管理
① 开具发票时，项目填写齐全、字迹清楚、书写规范，不得缺联填写，须加盖发票专用章，使用防伪印油。
② 发票内容填写要求：日期准确无误，购物单位栏不得简化或空白，品名、数量、大小写金额如实，不准开具品名金额与购物不相符的发票；发票的空白处划斜线封闭；注明开票人姓名。
③ 开错的发票不得撕毁，应在全部联次上注明"作废"字样，保留在原本发票上。
④ 购物需退货时，应持原发票，如因已报账不能提供原发票的，应有购货部门证明和发票复印件才能开具红字发票，证明信及发票复印件附在发票存根联后。
⑤ 购货人要求开具发票时，收回购物凭证粘在发票存根联后。

（三）发票的保管
① 用完的发票存根，按发票的顺序整理好，交财务部核对，财务部检查收回和领用数量是否相符，发现缺本少页，按税务局发票管理规定罚款并追究当事人的责任。
② 收回的发票上交财务部，其负责整理装箱，贴上封签，依据税务局的规定存放和保管（包括发票登记本），保存5年，保存期满，报税务机关查验，批准后销毁。

(四)开票人员素质

(1) 优良的道德品质　具有优良的道德品质是对从事开票人员的首要要求。开票人员必须熟悉国家相关法律法规及企业规章制度，遵守国家相关法律法规。热爱本职工作，才可能全身心地投入并达到乐此不疲的程度；才可能在工作中始终兢兢业业，认真负责；才可能在工作中充分发挥自己的聪明才智，以真诚优质的服务来赢得顾客的信任，在平凡的岗位上做出不平凡的业绩。

(2) 过硬的职业技能　职业技能过硬是提高工作效率和工作性质的前提。开票工作要求准确、快速、安全。准确性是工作质量的重要指标，只有在准确的基础上，快速和安全才是有意义的。开票人员除必须熟练掌握计算机操作技术以及会计数字书写规范外，还应掌握一定的会计业务基础知识。

(3) 良好的服务意识　开票工作是一项综合性很强的工作。它既是经济性工作，但更多的又是服务性工作。要能正确认识此工作的这一特殊性，树立正确的服务意识，不断增强服务意识，树立全心全意为顾客服务的思想，主动、热情、耐心、周到地为顾客提供优质的服务。通过自己的勤奋劳动，满足顾客的需要，对顾客不论生熟亲疏，并要熟知客户、了解客户，知道怎么去和客户沟通，能给客户满意的服务。

(4) 有丰富的专业知识和业务知识　所谓的专业知识就是对公司库存产品的品名、规格、厂家、单价，特别是商品名要了解和熟知，至少要了解这一品种的功能主治，要知道它的包装情况，还要了解处方药品和非处方药品及其药品的别名，并且要熟知医药市场信息，该药品的底价是多少，它的涨跌情况。

(5) 做好通信员　开票员是市场与采购员之间的桥梁，因此，开票员要做好信息传递工作，什么价位是目前的行情，滞销和畅销药品，把有用的、准确无误的信息尽快反映给采购部门，使公司在市场竞争中永远处于优势。

(五)驻店药师职责

① 驻店药师必须遵守职业道德，忠于职守。
② 驻店药师必须了解本店处方药，非处方药使用过程中的有关知识。
③ 驻店药师必须对处方进行审核签字。
④ 驻店药师依据处方正确调配，对有问题的处方不能擅自更改，应凭医师更正重新签字，方可调配销售。
⑤ 对消费者购买的药品，驻店药师应提供用药指导或提出治疗建议。
⑥ 营业时间内，执业药师或药师应佩戴标明姓名、执业药师或其技术职称等内容的胸卡。

五、相关法规和制度

(一)支票的管理规定

第八十二条　支票是出票人签发的，委托办理支票存款业务的银行或者其他金融机构在见票时无条件支付确定的金额给收款人或者持票人的票据。

第八十三条　开立支票存款账户，申请人必须使用其本名，并提交证明其身份的合法证件。

开立支票存款账户和领用支票，应当有可靠的资信，并存入一定的资金。

开立支票存款账户，申请人应当预留其本名的签名式样和印鉴。

第八十四条　支票可以支取现金，也可以转账，用于转账时，应当在支票正面注明。

支票中专门用于支取现金的，可以另行制作现金支票，现金支票只能用于支取现金。

支票中专门用于转账的，可以另行制作转账支票，转账支票只能用于转账，不得支取现金。

第八十五条　支票必须记载下列事项

1. 表明"支票"的字样；
2. 无条件支付的委托；
3. 确定的金额；
4. 付款人名称；
5. 出票日期；
6. 出票人签章。

支票上未记载前款规定事项之一的，支票无效。

第八十六条　支票上的金额可以由出票人授权补记，未补记前的支票，不得使用。

第八十七条　支票上未记载收款人名称的，经出票人授权，可以补记。

支票上未记载付款地的，付款人的营业场所为付款地。

支票上未记载出票地的，出票人的营业场所、住所或者经常居住地为出票地。

出票人可以在支票上记载自己为收款人。

第八十八条　支票的出票人所签发的支票金额不得超过其付款时在付款人处实有的存款金额。

出票人签发的支票金额超过其付款时在付款人处实有的存款金额的，为空头支票。禁止签发空头支票。

第八十九条　支票的出票人不得签发与其预留本名的签名式样或者印鉴不符的支票。

第九十条　出票人必须按照签发的支票金额承担保证向该持票人付款的责任。

出票人在付款人处的存款足以支付支票金额时，付款人应当在当日足额付款。

第九十一条　支票限于见票即付，不得另行记载付款日期。另行记载付款日期的，该记载无效。

第九十二条　支票的持票人应当自出票日起 10 日内提示付款；异地使用的支票，其提示付款的期限由中国人民银行另行规定。

超过提示付款期限的，付款人可以不予付款；付款人不予付款的，出票人仍应当对持票人承担票据责任。

第九十三条　付款人依法支付支票金额的，对出票人不再承担受委托付款的责任，对持票人不再承担付款的责任。但是，付款人以恶意或者有重大过失付款的除外。

第九十四条　支票的背书、付款行为和追索权的行使，除本章规定外，适用本法第二章有关汇票的规定。

支票的出票行为，除本章规定外，适用本法第二十四条、第二十六条关于汇票的规定。

(二) 票据欺诈法律责任

第一百零二条有下列票据欺诈行为之一的，依法追究刑事责任：

1. 伪造、变造票据的；
2. 故意使用伪造、变造的票据的；
3. 签发空头支票或者故意签发与其预留的本名签名式样或者印鉴不符的支票，骗取财物的；
4. 签发无可靠资金来源的汇票、本票，骗取资金的；
5. 汇票、本票的出票人在出票时作虚假记载，骗取财物的；

6. 冒用他人的票据，或者故意使用过期或者作废的票据，骗取财物的；

7. 付款人同出票人、持票人恶意串通，实施前六项所列行为之一的。

第一百零三条 有前条所列行为之一，情节轻微，不构成犯罪的，依照国家有关规定给予行政处罚。

第一百零四条 金融机构工作人员在票据业务中玩忽职守，对违反本法规定的票据予以承兑、付款或者保证的，给予处分；造成重大损失，构成犯罪的，依法追究刑事责任。

由于金融机构工作人员因前款行为给当事人造成损失的，由该金融机构和直接责任人员依法承担赔偿责任。

六、实训

实训题目：填写销售凭据及填写商业"进销存日报表"（以零售药店销售发热症状药品为例）。

（一）实训目的

（1）能根据处方开销售清单。

（2）根据销售清单收款时的注意事项。

（3）根据销售清单换取正式发票时的注意事项。

（二）实训准备

① 准备模拟药店一间、药品多种、销售清单、发票、收款机。

② 让同学模拟药店营业员、收银员、执业药师、顾客。

（三）实训过程与方法

① 每4人为一组。

② 角色扮演。4人中，一人扮演顾客，一人扮演营业员负责推介，一人扮演执业药师，一人扮演收银员。实训中4人的角色应实行轮换。

③ 根据实训内容，开销售清单、收银、开正式发票、填制"药品进销存日报表"。

（四）实训内容（情景模拟）

作用类别：本品为抗过敏类非处方药药品。

（1）执业药师或药师对处方进行审核并签字后 购药者来到柜台前购买退烧药马来酸氯苯那敏片（别名扑尔敏），由营业员把购药者带到执业药师处审核并签字。

（2）营业员开销售清单 顾客拿处方，到营业员处开销售清单（见表5-1-1）。

（3）收银员收款 收银员根据销售清单收款并盖上现金收讫章。

（4）顾客取药并换取正式发票 营业员根据已盖现金收讫销售清单发货并审核，把药品交于顾客并换取正式发票（见表5-1-2）。发票必须按要求填写品名、规格、数量、单价、金额等，凡是发票上设置的栏目都要逐项逐栏规范性地一次性填开。

（5）营业员根据销售清单填制药品进销存日报表（见表5-1-3）。

（五）结果

根据学生扮演情况，小组互评和教师点评，并填写实验考核表（见表5-1-7）。

（六）注意事项

（1）分组人数不宜太多。

（2）应由学生自行开具销售清单、收银、开发票、药品进销存日报表。

表 5-1-7　实验考核表

零售药店名称：　　　　　　　　　　　　　　　　　　　　评分日期：　　年　　月　　日

检查项目及内容	分值	评分标准	检查情况及扣分记录	得分
服饰和礼仪	15	着装不整洁、礼仪不端装、接待不符合要求。缺1项扣3分		
环境准备(提问)	10	回答错1次扣1分		
设施和用品准备(提问)	10	回答错1次扣1分		
审处方	10	若无执业药师审核并签字扣5分		
开具销售清单	10	品名、规格、数量等开错扣2分		
收银	15	找错金额扣5分,没盖现金收讫章扣5分		
发货	10	药品拿错扣5分		
正式发票	10	品名、规格、数量、单价、金额等开错扣2分		
药品进销存日报表	10	填写错1项扣1分		
总分值				

七、思考与练习

（一）填空题

1. 开票设施和用品准备_____、_____、_____。
2. 发票必须按要求填写_____、_____、_____、_____、_____。
3. 使用剪贴式发票，可以将_____、_____有机地联系起来。
4. 发票保管要做到_____、_____、_____。
5. 支票的有效期为_____天。
6. 发票依据税务局的规定存放和保管（包括发票登记本），保存_____年，保存期满，报税务机关查验，批准后销毁。
7. 常见支票分为_____、_____。
8. 开票工作要求_____、_____、_____、_____。
9. 对于_____由执业药师审核处方或抄写处方，_____向执业药师咨询。
10. 销售清单，共分_____联。
11. 发票只限在_____使用，不准_____。
12. 受票人如果发现支票填写不全，可以_____，但_____。
13. 商场内部销售传票便于购销双方能够清楚地了解商品具体的_____、_____、_____、_____。
14. 营业员负责_____。
15. 收银员负责_____。
16. 对保存温度有不同要求的药品应设有符合药品特性要求的_____设备，如冰箱或冷柜。
17. 使用的发票，由营业大厅到_____统一领取。
18. 顾客拿药，由_____开处方。
19. 会计部门设"_____"，领取时要记载领用日期、数量、发票起止号、经手人。
20. 发票要有_____，并使用专柜，建立_____。

(二) 单项选择题

1. 以下（　　）是票据欺诈行为。
   A. 伪造、变造票据的
   B. 使用正规票据的
   C. 签发可靠资金来源的汇票、本票
   D. 汇票、本票的出票人在出票时无虚假记载

2. 药品零售票据的保管具体包括（　　）内容。
   A. 发票要有人保管，并使用专柜，建立账表
   B. 发票保管要做到手续清、账目清、责任清
   C. 在保管发票的过程中，要注意防火
   D. 可以相互转借、转让发票

3. 支票的有效期为（　　）天，日期首尾算一天，节假日顺延。
   A. 5 天　　　　B. 6 天　　　　C. 8 天　　　　D. 10 天

4. 出票单位现金支票背面印章模糊的，（　　）。
   A. 可把模糊印章打叉
   B. 再盖一次或不接收
   C. 可把模糊印章打叉，重新再盖一次或不接收
   D. 可把模糊印章打叉，不接收

5. 支票上的内容不得涂改，其他内容如（　　）不必动须由签发人加盖预留银行印鉴证明。
   A. 出票日期　　B. 收款人　　C. 小写金额　　D. 大写金额

6. 发票保管要做到（　　）。
   A. 手续清、责任清
   B. 账目清
   C. 责任清
   D. 手续清、责任清、账目清

7. 营业员凭（　　）发货并审核，把药品交于顾客。
   A. 发票　　B. 销售清单　　C. 发票和销售清单　　D. 以上都不对

8. 销售清单，共分（　　）联。
   A. 1 联　　B. 2 联　　C. 3 联　　D. 4 联

9. 收回的发票上交财务部，其负责整理装箱，贴上封签，依据税务局的规定存放和保管（包括发票登记本），保存（　　）年，保存期满，报税务机关查验，批准后销毁。
   A. 2 年　　B. 3 年　　C. 4 年　　D. 5 年

10. （　　）是企业中的一个重要岗位，它不仅承担着实现企业收益的重任，同时还是展示企业形象的一扇窗口。
    A. 顾客　　B. 收银员　　C. 开票　　D. 执业药师

(三) 多项选择题

1. 开票人员应必须具备的素质包括（　　）。
   A. 优良的道德品质
   B. 过硬的职业技能
   C. 良好的服务意识
   D. 有丰富的专业知识和业务知识

2. 药品零售票据的保管具体包括（　　）。
   A. 发票要有专人保管，并使用专柜，建立专用账表
   B. 发票保管要做到手续清、账目清、责任清

C. 在保管发票的过程中，要注意防火、防盗、防霉烂毁损、防虫蛀鼠咬、防丢失
D. 不准相互转借、转让发票
3. 商场内部销售传票便于购销双方能够清楚地了解（　　）。
A. 商品具体的名称　　B. 数量　　　　　　C. 单价　　　　　　D. 总金额
4. 商业零售发票的管理及规定（　　）。
A. 根据税务局对发票的管理规定，统一印制和购买，实行统一管理
B. 使用的发票，由营业大厅到会计部门统一领取
C. 会计部门设"发票使用登记本"，领取时要记载领用日期、数量、发票起止号、经手人
D. 发票只限在本单位合法经营范围内使用，不准向外转让、出售
5. 支票必须记载（　　）。
A. 表明"支票"的字样　　　　　　　　　B. 无条件支付的委托
C. 确定的金额　　　　　　　　　　　　 D. 付款人名称

（四）判断题
1. 开票工作在商业零售业不是一个重要岗位。（　　）
2. 开票工作既是经济性工作，但更多的又是服务性工作。（　　）
3. 发票和印章涉及企业的利益和权益，应加强保护，不得随意乱放。（　　）
4. POS收银机操作简单，还大大减轻了收银员的脑力负担，实现了节省人力、物力、财力和提高工作效率的目标。（　　）
5. 开发票时应该按顾客的实际需要填写，可以虚开发票或填空白发票。（　　）
6. 端庄的仪表既是对他人的一种尊重，也是自尊、自重、自爱的一种表现。（　　）
7. 收银员上班期间可以披长发。（　　）
8. 发票保管要做到手续清、账目清、责任清。（　　）
9. 营业员可以直接把药品交于顾客。（　　）
10. 受票人如果发现支票填写不全，可以补记，也能涂改。（　　）

（五）问答题
1. 请叙述药品零售票据的保管规定。
2. 开票的操作要点是什么？

（六）分析题
1. 某医药有限公司销售凭据（见表5-1-8）。

表 5-1-8　某医药有限公司销售凭据

销售单位：张华　　　　　　　　　　　　　　　　　　　　　　　　　　2008年7月1日

商品名称	商品规格	生产企业	批号	有效期至	单位	数量	单价/元	金额/元
知柏地黄丸	200丸	河南省宛西制药股份有限公司	071120	2009-11-20	瓶	1	15.00	15.00
盐酸雷尼替丁胶囊	15g/每粒	东芝堂医药公司	080101	2010-01-01	瓶	1	10.00	10.00
金额合计/元	25.00			金额合计大写			贰拾伍元整	

营业员：　　　　　　　　　　　　　　　　　　　　　　　　　　　　收银员：王亚

2. 换正式发票（见表 5-1-9）。

表 5-1-9　安徽省货物销售统一发票

皖国税(07)印字第　号　　　　　　发票联　　　　　　　　　　　发票代码：
客户名称：张华　　　　　　　　　　　　　　　　　　　　　　　　发票号码：

品名	规格	单位	数量	单价	金额					
					千	百	十	元	角	分
盐酸雷尼替丁胶囊	15g/每粒	瓶	1	10			1	0	0	0
知柏地黄丸	200 丸	瓶	1	15			1	5	0	0
合计金额(大写)			零仟　零佰　贰拾　伍元　零角　零分				¥：　25.00			
销售单位纳税人登记号										
备注										

销售单位　　　　　电话：　　　　　　收款：王亚　　　　　　　　开票：王平
（盖章有效）　　　地址：　　　　　　　　　　　　　　　　　　2008 年 7 月 1 日

3. 药品进销存日报表（见表 5-1-3）。
（1）销售清单、发票是按要求填写的吗？如果有错，应该如何处理？并说出理由。
（2）根据销售清单和发票，填写正确的"药品进销存日报表"。

模块二　进销存日报表

一、工作流程

（一）工作前准备
职业形象准备及环境准备同项目二模块一中"（一）西药处方药零售前准备工作"。

（二）填写进销存日报表的操作过程
（1）收集相关的资料数据。
① 当日销售小票，共分顾客、营业员、收银员三联（如表 5-2-1）。
② 购进记录表（如表 5-2-2）。
③ 退货清单（如表 5-2-3）。

表 5-2-1　当日销售小票　　　　　　　　　　0141118
　　　　　　　　　　　　　　　　　　　　　年　月　日

品　名	单　位	单　价	数　量	金　额	备　注
合计人民币(大写)					

收款员：　　　　　　　　　　　　　　　　　　　　　　　　营业员：

表 5-2-2　购进记录表

记录编号：JL-09

购进日期	供货单位	品名	剂型	规格	单位	数量	单价	金额	生产企业	产品批号	有效期	业务经办人

制表人：　　　　　　　　　　　　　　　　　　　　　　　　　审核：

表 5-2-3　退货清单

年　　月　　日

品　名	单　位	单　价	数　量	金　额	备　注
合计人民币（大写）					

收款员：　　　　　　　　　　　　　　　　　　　　　　　　　营业员：

（2）根据相关内容认真填写报表，字迹清楚并用黑色笔填写。

（3）报表填完后，应立即分析当天的销售情况。

（4）汇总当天的营业额。

（三）填写进销存日报表的结束工作

（1）药品购进部门档案管理人员负责将进销存有关资料存档。

（2）把进销存记录交给电脑后台做统计报表。

（3）根据进销存报表给药品分类，实现药品在公司内按市场需求动态地贮备管理，以满足销售，更好地完善药品的贮备工作。

二、进销存日报表填写质量控制点

（1）填写时注意药品的生产日期、购货日期、生产批号、批准文号、生产批号、有效期等项目。

（2）各项内容应如实填写，每张凭证应认真核对不能出现误差。

（3）报表填完后应分析找出当天的畅销药和滞销药，并填写相应的畅销药统计上报表（见表 5-2-4）、滞销药统计上报表（见表 5-2-5）、各柜组实销药品一览表（见表 5-2-6）、营业员促销反馈表（见表 5-2-7）。

表 5-2-4 畅销药统计上报表（实销）

所属时间： 年 月 日　　　　　　　　　　　　　　　　　　　　调查日期： 年 月 日

序号	药品		属类		本周销量	月初到今销量	平均日销售量	销售特征	购买人群	顾客反映			卖点分析			购买动机			顾客了解渠道	预计销售			你的评价	等级评定
	商品名	化学名	药理	销售						疗效	售价		疗效	价格	其他	主观	客观	其他		很好	好	一般		
1																								
2																								
3																								
4																								
…																								
合计																								

制单人：

注：1. 销售特征指集中销售、均匀销售、医保销售、某类人群销售等。
2. 等级评定分 A、B、C 三级。A级月销售量 100 盒及以上；B级月销售量 60~100 盒；C级月销售量在 60 盒以下。

表 5-2-5 滞销药统计上报表（实销）

所属时间： 年 月 日　　　　　　　　　　　　　　　　　　　　调查日期： 年 月 日

序号	药品		属类		本周销量	年初至今销量	平均日销售量	同类药品销售排序	对其原因分析				顾客疑虑要点			已采取销售方式				促销建议	评价
	商品名	化学名	药理	销售					药品本身	顾客	价位	竞品	其他	1	2	3	1	2	3	4		
1																						
2																						
…																						
合计																						

提单人：

注：滞销药分级 A、B、C 三项。一月或几个月无销售的为 A 级；一月销售量 5 盒以下的为 B 级；各月销售量不均为 C 级。

表 5-2-6 各柜组实销药品一览表

所属时间：　　年　　月　　日　　　　　　　　　　　　　　统计日期：　　年　　月　　日

序号	量大药品名录					利润大的药品名录					滞销药品名录					其他促销公益药品				
	品名	计划	已销	相差	下月计划	品名	计划	已销	相差	下月计划	品名	计划	已销	相差	下月计划	品名	计划	已销	相差	下月计划
1																				
2																				
3																				
4																				
5																				

提单人签字：　　　　　　　　　　　　　　　　　　　　　　　审批人签字：

表 5-2-7 营业员促销反馈表（量大）

所属时间：　　年　　月　　日　　　　　　　　　　　　　　统计日期：　　年　　月　　日

序号	品名	销售数量	卖点分析	难点解答	下期建议	备注
1						
2						
3						
4						
…						
合计						

提单人：

注：1. 此为量大的信息反馈表，其他品类的反馈表格式相同。
2. 若促销由专人负责，按时提交反馈表，公司应根据反馈进行分析归纳，得出分类结果。
3. 若促销由多人进行，则必须将个人的意见信息汇总后才能分析，也可根据自己药房的特点随时反馈以上报表。

三、基础知识

（一）进销存日报表的基本概念

进销存日报表是根据当日销售小票、进货单、退换货凭证与前一日进销存报表汇总而成。

（二）药品进销存日报表的结构

药品进销存日报表的结构参见表 5-1-3。

（三）进销存日报表的功能

表 5-2-8 为某药房药品进销存日报表，是某药房部分品种的当日销售情况。从表中的结果显示：先锋、999 皮炎平、维脑路通降压片销售量较好，货源贮备充足。天冬素片、当归当日无销售，且从昨日结存来看，当归近期销量不佳，该药库存很多，并且快到有效期，应引起销售负责人重视。为了确保品种齐全，天冬素片库存量为 2 瓶，明日急需进货。因此，通过进销存日报表显示了营业员每日销售活动中的当日小结，它的功能如下所述。

① 有利于实现对企业业务过程、经营情况、质量控制等全方位的快捷方便的统计查询。
② 用于管理人员及时掌握药店库存、经营情况，完成日常管理。
③ 有助于主管人员及时掌握畅销药、滞销药、普药的销售情况，辅助管理人员进行经营决策。

表 5-2-8　某药房药品进销存日报表

通用名称	药品商品名称	规格	生产日期	剂型	生产企业	购货企业	有效期至	批准文号	生产批号	昨日结存	今日进货	退货或调出	今日销货	今日结存	进货累计	销货累计
茶新那敏片	定喘止咳片	100片/瓶	2007-10-24	片剂	立业制药股份公司	恒康医药公司	2009-10	H32025678	071024	10瓶	无	无	3瓶	7瓶	无	3瓶
小儿氨酚黄那敏颗粒	护彤	12袋/盒	2008-01-06	颗粒剂	哈药集团制药厂	恒康医药公司	2009-12	H23622613	080106	15盒	无	无	2盒	13盒	无	2盒
头孢氨苄颗粒	先锋	12袋/盒	2007-10-23	颗粒剂	安徽精方药业股份有限公司	恒康医药公司	2009-09	H34023579	071023	12盒	10盒	5盒	10盒	7盒	10盒	10盒
复方醋酸地塞米松乳膏	999皮炎平	1支	2008-05-09	软膏剂	三九医药股份有限公司	恒康医药公司	2010-04	H44024170	080509	20支	30支	10支	15支	25支	30支	15支
丹香冠心注射液	复方丹参	10支/盒	2008-04-29	针剂	扬州制药有限公司	恒康医药公司	2009-09	Z20027937	080429	10盒	无	无	3盒	7盒	无	3盒
复方利舍平片	维脑路通降压片	10片/盒	2008-03-13	片剂	常州制药厂有限公司	恒康医药公司	2010-03-12	H3202-6540	080313	20盒	无	无	8盒	12盒	无	8盒
丁桂儿脐贴	宝宝一贴灵	30片/盒	2008-04-01	片剂	山西亚宝药业	恒康医药公司	2010-03	B20020882	080401	5盒	5盒	无	3盒	7盒	5盒	3盒
门冬酰胺片	天冬素片	100片/瓶	2007-06-29	片剂	上海复星朝晖	恒康医药公司	2009-05	H19990157	070629	3瓶	无	1瓶	无	2瓶	无	0瓶
人参归脾丸	当归	20丸/盒	2006-03-07	丸剂	同仁堂制药厂	恒康医药公司	2008-11	Z11020105	060307	13盒	无	无	无	13盒	无	0盒
三九胃泰颗粒	999胃泰	10袋/盒	2007-02-07	颗粒剂	三九医药公司	恒康医药公司	2009-01	Z44020705	070207	5盒	5盒	无	3盒	7盒	5盒	3盒

项目	昨日结存	增加金额	减少金额	今日结存	传票编号
现金	206.00元	283.10元	130.50元	358.60元	自20080716001至20080716014号
银行存款	—	283.10元	130.50元	—	凭证共14张

负责人：×××　　　　　　　　　　　　　　　　　　　　　　　　　　　填表人：×××

④ 为主管人员了解各项进、销、存的信息和各种统计数据提供有利平台，同时掌握营业员在销售过程中的效益、质量，并及时指导。

⑤ 营业员可以通过日报表自我评价自己的销售工作，分析总结经验。

⑥ 药品进销存日报表（表5-1-3）是销售效益分析、销售统计的原始资料，并能清楚地反映不同阶段的销售状况。

四、拓展知识

终端卖场的账务，主要是指商品的"进、销、存"业务的记录和汇总。

（一）账册

终端卖场账册是根据企业不同规定，采用不同账册，一般企业主要采用商品明细账页形式，即含数量和金额。

（二）凭证

终端卖场记账凭证可分为进货凭证、销货凭证、顾客退货凭证、退货凭证及其他。

（1）进货凭证　一般是指公司的送货单或其他终端卖场调货过来的送货单。

（2）销货凭证　也叫销售小票，通常有三联（顾客、营业员、收银员）。

（3）顾客退货凭证　一般也采用销售小票，按照公司规定退货程序开具，并用红字开单，是终端卖场退款、收退货的凭证。

（4）退货凭证　终端卖场向总部退货时产生的凭证，一般是总部收货后出具的红字出货单。

（5）其他凭证　终端卖场销售过程中产生的其他凭证。如销售扣让、样品处理、赠品等，必须有经办人及责任人签字。

（三）报表

（1）日报表　一般分为销售日报表和"进销存"日报表。销售日报表是根据当日销售小票汇总的日报表；而"进销存"日报表根据当日的销售小票、进货单、退货凭证与前一日"进销存"报表汇总而成。

（2）周报表　一般为每周销售报表，依据销售日报表、每周销售汇总而成。

（3）月报表　包括月结汇总表和盘点表。月结汇总表应全面记录终端卖场当月的进货、销售、退货及上月库存；而盘点报表是反映终端卖场当月的实际库存。

五、相关法规和制度

为保证质量管理工作的规范性、可追溯性，可依据《药品管理法》及《药品经营质量管理规范》等法律、法规。记录和票据的设计首先由使用部门提出，报质量管理部统一审定、印制、下发。使用部门按照记录、票据的管理职责，分别对管辖范围内的记录、票据的使用、保存和管理负责。记录、票据由各岗位人员负责填写，由各部门主管人员每年收集、整理，并按规定归档、保管。

《药品经营质量管理规范实施细则》第二十七条规定：购进药品，应按国家有关规定建立完整的购进记录。记录应注明药品的品名、剂型、规格、有效期、生产厂商、供货单位、购进数量、购货日期等项内容。购进记录应保存至超过药品有效期1年，但不得少于3年。

药品经营企业购销药品，必须有真实完整的购销记录。购销记录必须注明药品的通用名称、剂型、规格、批号、有效期、生产厂商、购（销）货单位、购（销）货数量、购销价格、购（销）货日期及国务院药品监督管理部门规定的其他内容。

六、实训

实训题目：填写药品进销存日报表并分析此报表（以某药店的非处方药为例）。

（一）实训目的

(1) 通过当地医药公司了解药品销售与进销存日报表的关系。

(2) 准确填写进销存日报表。

(3) 通过日报表分析经营情况。

（二）实训准备

(1) 准备模拟药店一间、品种齐全、销货单、顾客退货单、进货单、发票、畅销药表格、滞销药表格、促销药表格、收款机。其中销货单、顾客退货单、进货单、发票应放在营业员柜台处，畅销药表格、滞销药表格放在柜组长工作处，收款机、单位财务公章放在收银区。

(2) 让学生模拟药店营业员、收银员、顾客、柜组长、店堂经理。

(3) 准备一个 40～50 人的班级。

（三）实训过程与方法

(1) 从班级选出 16 名学生，分 4 组。每组分别安排一名扮演营业员、收银员、柜组长、店堂经理。

(2) 班级剩下的 24～34 名学生全充当顾客，每人必须模拟购物两次。

(3) 根据销售过程，填写销货单、顾客退货单、进货单，在每轮结束时填写畅销药表格、滞销药表格、促销药表格、进销存日报表。

(4) 每组在结束时写一份销售分析报表。

（四）实训内容（情景模拟）

(1) 每组同学根据模拟角色上岗。

(2) 根据顾客所需推荐药品。

(3) 营业员开当日销货单（如表 5-2-1）。

(4) 顾客到收银处付款并拿回盖章后的销货单。

(5) 营业员根据已盖现金收讫销售清单发货并审核，把药品交于顾客并换取正式发票（见表 5-1-2）。发票必须按要求填写品名、规格、数量、单价、金额等，凡是发票上设置的栏目都要逐项逐栏规范性地一次性填开。

(6) 营业员根据销售清单填制药品进销存日报表（见表 5-1-3）。

(7) 如有退货填写顾客退货单（见表 5-2-3）。

(8) 柜组长填写本柜组实销药品表格（见表 5-2-6）并统计出畅销药和滞销药品种。

(9) 柜组长根据以上图表汇总报告，并报店堂经理处。店堂经理根据销售情况做出经营决策。

（五）结果

根据学生扮演情况小组互评和教师点评，评出名次。

（六）评分

1. 标准

① 各岗位的模拟人员语言、动作、表情规范（30分）。

② 各组填表准确、字迹清晰、无涂改、表格整洁（30分）。

③ 各组汇总报告书写工整、语言准确精练、内容符合实际销售并给出合理化建议（40分）。

2. 实训评分表

实训评分表见表5-2-9。

表 5-2-9　实训评分表

组　名	仪容仪表(30分)	填表(30分)	汇总报告(40分)	备注
第一组				
第二组				
第三组				
第四组				
合计：				

七、思考与练习

（一）填空题

1. 服务用语＿＿＿＿、＿＿＿＿、＿＿＿＿、＿＿＿＿。
2. 销售中，不同价位的同类药品有三类及以上，＿＿＿＿、＿＿＿＿、＿＿＿＿等剂型齐全，消费者可以自主选择，按需购药。
3. 营业员的提货计划应根据估计的＿＿＿＿、＿＿＿＿和＿＿＿＿向销售经理提交书面计划申请单，经销售部经理审核后签字交给采购。
4. 药品进销存日报表是根据＿＿＿＿、＿＿＿＿、＿＿＿＿与＿＿＿＿汇总而成。
5. 购销记录必须注明药品的＿＿＿＿、＿＿＿＿、＿＿＿＿、＿＿＿＿、＿＿＿＿、＿＿＿＿、购（销）货单位、购（销）货数量、购销价格、购（销）货日期及国务院药品监督管理部门规定的其他内容。

（二）单项选择题

1. 出库的药品必须有（　　）出库单。
   A. 手工抄写　　B. 电脑打印　　C. 两种都使用　　D. AB项任选其一
2. 进销存的重心是（　　）。
   A. 购进　　B. 入库　　C. 销售　　D. 仓储
3. 仓储部的采购计划应（　　）方式做出。
   A. 一种　　B. 两种　　C. 三种　　D. 四种
4. 对于滞销的药品，零售部至少应保存（　　）盒。
   A. 2　　B. 3　　C. 5　　D. 20
5. 进销存工作结束后把进销存记录交给（　　）做统计报表。
   A. 电脑后台　　B. 财务部　　C. 销售部　　D. 仓储部
6. 缺货记录应按公司（　　）的要求进行详细登记。
   A. GSP认证　　B. 销售部　　C. 仓储部　　D. 业务部
7. 通常滞销药列为（　　）半年后的即应通知药厂减少药量并换批号。
   A. A类　　B. B类　　C. C类　　D. E类
8. 处于价位或运输等原因考虑而增加的进货贮备应制作超额进货理由书，但必须考虑

（　　）的认可意见，销售部在此单中负第二责任，同时请（　　）、总经理分别签字认可。

A. 财务部　　　　B. 销售部　　　　C. 存储部　　　　D. 业务部

9. 破损库中的品种，经药管部鉴定后，确为质量问题的应在（　　）小时内通知药厂处理；确为破损的，一律统一处理。

A. 8　　　　B. 10　　　　C. 5　　　　D. 7

10. 进销存日报表是（　　）的原始资料，并能清楚地反映不同阶段的销售状况。

A. 销售效益分析　　B. 销售统计　　C. 仓储部　　　　D. 业务部

（三）多项选择题

1. 填写时注意药品的（　　）等项目。

A. 生产日期　　　B. 购货日期　　　C. 生产批号　　　D. 批准文号

2. 销售特征指（　　）等。

A. 集中销售　　　B. 均匀销售　　　C. 医保销售　　　D. 某类人群销售

E. 其他销售

3. 销货凭证有（　　）、（　　）、（　　）三联。

A. 顾客　　　　　B. 营业员　　　　C. 收银员　　　　D. 会计

E. 其他

4. 营业员的提货计划应根据估计的（　　）向销售经理提交书面计划申请单，经销售部经理审核后签字交给采购。

A. 销售量　　　　B. 日盘点　　　　C. 财务报表　　　D. 上个月的销售证明单

E. 进销存日报表

5. 经审批的采购计划准备应有（　　）的签字并由总经理审批。

A. 销售部　　　　B. 仓储部　　　　C. 业务部　　　　D. 财务部

E. 信息部

（四）判断题

1. 购进记录中没有药品生产日期栏。（　　）
2. 销售等级评定，B级月销售量60～100盒。（　　）
3. 滞销药统计上报表，目的是对卖点分析。（　　）
4. 滞销药分级A、B、C、D四项。（　　）
5. 盘点报表是反映终端卖场当月的实际库存。（　　）
6. 周报表是指依据销售日报表、每周销售汇总而成。（　　）
7. 零售卖场账册是根据企业不同规定，采用不同账册，一般企业主要采用商品明细账页形式。（　　）
8. 进销存日报表是销售效益分析、销售统计的原始资料。（　　）
9. 进销存日报表是根据进货单、退货凭证与前一日进销存报表汇总而成。（　　）
10. 销货凭证也叫销售小票，通常有三联（顾客、营业员、收银员）。（　　）

（五）问答题

1. 药品准备的最佳目标有哪些？
2. 进销存日报表有何作用？

（六）分析题（见表5-2-10）

根据表5-2-10所示，分析畅销药、滞销药分别有哪些？该如何处理？

表 5-2-10　×××药房进销存日报表

通用名称	药品商品名称	规格	生产日期	剂型	生产企业	购货企业	有效期至	批准文号	生产批号	昨日结存	今日进货	退货或调出	今日销货	今日结存	进货累计	销货累计
茶新那敏片	定喘止咳片	100粒/瓶	2007-10-24	片剂	立业制药股份公司	恒康医药公司	2009-10	H32025678	071024	10瓶	无	无	3瓶	7瓶	无	3瓶
小儿氨酚黄那敏颗粒	护彤	12袋/盒	2008-01-06	颗粒剂	哈药集团制药厂	恒康医药公司	2009-12	H236-22613	080106	15盒	无	无	2盒	13盒	无	2盒
头孢氨苄颗粒	先锋	12袋/盒	2007-10-23	颗粒剂	安徽精方药业股份有限公司	恒康医药公司	2009-09	H34023579	071023	12盒	10盒	5盒	10盒	7盒	10盒	10盒
复方醋酸地塞米松乳膏	999皮炎平	1支	2008-05-09	软膏剂	三九医药股份有限公司	恒康医药公司	2010-04	H44024170	080509	20支	30支	10支	15支	25支	30支	15支
丹香冠心注射液	复方丹参	10支/盒	2008-04-29	针剂	扬州制药有限公司	恒康医药公司	2009-09	Z20027937	080429	10盒	无	无	3盒	7盒	无	3盒
复方利舍平片	维脑路通降压片	10片/盒	2008-03-13	片剂	常州制药厂有限公司	恒康医药公司	2010-03-12	H32026540	080313	20盒	无	无	8盒	12盒	无	8盒
丁桂儿脐贴	宝宝一贴灵	30片/盒	2008-04-01	片剂	山西亚宝药业	恒康医药公司	2010-03	B20020882	080401	35盒	无	无	2盒	33盒	无	2盒
门冬酰胺片	天冬素片	100片/瓶	2007-06-29	片剂	上海复星朝晖	恒康医药公司	2009-05	H19990157	070629	3瓶	无	1瓶	无	2瓶	无	0瓶
人参归脾丸	当归	20丸/盒	2006-03-07	丸剂	同仁堂制药厂	恒康医药公司	2008-11	Z11020105	060307	3盒	10盒	1盒	8盒	4盒	10盒	8盒
三九胃泰颗粒	999胃泰	10袋/盒	2006-02-07	颗粒剂	三九医药公司	恒康医药公司	2008-09	Z44020705	060207	30盒	无	无	1盒	29盒	无	1盒

项目	昨日结存	增加金额	减少金额	今日结存	传票编号
现金	682.80元	376.60元	48.50元	1010.90元	自2008031600l至2008031601 4号
银行存款	—	376.60元	48.50元	—	凭证共14张

负责人：×××　　　　　　　　　　　　　　　　　　　　　　　　　填表人：×××

项目六
核算与盘点

学习目标

1. 掌握柜组各项经济指标的核算
2. 能正确填制商品进销存日报表等各种报表
3. 能通过商品库存明细账了解商品购存销的情况
4. 熟悉柜组各项经济指标的概念
5. 熟悉对账和结账操作的基本要求
6. 熟悉量本利分析的基本程序和分析方法
7. 掌握药品盘点方法、步骤和内容
8. 掌握品种动态、账货相符的操作技能
9. 会填写盘存表、实存账存对照表、盘店溢缺报告单等工作记录

模块一 柜组核算

一、工作流程

(一) 工作前准备

【设施和药品准备】

笔,纸,计算器,各种报表的准备如销货结算簿(销货卡、销货小票)、商品进销存日报表、商品验收单、商品内部调拨单、商品调价单、商品损溢报告单、商品盘存表、商品内部交款单等。

(二) 操作过程

1. 商品销售指标的核算

商品进销存日报表的填写,见表6-1-1。

表 6-1-1 商品进销存日报表

柜组: 年   月   日   单位:元

项 目		金 额	项 目		金 额
昨日结存			减少部分	本日销售	
增加部分	本日购进			本日调出	
	本日调入			调价减值	
	调价增值			盘点短缺	
	盘点溢余		本日结存		
合计			合计		
本月销售定额:			本月销售累计:		

组长: 复核: 制表:

【操作控制点】

(1)"昨日结存"栏根据上日的"本日结存"栏内的数目填写。
(2)"本日购进"栏根据商品验收单汇总金额填写。
(3)"本日调入"与"本日调出"栏根据"商品内部调拨单"分别汇总填写。
(4)"调价增值"与"调价减值"栏根据"商品调价单"中相应栏内的数值填写。
(5)"盘点溢余"与"盘点短缺"栏根据"商品损溢报告单"中相应栏内的数值填写。
(6)"本日销售"栏根据"内部交款单"汇总金额填写。
(7)"本日结存"栏的计算公式为:本日结存=昨日结存+增加部分-减少部分。
(8)商品进销存日报表中左右两边的合计数理应相等,左方合计数为昨日结存与本日增加部分的数值之和,右方合计数为本日减少部分数值与本日结存之和。

【注意事项】

当日经营结束后,柜组必须对照销货结算簿及盘点情况填报"商品进销存日报表"。进销存日报表是柜组向上级财会部门报账的日表单,是零售柜组经营业务活动的综合反映与真实记录。所以填报时必须及时、认真、准确,并逐日按月装订成册。

与填制商品进销存日报表相关的表单如下。

(1)商品验收单　见表6-1-2。

表 6-1-2　商品验收单

供货单位:　　　　　　　　　　　　年　月　日　　　　　　　　收货部门:

货号	等级	品名及规格	购进价				零售价				进销差价
			单位	数量	单位	金额	单位	数量	单位	金额	
合计											
备注											

调出柜组:　　　　　　　　　　　　　　　　　　　　　　　　　年　月　日

商品验收单是柜组质量员在进行商品进货数量清点并质量验收入库工作中所填制的。

(2)商品内部调拨单　见表6-1-3。

表 6-1-3　商品内部调拨单

调出柜组:　　　　　　　　　　年　月　日　　　　　　调进柜组:

货号	品名	单位	数量	购进价		零售价		进销差价
				单位	金额	单位	金额	
合计								

调出部门经办人:　　　　　　　　　　　　　　　　　　调进部门经办人:

商品内部调拨单是发生在企业与柜组、柜组与柜组之间的商品流转业务而填制的表单。

(3)商品调价单　见表6-1-4。

表 6-1-4　商品调价单

调价通知单日期：　　年　　月　　日
填报部门：　　　　　　　　　　　　年　　月　　日　　　调价通知文号：

货号	品名	单位	数量	零售单价		加或减	单位差价	增加金额	减少金额
				原售价	新售价				
合　计									

门店经理：　　　　　　　　　核算员：　　　　　　　　　　　　　　　　　物价员：

商品调价是对商品原售价的调整变更。柜组在接到上级调价通知单后，在规定调价执行日期的前一天对调价商品进行盘点，查明实际库存后再核算出变价后现值，填制"商品调价单"。

（4）商品损溢报告单　见表6-1-5。

表 6-1-5　商品损溢报告单

单位名称：　　　　　　　　　　　　　　　　　　　　　　　　　　　　年　　月　　日

编号	商品名称	计量单位	单价	实存		账存		对比结果				原因
								盘盈		盘亏		
				单价	金额	单价	金额	单价	金额	单价	金额	
领导批示				财会部门意见				实物负责人意见				

填表人：　　　　　　　　　　　　　　　　　　　　　　　　　　　　　　经理：

商品的损溢是指商品从进货到销售这一整个零售流转环节中所发生的溢余和损耗，当日盘点后发现有损溢情况必须将损（溢）情况、数额、原因分析填入损溢报告表。经盘点人、柜组长签名盖章后送交上级主管部门并以此作为会计处理的凭证。

（5）商品内部交款单　见表6-1-6。

表 6-1-6　商品内部交款单

柜组：　　　　　　　　　　　　　　　　　　　　　　　　　　　　　　　年　　月　　日

现金		点款人	
支票		复款人	
托收或转账		交款人	
合计金额（大写）			

出纳：　　　　　　　　　　　　　　　　　　　　　　　　　　　　　　　收款人：

当日营业结束后，柜组要及时清点当日收进的销货款，并且由两人进行点数复核，同时填写"商品内部交款单"，一式二联，交款单连同货款交出纳员收讫盖章。

2. 商品资金指标的核算

商品资金指标的核算一般用商品资金占用率和商品资金周转率这两个指标来反映。

药店零售技术

(1) 商品资金占用率指标的核算　商品资金占用率是指商品资金平均占用额与商品销售额的百分比率,以反映柜组每销售 100 元商品所平均占用的商品资金数额,反映了柜组资金的利用效率。其计算公式为:

$$商品资金占用率 = \frac{商品资金平均占用额}{商品销售额} \times 100\%$$

【操作控制点】

公式中的"商品销售额"是指月末"商品进销存日报表"中的"本月销售累计",即全月销售额。

公式中"商品资金平均占用额"即是商品资金的平均结存金额,是按"商品进销存日报表"中"本日结存"折合成进价金额平均计算。通常根据各期商品资金占用数额,采用序时平均法计算。即:

月平均商品资金占用额=(月初商品资金占用额+月末商品资金占用额)/2;
年平均商品资金占用额=(1/2 年初商品资金占用额+第一季度末商品资金占用额+
　　　　　　　　　　　第二季度末商品资金占用额+第三季度末商品资金占用额+
　　　　　　　　　　　1/2 年末商品资金占用额)/4

【注意事项】

在实际中柜组库存商品资金占用率是以销价金额计算的,而上述计算中商品资金占用是按进价计算的。应根据综合进销差价率将销价金额折换成进价,具体计算为:

商品资金平均占用额(进价)=商品资金平均占用额(售价)×(1−综合进销差价率)

(2) 商品资金周转率指标的核算　由货币变为商品,再由商品变为货币这样周而复始的运动,被称为商品资金周转。商品资金周转率反映了商品资金周转的速度,是衡量资金利用效率的重要质量指标。可用商品资金周转次数和商品资金周转天数来表示。在一定时期内商品资金周转的次数越多则资金周转越快;周转一次所需要的天数越少则资金周转越快。

$$商品资金周转次数 = \frac{本期商品销售额}{本期商品资金平均占用额}$$

$$商品资金周转天数 = \frac{本期天数}{本期商品资金周转次数}$$

例:某药房全年商品销售额为 300 万,年初商品资金占用为 30 万,一季度末为 20 万,二季度末为 22 万,三季度末为 20 万,年末为 24 万(均按售价确认),设综合进销差价为 10%。试求药房年商品资金占用率、商品资金周转次数和商品资金周转天数?

解:年平均商品资金占用率(售价)=(30/2+20+22+20+24/2)÷4=22.25
　　　年平均商品资金占用率(进价)=22.25×(1−10%)=20.025
　　　年商品资金周转次数=[300×(1−0.1)]÷20.025=13.5 次
　　　年商品资金周转天数=360/13.5=26.7 天

3. 销售差错率指标的核算

柜组在商品销售过程中会发生长款和短款现象。由于实收销货款多于应收销货款称之为长款;实收货款少于应收销货款称之为短款。柜组发生长短款时,应填制"销售长(短)款报告单",见表 6-1-7。

为了尽可能避免差错事故,企业应根据柜组经营实际制定合理的差错率指标。差错率亦称公差率,是指柜组在经营过程中发生的长款、短款额所占商品销售额比例的最高限额。计算公式为:

表 6-1-7　销售长（短）款报告单

柜组：　　　　　　　　　　　　　　　　　　　　　　　　　　　　　　　年　　月　　日

应收金额		实收金额		长（短）款	
原　　因			柜组意见		
审批意见					

财务负责人：　　　　　　　　　　审核人：　　　　　　　　　　报告人：

$$差错率=\frac{长款+短款}{商品销售额}\times 10000‰$$

【操作控制点】

公式中是以每万元商品销售额所发生的差错金额（元）计算。

【注意事项】

在进行指标核算时首先应从严控制所规定的差错率，长款、短款应分别核算，不得相互抵消，如果长款、短款之和与销售的万分率超过差错率指标，则应该及时查找原因，并做出相应处理。

例：某药店营养品柜台本月销售额为 30 万元，其中参类商品发生长款 800 元，维生素类商品发生短款 100 元，口服液类商品发生短款 400 元，求柜组销售差错率？

解：　　柜组销售差错率＝[(800＋100＋400)÷(30×10^4)]×10000‰＝4.3‰

4. 营业费用指标核算

费用率又称为费用水平，表示每百元商品销售所耗的费用。

$$费用率=\frac{商品流通费用额}{商品销售额}\times 100\%$$

费用率是评价柜组经营业绩以及柜组经营管理水平的综合指标。

上式中的商品流通费用又称为费用，为柜组直接控制的费用核算。费用是指企业在商品经营过程中发生的各项耗费，可分为直接费用（可变费用）和间接费用（不变费用）。随商品流转额增减而增减的费用称为直接费用，如运杂费、保管费、包装费、商品损耗等。间接费用一般不随商品流转额的增减而增减，如工资、折旧费、租金等。

【操作控制点】

同一企业在各柜组经营条件大致相当的情况下，间接费用往往按商品销售额比例下达分摊费用。计算公式为：

$$柜组应摊间接费用＝企业费用率×柜组销售总额$$
$$企业费用率＝(企业应分摊费用额÷企业商品销售额)×100\%$$

【注意事项】

间接费用具有相对稳定性，但不易控制，一般由企业财会部门综合平衡、分摊下达。

直接费用发生时，由店长或柜组长签字认可，企业财务部门填制柜组核算费用通知单（见表 6-1-8）。

例：某药店 8 月份的月销售统计达到 45 万元，按销售额应摊间接费用为 8500 元，查得"柜组费用登记簿"汇总该月直接费用为 12000 元，求药店该月实际费用率。

解：费用率＝(该月实际费用开支额÷该月商品销售额)×100%
　　　　＝[(8500＋12000)÷450000]×100%＝4.5%

表 6-1-8　柜组核算费用通知单

柜组：　　　　　　　　　　　　　　年　月　日　　　　　　　　　　　　字　第　号

项　目	摘　要	金　额
合　计		

店长：　　　　　　核算员：　　　　　　　　　　　　　　　　　　　　　　制单：

5. 营业利润额指标的核算

柜组在一定时期内，收到营业收入的金额大于全部支出的金额称之为营业利润；反之，称之为营业亏损。反映营业利润指标的名词有如下几个。

毛利：销售收入与销售成本的差值叫毛利。它是柜组获得利润的主要来源。

毛利率：销售毛利与销售额的百分比叫毛利率。表示每百元商品销售额所能实现的毛利。

销售扣率：指实际购进价与批发价或零售价之比。能较直观地反映商品销售的毛利水平。

销售税金：是按国家法律规定的纳税所实现的税款，具有法令性。商业零售企业交纳的销售税金包括国税（增值税）和地税两部分，是按商品的销售收入计算的。

【操作控制点】

柜组营业利润是销售收入减去销售成本、经营费用、销售税金后的净值。

例：某药店上半年销售额为 60 万元，销售成本为 45 万元，费用率为 10%，税率为 5%，计算药店上半年的营业利润。

解：毛利率＝[(600000－450000)/600000]×100%＝25%

　　　　毛利＝600000×25%＝150000(元)

　　　　费用＝600000×10%＝60000(元)

　　　　税金＝600000×5%＝30000(元)

　　　　营业利润＝150000－60000－30000＝60000(元)

（三）结束工作

整理核算资料：对整个核算过程中所记录的工作资料进行分类收集归档。

资料的审核：分对账和结账两部分。

（1）对账　为了确保柜组账册记录和核算资料的真实可靠，柜组要认真执行对账、清账制度。柜组在每一个会计核算期终时，要认真做好对账工作。对账就是把账簿上所反映的资料进行内部核对（柜组内部）、内外核对（柜组之间），做到账证相符（账簿与凭证）、账账相符（总账与所属明细账）、账实相符（账面数与实物数），现金账要天天盘对现金与账面余额是否相符。在对账中发现差错和疑问，应及时查明原因，加以更正与处理。供应商结算应付账款前首先要与采购部门对应付账，采购部门或门店应查对退货、票到货未到、短缺、质量拒收等供应商送货差错，检查有否冲红，确定应结算货款，然后与财务账核对，确认应付款，最后由企业负责人决定付款。

（2）结账　为了总结柜组某一时期（月、季、年度）的经营业务实绩，必须按期进行结账。所谓结账就是把一定时期内所发生的经济业务全部登记入账后，结算出各账户本期发生额和期末余额，结束本期账簿记录。结账的基本要求：确保账簿记录完整性；门店核实柜组全部库存商品，并计算总余额；按规定支付供应商应付账款，并按规定方法做好结账记录。

二、基础知识

1. 柜组核算的概念

经济核算是企业经营管理的一种方式,借助价值形式,对企业经营过程中各种劳动占用、劳动消耗和劳动成果进行记录、计算、对比和分析,达到以较少的占用与消耗,取得较大的经济成果,这种方法就是经济核算。

柜组核算是商业企业经济核算的基础,是有关会计核算、统计核算、业务核算三大核算加以综合的初级的经济核算,是相对独立的经济核算。

柜组核算的特性:群众性、直接性、简便性。

柜组核算的内容:商品销售额、经营品种、商品资金、费用、差错率、劳动率、利润。

2. 企业经济核算的重要性

中药企业经济核算,有利于中药企业遵循社会主义市场经济规律而发展;有利于保证中药企业各项经济指标的完成;有利于扩大中药商品流通,合理利用人力、物力、财力,节约费用开支;有利于发现企业经营中的薄弱环节,加强经营管理,提高经济效益;有利于贯彻按劳分配为主的分配原则,使企业责、权、利相结合,调动企业、部组、职工的积极性;有利于企业正确处理各方面的经济关系,积极开展市场竞争。

3. 经济核算的形式

中药商业企业的经济核算分为专业核算和群众核算两种形式。

(1) 专业核算是商业企业中专门从事核算工作的专业人员的核算,包括业务核算、会计核算、统计核算三部分,由企业统一进行。

(2) 群众核算是从事各项业务经营活动的营业人员直接参加的核算。在实际工作中多以部组为单位,所以又称为部组核算。

4. 商品记账

记账就是依据凭证登记账簿,是柜组核算实现全面、连续完整记录和反映柜组经营活动过程的重要工作内容之一。由于柜组核算属于简易性、群众性的经济核算,因此不需要设置系统的账簿,一般只登记商品账。

商品账对商品进行分类,按类别设置商品明细账(见表6-1-9),登记数量和商品余额,同时以数量和余额的量度反映不同类别商品的购销存情况。

表6-1-9 库存商品明细账

品名:　　　　　规格:　　　　　单位:　　　　　存放地点:

年		摘要	增加	减少	结存	结存金额
月	日					

记账的一般规则如下所述。

① 严格账簿启用与交接手续,账簿启用时,应填写账簿启用表,注明启用日期,经管人员等,记账人员更换时,应办理交接手续,以明确经济责任。

② 账簿登记要及时、正确,每一笔经济业务的登记都要以审核无误的会计凭证为依据。账页中各项要填写齐全,摘要文字要简明扼要,数字要整齐正确。

③ 记账时必须使用蓝色或黑色墨水的钢笔书写,不得使用铅笔或圆珠笔书写,以保证

账簿记录清晰持久，便于长期保存和使用。

④ 账簿记录如果发生数字错误，可划两条红线加盖私章更正；如发生文字错误，应按照规定的方法进行更正，不得任意刮擦、挖补、涂抹，或用退色药水更改字迹，更不准撕毁账页。

⑤ 记账时，必须按照页码顺序逐行逐页连续登记，不能跳行、隔页。如果发生跳行、隔页，应将空行、空页划红色对角线注销。

⑥ 各账户在一张账页记满时，要在记账页最末一行加计发生额并结记余额，在"摘要"栏内注明"转次页"字样，然后把加计的发生额和余额转记在次页的第一项，并在"摘要"栏内注明"在前页"字样。

三、拓展知识

(一) 核算的方法

(1) 机会损益分析方法　指使用机会成本的概念对企业各种行为分析的一种分析方法。这种分析方法的基本出发点是企业的各种资源具有多种途径，在各种用途中企业应该找出一种使自己的经济资源能够得到充分利用的、经济效益最好的方法。

(2) 差额成本分析方法　是指在企业的各种活动中，每一种活动所产生的成本是不同的，要提高企业的经济效益，就要找出使企业的投资最小、产出最大的一种方案来。这种方法一般会综合地使用成本比较（差额成本的计算）、收入的比较（差额收入的计算）和损益比较（差额损益的计算）方法。

(3) 贴现现金流量分析方法　是指对企业的各种投资方案进行贴现分析，使问题在一个时间点上进行，而不是用静态的投资额与动态的收益进行比较。

(二) 量本利分析法操作步骤

1. 保本保利计算

(1) 保本计算

保本销售量＝(企业利润＋固定成本)/(单位售价－单位变动成本)

＝(0＋固定成本)/(单位售价－单位变动成本)

＝固定成本/(单位售价－单位变动成本)

＝固定成本/单位边际贡献

保本销售额＝单位售价×保本销售量

(2) 保利计算

目标利润销售量＝(企业目标利润＋固定成本)/(单位售价－单位变动成本)

＝(企业目标利润＋固定成本)/单位边际贡献

目标利润销售额＝单位售价×目标利润销售量

2. 画图步骤

(1) 选定直角坐标系，以横轴表示销量，纵轴表示成本额和销售额（见图6-1-1）。

(2) 在纵轴上找出固定成本值，以此点 D（0，固定成本）为起点，绘制一条与横轴平行的固定成本线 DA。

(3) 以点 D（0，固定成本）为起点，与保本点 E（保本销售量，保本销售额）相连，即为变动成本线 DB；或者以单位变动成本为斜率，绘制变动成本线 DB。

(4) 以坐标原点 O（0，0）为起点，与保本点 E（保本销售量，保本销售额）相连成线，为销售收入线 OC；或者以坐标原点 O（0，0）为起点，以单位售价为斜率，绘制销售收入线 OC。

例：某医药经营企业销售某药品，单位售价为 30 元/瓶，单位变动成本是 10 元/瓶，核定分配的固定成本是 10000 元。试求药品的保本销量和保本销售额。若该公司此药品的目标利润为 50000 元，求该药品的销量和销售额。

解：
保本销量＝（企业利润＋固定成本）/（单位售价－单位变动成本）
　　　　＝（0＋10000）/（30－10）
　　　　＝500（瓶）
保本销售额＝单价×保本销售量
　　　　　＝30×500
　　　　　＝15000（元）
目标利润销售量＝（企业目标利润＋固定成本）/（单位售价－单位变动成本）
　　　　　　　＝（50000＋10000）/（30－10）
　　　　　　　＝3000（瓶）
目标利润销售额＝单位售价×目标利润销售量
　　　　　　　＝30×3000
　　　　　　　＝90000（元）

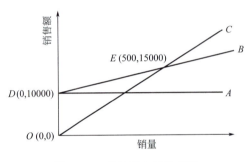

图 6-1-1　商品量本利分析图

由图 6-1-1 可知，企业该药品的保本点在 E（500，15000）。在此点之下，企业亏损；在保本点之上，销售收入线大于成本线，企业盈利。

四、相关法规

药品经营企业管理法规。

五、实训

实训题目：商品销售、商品资金、销售差错率、营业费用、营业利润指标的核算。

（一）实训目的
能正确核算出柜组各项经济指标，并能正确填制相关表格。

（二）实训步骤
（1）将全班学生分成五大组，进行抽签，每组一个核算项目。
（2）教师提供每个核算项目的实训数据，学生根据数据核算出各项的实训结果。
（3）要求每位学生都参与，小组之间交换核算的实训结果进行初次评审。

（4）老师对整个实训核算结果评阅，表现好的小组及个人进行表扬。

(三) 评分标准

（1）评分办法　　速度 30 分，质量 70 分，两项总分 60 分及格。

（2）速度评分　　在 5 分钟内完成得满分 30 分，提前不加分，每超 1 分钟扣 2 分。

（3）量评分　　计算步骤清晰，结果计算正确，并能做一定分析得满分 70 分。若步骤错误扣 10 分，计算结果错误扣 10 分，分析错误扣 5 分。

六、思考与练习

(一) 填空题

1. 进销存日报表中的"昨日结存"栏应根据上日的_____数填写。
2. 商品资金指标的核算一般用_____和_____这两个指标来反映。
3. 商品资金周转率分别用_____和_____来表示。
4. 货款少于应收销货款即称之为_____。
5. 营业柜组的费用可分为_____和_____。
6. 当直接费用发生时，由_____签字认可_____填制柜组核算费用通知单差值。
7. 毛利就是_____和_____的差值。
8. 商业零售企业交纳的销售税金包括_____和_____两部分。
9. 经济核算分_____和群众核算两种形式。
10. 柜组核算的内容包括商品销售额、_____、_____、_____、_____、劳动率、利润。
11. 进销存日报表中的"本日销售"栏应根据_____汇总填写。

(二) 单项选择题

1. 填写"调价增值（减值）"栏应根据（　　）。
  A. 商品调价单　　B. 商品内部调拨单　　C. 商品验收单　　D. 商品损溢报告单
2. 毛利率为销售毛利除以（　　）。
  A. 销售额　　B. 销售成本　　C. 商品流通费用额　　D. 费用率
3. 保本销售额为单位售价乘以（　　）。
  A. 单位变动成本　　B. 利润销售量　　C. 保本销售量　　D. 销售额
4. 记账时必须使用蓝色或黑色墨水的（　　）。
  A. 钢笔　　B. 铅笔　　C. 圆珠笔　　D. 红色笔
5. 填写进销存日报表中的"本日购进"栏应根据（　　）。
  A. 商品验收单汇总金额　　B. 本日结存
  C. 商品损溢报告单　　D. 内部交款单
6. 填写进销存日表中的"本日调入（出）"栏应分别汇总（　　）。
  A. 商品内部调拨单　　B. 商品调价单　　C. 商品内部交款单　　D. 商品损溢报告单
7. 记账中如果发生数字错误，更正时可（　　）。
  A. 划两条红线加盖私章　　B. 刮擦
  C. 涂抹　　D. 用退色药水
8. 为了确保柜组账册记录和核算资料的真实可靠，柜组要认真执行对账（　　）。
  A. 审查　　B. 审核　　C. 监督　　D. 清账

9. 销售税金是按国家法律规定的纳税所实现的税款，税金具有(　　)。
   A. 可行性　　　　B. 法令性　　　　C. 可操作性　　　D. 可控制性
10. 发生在企业与柜组、柜组与柜组之间的商品流转业务而填制的表单是(　　)。
   A. 商品内部调拨单　B. 商品调价单　　C. 商品内部交款单　D. 商品损溢报告单

（三）多项选择题
1. 下列为间接费用的是(　　)。
   A. 工资　　　　　B. 折旧费　　　　C. 租金　　　　　D. 运杂费
2. 下列为直接费用的是(　　)。
   A. 运杂费　　　　B. 保管费　　　　C. 包装费　　　　D. 商品损耗
3. 柜组营业利润是销售收入减去(　　)后的净值。
   A. 销售成本　　　B. 经营费用　　　C. 包装费　　　　D. 销售税金
4. 柜组核算的特性为(　　)。
   A. 群众性　　　　B. 直接性　　　　C. 简便性　　　　D. 间接性
5. 经济核算的基本特征有(　　)。
   A. 核算　　　　　B. 审核　　　　　C. 监督　　　　　D. 检查

（四）判断题
1. 商品进销存日报表中左右两边的合计数理应相等。(　　)
2. 进销存日报表填报必须及时、认真、准确并逐日按月装订成册。(　　)
3. 商品调价单是发生在企业与柜组、柜组与柜组之间的商品流转业务而填制的表单。(　　)
4. 商品资金占用率是指商品资金平均占用额与商品销售额的百分比率。(　　)
5. 在一定时期内商品资金周转的次数越多或周转一次所需要的天数越少，表明资金周转越快。(　　)
6. 柜组在一定时期内，收到营业收入的金额抵去全部支出后的余额，余额大于零则为利润。(　　)
7. 在收款、发货过程中会发生实收销货款多于应收销货款即称之为短款。(　　)
8. 在进行指标核算时应对规定的差错率从严控制，长款、短款应分别核算，应相互抵消。(　　)
9. 记账时应严格账簿启用与交接手续，账簿启用时，应填写账簿启用表，注明启用日期，经管人员等，记账人员更换时，应办理交接手续，以明确经济责任。(　　)
10. 当日营业结束后，柜组要及时清点当日收进的销货款，由一人进行点数，同时填写"商品内部交款单"，一式二联，交款单连同货款交出纳员收讫盖章。(　　)

（五）问答题
1. 柜组核算包括几项？
2. 柜组核算的基本特征有哪些？

（六）分析题
某医药经营企业销售某药品，单位销售（单价）为45元/瓶，单价变动成本是15元/瓶，核定分配的固定成本是2000元。试用量本利分析法求药品的保本销量和保本销售额。若该公司此药品的目标利润为50000元，求该药品的销量和销售额，画图并对结果进行分析。

模块二 盘点操作

一、工作流程

(一) 工作前准备

【环境准备】

(1) 供应商和顾客告知　盘点前门店应告知供应商，以免供应商在盘点时送货，造成不便。如果是停业盘点，门店还必须提前2～3天贴出安民告示告知顾客，以免顾客在盘点时前来购物而徒劳往返。

(2) 编制配置图　根据本店药品存货位置及商品陈列位置编制盘点配置图。对每个区位进行编号，将编号做成贴纸，粘贴于陈列架的右上角，陈列架用字母表示，排数用阿拉伯数字表示。

(3) 人员调配　店长根据盘点配置图具体调配人员。划分人员盘点位置、复盘、抽盘人员名单，合理安排输单人员，安排班次及盘点人员。确定好人员后再填入配置图内并张贴出来，让各位参加盘点的员工明确自己的盘点责任区。

(4) 环境整理　在盘点前一日做好环境整理工作。检查各个区位的药品陈列，确认仓库存货的位置和编号是否与盘点配置图一致，清除卖场及作业场死角。

【设施和药品准备】

(1) 工具准备　将盘点的有关工具和用品准备。如果是使用盘点机盘点，需先检查盘点机是否可正常操作；如果采用人员填写方式，则需准备好盘点表及红色、蓝色圆珠笔，垫板，计算器等。

(2) 单据整理　为了尽快获得盘点结果（盘亏或盘盈），盘点前应将相关单据准备好并交到店长处，以保证盘点所有数据的准确性。包括进货单、商品内部调拨单、商品调价单、销货单、退货单、净销货收入汇总（分免税和含税两种）、报废品单、赠品单据、移库商品单及前期盘点单等。总之，盘点前要做到"三清两符一归"，即票证数清、现金点清、往来手续结清，会计记账与柜组账相符、账簿与有关单据相符，全部药品归类存放。

(3) 人员准备　应在盘点的前一周安排好出勤计划表，并在盘点当日停止盘点人员任何休假，落实盘点各区相关盘点责任人。

(4) 药品整理　药品的整理是预防盘点差错的一项重要措施，使工作更有序、更有效。盘点当天或前一天，要求店面不收货、不退货。药品整理后，各区域的货品划分明确，防止漏点和重点。

(二) 操作过程

操作步骤流程如下：

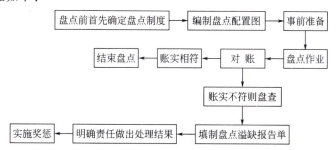

1. 盘点制度的确定

确定盘点方法、盘点周期、账务处理、重大盘点差异处理及盘损奖罚处理。

2. 盘点操作

在盘点正式开始前由店长简要说明盘点工作的重要性、盘点的要求、盘点中常犯的错误、异常情况的处理，如劣质或破损品的处理方法等。特别告诫大家要以点金钱的慎重态度对待药品盘点，不得马虎，再发放盘点清单。盘点作业可分为初点、复点及抽点。在实施盘点时，应按照负责的区位，按药品货架顺序，逐架逐排依序由上至下，由左至右，由前至后进行盘点。

3. 盘点方法

（1）初点　先由初点人对货架药品展开盘点，操作时负责点实货，按盘点表顺序先读货架编号，然后按货号、品名、规格、单位、数量、零售价等顺序依次读取。而复点人如实根据初点人读数用蓝色圆珠笔进行记录，负责在盘存表上填数，并在初点处签名，以示负责。盘存者在盘点中，咬字要清楚，音量适中，以让填表者听清楚为原则。

（2）复点　由复点人对货架药品展开盘点，和初点人一样，先读货架编号，然后读货号、品名、规格、单位、数量、零售价等，此时初点人手持初点的盘点表，如实根据复点人的读数进行核对，需用红色圆珠笔来记录，把差异填入差异栏，并由初点人在复点处签名，以示负责。复点时应再次核对盘点配置图是否与现场实际情况一致，可以保证盘点质量。

（3）抽点　在初点和复点结束后，由门店店长对盘点结果进行抽点。抽点操作要点如下。

① 检查每一类商品是否都盘点出数量和金额，并有签名。检查一些不正确的涂改方式或一些从字面上即能明显看出的差错等。

② 抽点易漏盘商品。可选择卖场内死角，或不易清点的商品，或单价高、数量多、金额大的商品，做到确实无差错。

③ 对初点和复点差异较大的商品要进行实地抽点加以确认。

④ 复查劣质商品和破损商品的处理情况。

4. 店长的盘点作业检查

在整个盘点作业进行过程中，门店店长还需填写由总部门设计的"门店商品盘点操作规范检查表"（见表6-2-1），它是供店长在完成盘点作业过程中，检查门店是否按照盘点的操作规范进行的表格。每次盘点时必须由店长实事求是地填写此表，以保证盘点作业的严密性；并在盘点作业账册结束后，由店长在店长会议上递交；门店执行"门店商品盘点操作规范检查表"的工作情况，将纳入连锁企业总部营运部考核门店的指标之中。在确认盘点记录工作无异常情况后，就要进行第二天正常营业的准备和清扫工作，包括补充商品，将陈列的样子恢复到原来的状态，清扫通道上的纸屑、垃圾等。

5. 盘点操作注意事项

（1）对已完成货架编号定位的药品不可再随便移动。

（2）落实责任区域的盘点人时，最好用互盘的办法。如A柜组的作业人员盘点B柜组的商品，B柜组的作业人员盘点A柜组的商品，依次互换，以确保盘点的准确性，防止"自盘自"可能造成的不实情况。

（3）盘点时应顺便检查商品的有效期，过期商品应随即取下，并做记录。盘店后应将盘点中发现的破损药品、滞销品、近效期药品等整理出来并汇总，与正常的商品分开或汇集到统一的地点，以做处理。对已过期失效的药品应按药品的报损处理方法处理。

表 6-2-1　门店商品盘点操作规范检查表（供参考）

门店：　　　　　　　店长：　　　　　　　　　　　日期：　　年　　月　　日

项目	内　　容		执行情况	
			是	否
盘点前		是否告知送商品的供应商		
		是否提前告知顾客		
		区域划分人员配备是否到位		
		盘点单是否发放		
		是否做好环境整理		
		是否准备好盘点工具（盘点机、红色和蓝色笔）		
	单据整理	进货单是否整理		
		调价单是否整理		
		销货单是否整理		
		报废品单是否整理		
		赠品单是否整理		
		移仓单是否整理		
	商品整理	货架商品是否整齐陈列		
		不允许上架商品是否已撤出货架		
		是否一物一价，价物相符		
		待处理商品是否专地堆放有记录		
		通道死角是否有商品		
		内仓商品是否整理		
盘点中	盘点顺序是否按区域逐架逐排、由左而右、由上而下			
	商品清点是否一初点一复点（初点蓝笔，复点红笔）			
	复点是否更换责任人			
	每个商品是否都已盘点出数量和金额			
盘点后	盘点单是否全部回收			
	检查盘点单上签名是否齐全			
	检查盘点单上商品数量单位是否正确			
	营业现金备用金是否清点登记			
	盘点结果是否集中输入电脑			
	是否进行正常营业准备			
	是否进行地面的清扫工作			
	店长对盘点损溢结果是否有说明			

（4）盘点不同特性的商品时，应注意计量单位的不同。

（5）盘点表上的数字书写要注意正确性及清晰性，以利于盘点后的整理工作；如果写错数字，只能在原有的基础上进行删减，不能涂改，不能用涂改液或圈涂法，必须将原来的数据划掉，重新书写，并由修改人在修改处签名确认。

（6）对大件商品、堆头盘点时要注意安全，防止商品掉落造成伤害。

(7) 若在营业中盘点，卖场内先盘点购买频率较低且售价较低的商品，并应注意不可高声谈论，或阻碍顾客通行。

(8) 店长要掌握盘点进度。盘点时为配合实际需要，可成立临时机动支援小组，以达到盘点工作的时效性。盘点人员在盘点中遇到突发情况时不能擅做主张，应及时向店长汇报。

（三）结束过程

盘点事后处理包括：资料整理、计算、盘盈（损）调整、重大差异处理及奖罚实施等。

（1）整理盘点资料　盘点负责人负责盘点表的回收工作。盘点结束后，盘点人员将手中的盘点表按盘点区域交回给盘点负责人。盘点负责人应认真检查盘点表张数是否正确无误，是否都有签名或其他遗漏，并加以汇总。商品盘点表见表6-2-2。

表 6-2-2　商品盘点表

部门：　　　　　　年　月　日　　　货架编号：　　　　　　盘点单号：

货号	品名	规格	单位	数量	零售价	金额	复点	抽点	差异
小计									

初点：　　　　　　　　　复点：　　　　　　　　　　　　　　　　抽点：

（2）计算盘点结果，进行盘盈（损）调整　将盘点单的原价和数量相乘，合计出药品的盘点金额，并与会计账核对，如果两者不符，应该进行复算、复盘。对盘点后发现的长短货款或长短药品，应把长短数字、情况及原因分析分别填入药品实存账存对比表、盘点溢缺报告单，由填表人签名盖章后经领导核批，一联由柜台记账留存，一联由财务部门作为处理凭证。实存账存对比表见表 6-2-3。盘点溢缺报告单见表 6-2-4。

表 6-2-3　实存账存对比表

单位名称：　　　　　　　　　　　　　　　　　　　　　　　　　年　月　日

编号	商品名称	计量单位	单价	实存		账存		对比结果				备注
								盘盈		盘亏		
				数量	金额	数量	金额	数量	金额	数量	金额	

对账人：　　　　　　　　　　　　　　　　　　　　　　　　　　　经理：

表 6-2-4　盘点溢缺报告单

编号	商品名称	计量单位	单价	实存		账存		对比结果				原因
								盘盈		盘亏		
				单价	金额	单价	金额	单价	金额	单价	金额	
领导批示				财会部门意见				实物负责人意见				

单位名称：　　　　　　　　　　　　　　　　　　　　　　　　　年　月　日
填表人：　　　　　　　　　　　　　　　　　　　　　　　　　　　经理：

（3）根据盘点结果对重大差异进行处理并实施奖惩措施　商品盘点的结果一般都是盘

损，即实际值小于账面值，但只要盘损在合理范围内应视为正常。商品盘损的多寡，可表现出店内从业人员的管理水平及责任感，所以有必要对表现优异者予以奖励，对表现较差者予以处罚。一般的做法是事先确定一个盘损率，[盘损率＝盘损金额/（期初库存＋本期进货）]，当实际盘损率超过标准盘损时，门店相关责任人员都要负责赔偿；反之，则予以奖励。

（4）总结问题　根据盘点结果找出问题点，并提出改善对策。做好盘点的财务会计账务处理工作。

二、基础知识

1. 盘点的含义

是定期或不定期地对店内的药品进行全部或部分清点，以确实掌握该期间内的实际损耗。它是考核药品定额执行情况的重要依据，是经营活动中一项重要的工作环节。

2. 盘点方法

按盘物或盘账来分，可以分为实物盘点和账面盘点；按盘点时间段可分为营业中盘点、营业前（后）盘点、停业盘点；按盘点区域可分为全面盘点和区域盘点；按盘点周期可分为定期盘点、不定期盘点、日销日盘；也可以采用按批次盘或自动方式盘点。盘点方法列表见表 6-2-5。

表 6-2-5　盘点方法列表

名　称	定　义	使用范围及时间间隔
实物盘点	指按药品摆(存)放的位置、地点的顺序进行盘点。要求按顺序盘点，主要是防止重盘、漏盘。盘点时要做到药品件件移位，对已拆包的整箱整件的药品也应清点细数	门店实物盘点
复式平行盘点	就是二人(称甲、乙)为一组，平行盘点，互相核对复查的方法	门店实物盘点
账面盘点	以书面记录或电脑记录进出账的流动状况而得到期末存货余额或估算成本	由电脑部或财会部进行
全面盘点	特定时间，将店内所有存货区域进行盘点	一般一年两三次
区域盘点	对店内不同区域进行盘点，一般以类分区	部分区域盘点、抽盘
营业中盘点	盘点时门店仍然对外营业	库存区盘点、抽盘
营业前(后)盘点	门店在关门前(后)盘点	销售区盘点
停业盘点	正常的营业时间内停业一段时间来盘点	全面盘点、区域盘点
定期盘点	每次盘点间隔时间一致(如年、季、月、交接班)的盘点	全面盘点、区域盘点
不定期盘点	盘点间隔期不一致的盘点	调整价格、经营异常、人事变动、突发事件、重点商品、清理残货等
日销日盘	每天进行盘点	全面盘点、区域盘点
按批次盘	按药品进货批次，销完一批盘点一次	区域盘点
自动盘点	利用现代化技术手段来辅助盘点作业，如利用掌上型终端机可一次完成订货与盘点作业，也可利用收银机和扫描器来完成盘点作业，以提高盘点速度及精确性	门店药品盘点

3. 盘点目的

（1）确认店面商品在一定经营时间内的损溢状况，以便真实地把握经营绩效，并尽早采取防漏措施。

（2）掌握与控制库存，了解门店的存货水平，积压、短缺药品的状况，药品的效期情况及药品的周转状况。

（3）了解库存管理质量。

（4）了解商品积压、短缺状况。

4. 盘点的原则

（1）真实　要求盘点所有点数，资料必须真实，不允许作弊或弄虚作假，掩盖漏洞和失误。

（2）准确　盘点的过程要求准确无误，无论是资料的输入、陈列的核查、盘点的点数，都必须准确。

（3）完整　盘点过程的流程包括区域的规划、盘点的原始资料、盘点点数等，都必须完整，不要遗漏区域、遗漏药品。

（4）清楚　盘点过程属于流水作业，不同人员负责不同的工作，所以所有资料必须清楚，人员的书写必须清楚，货物的整理必须清楚，才能使盘点顺利进行。

（5）团队精神　盘点是全店人员都参加的营运过程。为减少停业的损失，加快盘点的时间，门店必须有良好的配合协调意识，以大局为重，使整个盘点按计划进行。

三、拓展知识

基本会计要素：会计要素是根据交易或者事项的经济特征所确定的财务会计对象的基本分类。会计要素按照其性质分为资产、负债、所有者权益、收入、费用和利润。其中，资产、负债和所有者权益要素侧重于反映企业的财务状况，收入、费用和利润要素侧重于反映企业的经营成果。会计要素的界定和分类可以使财务会计系统更加科学严密，为投资者等财务报告使用者提供更加有用的信息。

四、相关法规

药品经营企业管理法规。

五、实训

实训题目：盘点。

（一）实训目的要求

能正确操作盘点工作，并填制相关表格。

（二）实训步骤

（1）模拟药店或药房盘点现场，做好盘点前的准备工作，如药品整理，盘点工具包括笔、计算器、商品盘点表、实存账存对比表、盘点溢缺报告单等。

（2）学生3人一组分别进行初点、复点及抽点，在盘点之前选择好盘点方法，严格按照盘点配置图进行盘点，填写商品盘点表。

（3）班长、学习委员汇总全班同学的盘点表并进行对账，填写实存账存对比表。

（4）各组对盘盈、盘亏原因进行分析，填写盘点溢缺报告单。

（5）最后班长、学习委员向全班通报盘点溢缺报告单。

（6）各组根据盘点结果找出问题点，并提出改善对策。

（7）老师对整个盘点进行点评，对表现好的同学予以表扬。

（三）评分标准

（1）盘点态度认真得10分。

（2）无多盘、漏盘、错盘等现象得30分。

(3) 填写盘点相关表格准确无误，特别是金额计算准确得 30 分。

(4) 能正确理解表中各栏的意义得 10 分。

(5) 能查明盘盈、盘亏原因得 20 分。

(6) 总分得 60 分为及格。

六、思考与练习

（一）填空题

1. 药品盘点的原则是：_____、_____、_____、_____ 和 _____。

2. 盘点事后处理包括：_____、_____、_____、重大差异处理及 _____ 等。

3. 在整个盘点作业进行过程中，门店店长还需填写由总部门设计的 _____。

4. 药品的盘点金额为 _____，净销货收入汇总分 _____ 和 _____ 两种。盘点前应根据本店药品存货位置及商品陈列位置编制 _____。

5. 有效期为 2003 年 6 月 12 日表示该药品可用到 _____。

6. 盘点中初点人用 _____ 色笔来记录；盘点中复点人用 _____ 色笔来记录。盘点中抽点一般由 _____ 进行抽查。盘点前的"一归"指 _____；盘点前的"两符"指 _____、_____。

（二）单项选择题

1. 盘损率为（　　）。
   A. 盘损金额÷盘点周期内销售金额×100％
   B. 盘点周期内销售金额÷盘损金额×100％
   C. 盘损金额÷盘点周期内实存金额×100％
   D. 盘损金额÷盘点周期内账存金额×100％

2. POP 指（　　）。
   A. 促销材料　　B. 促销点广告　　C. 销售广告　　D. 购买广告

3. 近效期药品的效期为（　　）。
   A. 1 年以内　　B. 2 年以内　　C. 6 个月以内　　D. 8 八个月以内

4. 盘点按区域区分，可以分为全面盘点和（　　）。
   A. 实物盘点　　B. 账面盘点　　C. 定期盘点　　D. 区域盘点

5. 盘点按周期来区分，可以分为不定期盘点和（　　）。
   A. 实物盘点　　B. 账面盘点　　C. 定期盘点　　D. 区域盘点

6. 营业中盘点使用范围为库存区盘点和（　　）。
   A. 单品盘点　　B. 销售区盘点　　C. 全面盘点　　D. 抽盘

7. 由二人为一组，平行盘点，互相核对复查的方法称（　　）。
   A. 复式平行盘点法　　B. 实盘点　　C. 按账盘点　　D. 全面盘点

8. 侧重于反应经营成果的是收入、费用及（　　）。
   A. 资产　　B. 负债　　C. 所有者权益　　D. 利润

9. 侧重于反映企业的财务状况的是所有者权益、负债及（　　）。
   A. 资产　　B. 收入　　C. 费用　　D. 利润

（三）多项选择题

1. 盘点结果可分为（　　）。
   A. 盘亏　　　　B. 盘多　　　　C. 盘少　　　　D. 盘盈
2. 盘点操作包括（　　）。
   A. 初点　　　　B. 复点　　　　C. 抽点　　　　D. 复核
3. 盘点制度的确定包括确定盘损奖罚处理及（　　）。
   A. 盘点方法　　B. 盘点周期　　C. 账务处理　　D. 重大盘点差异处理
4. 盘点前的"三清"指（　　）。
   A. 票证清　　　B. 现金点清　　C. 往来手续结清　D. 会计记账清
5. 全面盘点时间间隔一般为（　　）。
   A. 一年2次　　B. 一年3次　　C. 一年5次　　D. 一年6次

（四）判断题

1. 盘存表上如果写错数字，应用涂改液或圈涂法除去原来的数字后重新写。（　　）
2. 药品盘点的结果一般都是盘损。（　　）
3. 盘点只能在停业期间进行。（　　）
4. 如果价格调整则可进行不定期盘点。（　　）
5. 盘点前没必要告知供应商。（　　）
6. 如果是停业盘点，还应提前2～3天贴出安民告示告知顾客。（　　）
7. 盘点不同特性的商品时，应注意计量单位的不同。（　　）
8. 购进药品时应遵循择优购进的原则。（　　）
9. 上货、理货和盘点时，不再需要核查药品的有效期即失效期。（　　）

（五）问答题

1. 盘点的含义和目的是什么？
2. 盘点的方法有哪些？

（六）分析题

在零售店的经营过程中，会出现实存和账存不符现象导致盘盈或盘亏，请根据实际情况分析产生盘盈和盘亏的原因通常有哪些？

附录一 药店质量管理制度

一、药店管理制度提要

按照《药品经营质量管理规范》(GSP)的要求：药品经营企业应在药品的购进、贮运和销售等环节实行质量管理，建立包括组织结构、职责制度、过程管理和设施设备等方面的质量管理体系，并使之有效运行。

一个规范的药品零售连锁企业的管理制度应当是比较完善的。整个管理制度的表现形式是一份一份的管理制度文本。在药品零售企业中常见的管理制度包括42项。

二、药店有关药品质量管理制度范本

本部分列出的是某药品零售企业的有关药品质量的制度范本。

（一）质量管理文件的管理制度

文件名称	质量管理文件的管理制度	编号	
起草人		审定部门		批准人	
批准日期			执行日期	
版本号			变更原因	

1 目的

为统一规范本企业的各种质量管理文件的管理，特制定本制度。

2 依据

2.1 《中华人民共和国药品管理法》及其实施条例。

2.2 《药品经营质量管理规范》及其实施细则。

3 适用范围

本制度规定了质量管理体系文件的起草、审核、批准、印制、发布、保管、修订、废除与收回的部门及其职责，适用于质量管理体系文件的管理。

4 职责

4.1 企业经理负责本制度的监督管理工作。

4.2 质量员负责质量管理制度的起草和管理工作。

5 内容

5.1 质量管理体系文件的分类。

5.1.1 质量管理体系文件包括标准和记录。

5.1.2 标准性文件是用以规定质量管理工作的原则，阐述质量管理体系的构成，明确有关组织、部门和人员的质量职责，规定各项质量活动的目的、要求、内容、方法和途径的文件，包括药店质量管理制度、各岗位人员管理标准及质量管理的工作程序等。

5.1.3 记录是用以表明本药店质量管理体系运行情况和证实其有效性的记录文件，包括药品购进、验收、贮存、销售、陈列、不合格药品处理等各个环节质量活动的有关记录。

5.2 质量管理体系文件的管理。

5.2.1 质量管理部门负责标准的编制、审核和记录的审批。制定文件必须符合下列要求：

5.2.1.1 必须根据有关药品的法律、法规及行政规章要求制定各项文件。

5.2.1.2 结合药店的实际情况使各项文件具有实用性、系统性、指令性、可操作性和可考核性。

5.2.1.3 制定文件管理程序，对文件的起草、审核、批准、印制、发布、存档、复审、修订、废除与收回等实施控制性管理。

5.2.1.4 国家有关药品质量的法律、法规和行政规章以及国家法定药品标准等外来文件，不得做任何修改，必须严格执行。

5.2.2 药店主要负责人负责审批质量管理的法规性文件的批准、执行、修订、废除。

5.2.3 质量管理部门负责质量管理体系文件的起草、审核、印制、存档、发放、复制、回收和监督销毁。

5.2.4 各岗位与本岗位有关的质量管理体系文件的起草、收集、整理和存档等工作。

5.2.5 质量管理体系文件执行前，应由质量管理部门组织相应岗位工作人员对质量管理体系文件进行培训。

5.3 质量管理体系文件的检查和考核。

药店质量管理部门负责协助药店主要负责人每年定期对药店质量管理体系文件的执行情况和体系文件管理程序的执行情况进行检查和考核，并应有记录。

（二）药品购进管理制度

文件名称	药品购进管理制度	编号	
起草人		审定部门		批准人	
批准日期			执行日期	
版本号			变更原因	

1 **目的**

严格控制进货环节，保证购进药品的质量为前提，把好货源关。

2 **依据**

2.1 《中华人民共和国药品管理法》及其实施条例。

2.2 《药品经营质量管理规范》及其实施细则。

2.3 《药品流通监督管理办法》（暂行）。

2.4 《进口药品管理办法》。

3 **适用范围**

适用于本药店购进药品的质量管理。

4 **职责**

4.1 进货员负责供货企业的选择和进货质量管理制度的执行，合理进货。

4.2 质量员负责供货企业资质和购货合同中质量条款的审核，并对购进药品的管理进行审核和监督。

5 内容

5.1 药品购进的原则是以质量为前提。把质量作为选择药品和供货单位条件的首位，严格执行"按需购进、择优选购"的原则购进药品。

5.1.1 严格执行药品购进程序，认真审查供货单位的法定资格、经营范围和质量信誉等，确保从合法的药店购进符合规定要求和质量可靠的药品。选择具有合法的"工商营业执照"、"药品生产（经营）企业许可证"的供应企业进货。经营方式、范围与证照规定一致。

5.1.2 确认供应药品的合法性：具有合法的药品生产批准文号、生产批号、有效期，药品包装、标签和说明书文件必须符合规定。

5.1.3 药品质量的可溯性，审核企业 GMP 或 GSP 认证证书复印书，同品种近期的药品检验报告书。

5.2 购进药品应按照进货质量管理程序。

5.2.1 对保持业务联系的合法供货企业，要及时更新和补充有关资料，保证现实性。

5.2.2 对中断业务关系半年以上的合法供货企业，重新恢复供货关系必须重新审核各种资料。

5.2.3 供货企业人员合法资格验证：审验加盖企业公章和法定代表人印章或签字的企业代表人的委托书原件，经核对的销售人员的身份证复印件。

5.2.4 首次向合格供应企业进货按首营企业和首营品种审批管理制度执行。

5.2.5 每年对供货企业进行评审，药店经理会同质量员做出评审结论，不合格的终止供需关系。

5.2.6 购货合同内容齐全，明确质量条款。

5.2.7 购进药品应有合法票据，药品验收合格后，建立药品购进的记录。

5.2.8 做到票、账、货相符。购进记录和票据保存至药品有效期后一年，至少三年。

5.2.9 购进特殊管理的药品应严格执行《特殊管理药品的管理制度》。

药品购进的程序如下：

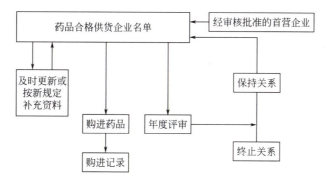

附录二 药店质量管理表式

一、药店管理表格概述

药店管理表格是药店管理的重要工具。

（一）表格化管理的特点

① 管理者和被管理者必须直接参与填写、核对、检测、确认，使管理更加有效。
② 与电脑化管理丝丝相扣，电脑化管理的文件形式几乎都以表格形式出现。
③ 清晰、简洁，所表达内容一目了然。

（二）药店管理中常用的表格种类

1. 管理质量相关

质量领导小组会议记录、GSP 内部审核记录、质量方针目标检查考核表、卫生检查记录、安全检查记录、药品质量档案、首营企业审批表、首营品种审批表。

2. 员工管理

员工体检记录、员工培训计划、员工业务培训卡。

3. 药品购、存、销质量管理

（1）药品购入　药品购货计划表、药品购进记录、药品购进退出台账。
（2）药品验收　购进药品验收记录（国产/进口）、药品入库验收单、药品拒收报告单
（3）药品保管养护　库房温、湿度记录表、库存药品质量养护记录、出库复核记录、养护设备维修保养记录、重点养护品种目录表、近效期药品催销表。
（4）药品销售　药品销售记录、处方登记表、拆零药品记录。

4. 服务质量

药品质量查询记录表、药品质量投诉记录表、顾客意见表、售后药品质量问题追踪表、销后退回药品验收记录、顾客投诉受理卡。

5. 质量问题管理

药品质量事故调查处理报告、药品不良反应报告表、药品停售通知单、不合格药品报损审批表、报损药品清单、不合格药品汇总表、不合格药品销毁申请单、不合格药品销毁报告、不合格药品销毁记录。

二、药店常用质量管理表式样张

药品购货计划表

（_____年度_____季度）

编号：　　　　　　　　　　　　　　　　　　　　　　　　　制表日期：

序号	通用名称	商品名称	剂型	规格	单位	拟购数量	供货价	金额	生产企业	供货企业

续表

编号:　　　　　　　　　　　　　　　　　　　　　　　　　制表日期:

序号	通用名称	商品名称	剂型	规格	单位	拟购数量	供货价	金额	生产企业	供货企业

制表人:　　　　业务部门经理:　　　　质管部:　　　　财务部:　　　　总经理/副总经理:

参考文献

[1] 赵晓鸣，赵葆，王志萍. GSP实战教程. 北京：学苑出版社，2003.
[2] 张永敬，张橡楠，何思煌. 药事法规. 北京：中国医药科技出版社，2006.
[3] 霍澜平，冯志明. 现代推销技术. 北京：高等教育出版社，1999.
[4] 陈玉文. 实用药品GSP实施技术. 北京：化学工业出版社，2003.
[5] 潘振玲. 药品经销企业规范化管理全书. 北京：人民邮电出版社，2008.
[6] 杨世民，孙利华，刘新社. 药事管理. 北京：中国医药科技出版社，2000.
[7] 周小雅. 药品店堂推销技术. 北京：中国医药科技出版社，2007.
[8] 韦超. 药品调剂技术. 北京：中国医药科技出版社，2006.
[9] 中药学综合知识与技能. 北京：中国中医药出版社，2003.
[10] 王功立，孙忠实. 中国非处方药. 第2版. 北京：化学工业出版社，2006.
[11] 王东风. 医药商品购销员国家职业资格培训教程. 北京：中国中医药出版社，2003.
[12] 戴玉山. 中药调剂员国家职业资格培训教程. 北京：中国中医药出版社，2003.
[13] 孙师家，杨群华. 药品购销员实训教程. 北京：化学工业出版社，2007.
[14] 李永苏. 收银实务. 北京：中国财政经济出版社，2007.
[15] 夏鸿林. 药品储存与养护技术. 北京：化学工业出版社，2006.

全国医药中等职业技术学校教材可供书目

	书　名	书　号	主　编	主　审	定　价
1	中医学基础	7876	石　磊	刘笑非	16.00
2	中药与方剂	7893	张晓瑞	范　颖	23.00
3	药用植物基础	7910	秦泽平	初　敏	25.00
4	中药化学基础	7997	张　梅	杜芳麓	18.00
5	中药炮制技术	7861	李松涛	孙秀梅	26.00
6	中药鉴定技术	7986	吕　薇	潘力佳	28.00
7	中药调剂技术	7894	阎　萍	李广庆	16.00
8	中药制剂技术	8001	张　杰	陈　祥	21.00
9	中药制剂分析技术	8040	陶定阑	朱品业	23.00
10	无机化学基础	7332	陈　艳	黄　如	22.00
11	有机化学基础(第二版)	17684	柯宇新		29.80
12	药物化学应用技术	18053	李玉华	牛四清	36.00
13	药物化学基础	8043	叶云华	张春桃	23.00
14	生物化学	7333	王建新	苏怀德	20.00
15	仪器分析	7334	齐宗韶	胡家炽	26.00
16	药用化学基础(一)(第二版)	04538	常光萍	侯秀峰	22.00
17	药用化学基础(二)	7993	陈　蓉	宋丹青	24.00
18	药物分析技术	7336	霍燕兰	何铭新	30.00
19	药品生物测定技术	7338	汪穗福	张新妹	29.00
20	化学制药工艺	7978	金学平	张　珩	18.00
21	现代生物制药技术	7337	劳文艳	李　津	28.00
22	药品储存与养护技术	7860	夏鸿林	徐荣周	22.00
23	职业生涯规划(第二版)	04539	陆祖庆	陆国民	20.00
24	药事法规与管理(第三版)	19032	左淑芬	苏怀德	32.00
25	医药会计实务(第二版)	06017	董桂真	胡仁昱	15.00
26	药学信息检索技术	8066	周淑琴	苏怀德	20.00
27	药学基础(第二版)	09259	潘　雪	苏怀德	30.00
28	药用医学基础(第二版)	05530	赵统臣	苏怀德	39.00
29	公关礼仪	9019	陈世伟	李松涛	23.00
30	药用微生物基础	8917	林　勇	黄武军	22.00
31	医药市场营销	9134	杨文章	杨　悦	20.00
32	生物学基础	9016	赵　军	苏怀德	25.00
33	药物制剂技术	8908	刘娇娥	罗杰英	36.00
34	药品购销实务	8387	张　蕾	吴阊云	23.00
35	医药职业道德	00054	谢淑俊	苏怀德	15.00
36	药品 GMP 实务	03810	范松华	文　彬	24.00
37	固体制剂技术	03760	熊野娟	孙忠达	27.00
38	液体制剂技术	03746	孙彤伟	张玉莲	25.00
39	半固体及其他制剂技术	03781	温博栋	王建平	20.00
40	医药商品采购	05231	陆国民	徐　东	25.00
41	药店零售技术	05161	苏兰宜	陈云鹏	26.00
42	医药商品销售	05602	王冬丽	陈军力	29.00
43	药品检验技术	05879	顾　平	董　政	29.00
44	药品服务英语	06297	侯居左	苏怀德	20.00
45	全国医药中等职业技术教育专业技能标准	6282	全国医药职业技术教育研究会		8.00

欲订购上述教材，请联系我社发行部：010-64519684，010-64518888

如果您需要了解详细的信息，欢迎登录我社网站：www.cip.com.cn